هاديا سعيد

أرتيست
ARTIST

رواية

دار الساقي

ISBN 1-85516-771-9

دار الساقي
بناية تابت، شارع أمين منيمنة (نزلة السارولا)، الحمراء، ص.ب: ١١٣/٥٣٤٢ بيروت، لبنان
الرمز البريدي: ٦١١٤ ـ ٢٠٣٣

هاتف: ٣٤٧٤٤٢ (٠١)، فاكس: ٧٣٧٢٥٦ (٠١)
e-mail: alsaqi@cyberia.net.lb

إلى روح أزمنة الخمسينات والستينات الجميلة
وروح الأمكنة في بيروت والقاهرة والإسكندرية
وإلى روح السينما والأغنيات .

شكري وامتناني للصديقات والأصدقاء المبدعين:
ندى محمود، عفاف عصفور، ندى منزلجي، فوزية
سلامة، سمير فرح، عواد ناصر، لؤي عبد الإله، لكل
ما أحاطوني به من مساندة وكرم في الاهتمام وإبداء
الملاحظات والاقتراحات وتوفير مراجع وتنشيط ذاكرة
والمساعدة العملية والمعنوية في كل مراحل إعداد هذه
الرواية قبل تقديمها إلى النشر.

شكري أيضاً... للفنانة مي غصوب لهديتها الفنية
القيمة لغلاف الكتاب.

اليوم العاشر

صباحاً

أعزائي المستمعين،

بعد أقل من ساعتين سنكون معكم في بث مباشر، في اليوم الأخير من الحلقات الخاصة عن الفنانة الراحلة سلمى حسن.

هل قُتلت سلمى حسن؟ أم انتحرت؟ أم أن موتها كان طبيعياً؟

نتيجة الاستفتاء الذي استمر طوال عشرة أيام سنعلنها اليوم، بعد أقل من ساعتين.

كذلك سنكشف لكم سر الرسائل المجهولة التي ظللنا نتلقاها طوال بث البرنامج، إذ ستكشف لنا المستمعة المجهولة Miss X نفسها بعد أن قدمت لنا كل تلك الحقائق والخفايا والأسرار عن حياة الفنانة الشهيرة الراحلة.

من هي Miss X؟ سنعرف ذلك بعد أقل من ساعتين، كما سنستمع إلى الكلمة الحاسمة، وهي كلمتكم بشأن حياة وموت نجمة راحلة، عرفها وتابع أعمالها الملايين قبل سنوات، ثم عادوا يتابعون لغز موتها أو مقتلها عبر برنامجنا الخاص الذي بدأ بثه قبل عشرة أيام.

الفصل الأول

رسائل Miss X
وأوراق من حياة سلمى

اليوم الأول

مساءً

From: Miss X
Sent: 22 December 2004 09:03pm
To: Saad
Subject: ?

عزيزي الأستاذ سعد أسعد،

هذه هي رسالتي الإلكترونية الثانية، أبعثها لك وستصلك على مراحل، عبر فقرات في «إيميلات» مختلفة. ربما ستعرف فيما بعد ما دفعني لذلك. لعلي أرغب في أن أكتب لك كأني أحادثك رغم أني لا أريد أن أحادثك، فلقد حسمت أمري بشأن الاتصال بك كما بدأ ضيوفك يفعلون منذ هذا الصباح. قررت ألا أتصل، بل أكتب لك عن أعز إنسانة عندي.

❊ ❊ ❊

أكتب لك عن سلمى، أو «سلّومي» كما أحب أن أناديها رغم أنها كانت تقول لي: أنا سالومي. قولي لي: سالومي، وتتذكر أمامي دور سالومي الذي لعبته في مسرحية تحبها لكنها لم تنجح.

أبعث لك هذا الإيميل الآن بعد أن شعرت براحة، فقد ظننت

١٣

أن مفاجأتك لمستمعيك، كما أعلنت عنها قبل بدء بث البرنامج، ستكون إحدى فقرات رسالتي الأولى لك. لكني أيقنت أنك لن تفعل إلا بعد استئذاني. أليس كذلك؟ أقول هذا وأنا أتوقع أنك لن ترد على رسائلي، بل لعلي لا أريد ذلك، إذ أود أن أكتب لك عن سلمى كمن يريد أن يهمس لنفسه، أن يناجي روحه، أن يبوح للفضاء أو لأعماق البحر؛ كأني أريد التحدث مع نفسي، وهذا ما فعله ضيوفك. كأن الإنسان منا يود الاتكاء على الآخر، يستمع له كي يصطاد لحظة ينقض عليه فيها بحكاياته. لكني لن أكون بالأنانية، أو لأقُلْ بعض السماجة مما كان عليه بعض الضيوف. هل تعرف لماذا؟ لأني أشعر بأن سلمى ليست «آخر»، فنحن توأما روح، رغم أنها تكبرني بأعوام كثيرة. ربما كانت ستكون أختي الكبرى، أو أمي، إلا أنها كانت تصغر أحياناً لتصبح ابنتي، وكنت أكبر لأجد نفسي أحتضنها وأمسح دموعها كأم.

لم أخبرك بعدُ متى التقيت بها لأول مرة. ولكن يكفي الآن أن أقول إني أتنفس أوراقها، أقرأها وأعيد قراءتها وأتلوها لنفسي ولا أملُّ منها. أحاول أن أكتشف بها ما لم أعرفه أو أسمعه منها، وربما ما لا أعرفه عن نفسي أيضاً. كانت تقول لي «تجمعنا الجينات والجنيّات»، وفي السنوات الأخيرة أصبحت أقول لها «وتجمعنا الخيبات».

كثيراً ما كانت تختفي. ولمّا كانت تعود أو أذهب إليها، كانت تلتزم بما وعدتني به بعد إلحاحي عليها أن تفعل، وتترك لي أكداساً من الدفاتر والأوراق. عندما بدأت تكتب لي أوراقها تمنت أن تصبح كاتبة. كنت أحكي لها عن الجسور. «كلنا نكتب ونمثل» أقول، فتقول لي: «ستكونين الكاتبة». غير أني لن أكون، هل تعرف لماذا؟ لأني لا أستطيع أن أعرف نفسي أو الآخرين عبر الكتابة. هل يمكن

أن أحكم عليك من خلال كلمات؟ أختصرُ عالمك وأفقك وأمنياتك وأحلامك وأوهامك، وأكتب: كان شريراً أو عنيداً أو صالحاً؟ أو كان مجرماً أو بطلاً؟ كيف يعرف أحدنا الآخر تماماً؟ أمضت سلمى عمراً لتعرف نفسها وأهلها ولم تُوفَّق. فهل أستطيع أن أزعم أني سأوفَّق في كتابتي لك عنها؟ عن سلمى؟ سلمى فقط. فكم أكره ما تضيفه أحياناً إلى اسمها. أكرهك عندما تقول: «سلمى وان»! إنها سلمى. سالماي، أو سالومي التي عاشت حياتها طولاً وعرضاً وهي تبحث عن معنى.

ملاحظة: ضحكت عندما كتبت عبارتي الأخيرة، فقد أردت أن أكتبها كما روتها لي إذ أخبرتني أنها «زعلت» ذات يوم من أحد النقاد الذي علَّق على أحد أفلامها بعبارة تقول إن بطلة الفيلم عاشت حياتها طولاً وعرضاً كالشخصية التي مثلتها تماماً، فهاتفته وعاتبته قائلة: هل تريد أن تقول إني بلا أخلاق وعشت حياتي «بالطول والعرض» كما يقول المثل؟ فضحك الناقد وشرح لها أن عبارة «طولاً وعرضاً» تعني باللغة العربية الفصحى، أن الإنسان تنقّل في حياته «عرضاً» إلى أماكن وبلاد مختلفة، وعاشها «طولاً»، أي بشكل عمودي عميق.

إلى اللقاء غداً.

اليوم الثاني

مساءً

From: Miss X
Sent: 23 December 2004 09:03pm
To: Saad
Subject: Salma's Papers

كنت أتمنى أن أحمل «كاميرا»، وأجلس على بساط الريح
ليعيدني إلى هناك كي أصور تلك المنطقة. هناك في بيروت، في حي
القصار، دروب وأزقة تلتف حول بعضها، تتقارب للتعانق ثم تتفرع
كأنها تتشاجر. الأزقة الضيقة ومنها «زاروب الفرن» تدفئ بعضها
البعض، ثم كأن يداً خفية تدفعها بعيداً لتخفيها عماراتٍ صغيرةً ضيقةً
تنهض بين عام وآخر، تعصر الأزقة وتمنح الحي وجهه الجديد
البراق.

في «زاروب الفرن» كانت أكواخنا تتلاصق... جدرانها من
أكوام الخشب والعوارض وبعض الإسمنت، وسطوحها مرقَّعة
بالقرميد العتيق وألواح القصدير. في آخر الزقاق يقع الفرن القديم،
وخارج الزقاق أحياء أكثر اتساعاً ونظافة. كان كوخ جيراننا يسد
مفرق طريق فُتح في سنوات تالية ليُفضي إلى شارع فردان. أُزيل

١٦

الكوخ ومضى الجيران. كانت شقيقتي نوال تتجه إلى شارع فردان لتستقل «السرفيس» بدلاً من الصعود إلى نهاية الزقاق، ثم الالتفاف إلى زاروب العلية قبل أن تصل إلى الشارع الرئيسي لمنطقة «القصار». هناك كانت محلات السمانة والخضار وبائع النوفوتيه ومقهى خليل والحلاق هارون، ثم عمارة القبارصة الشهيرة بضخامتها والتفافها حول زاوية مفرق القصار وشارع حمود، والشهيرة ببناتها الجميلات اللواتي كنت أراهن كالدمى، وكانت أختي نوال تغار منهن. كان الشبان يسمونهن: شادية وإيمان وبريجيت باردو. لم تعد نوال تقطع تلك المسافة كي تستقل السرفيس، مع أني كنت أفضل ذلك الشارع، فشارع فردان عريض، مخيف، ليس فيه إلا عمارات متباعدة ضخمة، ثم مناطق من الخلاء وأعمدة الكهرباء ومتجر كبير اسمه «ستوب أند شوب» كنا نخاف الدخول إليه بعد أن سمعنا أنه للأغنياء والأجانب فقط.

تصحبني نوال أحياناً معها فتمسك بيدي وتشير إلى السرفيس بعد أن نقف على رصيف الجهة اليمنى. أقول لها لماذا لا نأخذ السرفيس من شارع القصار؟ فتقول: «هون ما حدش يعرفنا»، ولا أفهم لِمَ تقول هذا؟ كنت أتضايق منها وأكرهها مثلما أكره بيتنا. كرهته منذ أن بدأت أفهم أن رفيقتي في المدرسة مهى الدامرجي تعيش في الطابق الأخير من بنايتهم الجديدة التي تقع في الطرف الآخر من الشارع الذي يتجه إلى تلة الخياط.

كنت أخرج من زقاقنا وأمشي دقائق في شارع حمود لأجد نفسي أمام بنايتهم الضيقة والنظيفة. يكون بابها الحديدي الأسود مغلقاً، لكنه ليس مقفلاً. تفتحه مهى وأسير معها فوق بلاطات صفراء منقوشة بنقاط بنية مثل حبات النَّمَش. نقف في مدخل العمارة ونرفع رأسينا إلى فضاء الطوابق ونصيح بأعلى صوتنا: «يا ماما ... يا هيامو...

١٧

لولو... تاتا... حوحو...»، ونفرح للصدى يرد لنا أصواتنا ثانيةً وثالثةً.

تصعد مهى أولى الدرجات وألحق بها، ثم تتعب بعد الطابق الأول فتعطيني حقيبتها لأحملها فأحملها ولا أقول لها إنها سمينة رغم أنها تقول لي: أنتم ليس عندكم بيت، أمي تقول إن بيتكم كوخ.

بناية الدامرجي كانت تطل على تلة الخياط. كم لعِبت مع نوال وأخي جميل ومهى الدامرجي وأخيها سميح، وعدنا إلى البيت بسراويل مبقَّعة بالتراب الأحمر. كنت أخاف أن تضربني أمي لكنها لم تكن تضربني، فقد كانت منشغلة دائماً بتدبير عشاء اليوم، أو إسكات أخي جميل الذي كان يعود معنا بعد اللعب، فيصيح ويضرب رأسه بالباب أو يشد أمي من ثوبها، ولا أفهم لماذا يفعل ذلك مع أنه أكبر مني ومن نوال؟

كانوا يقولون لنا: «أولاد المصرية»، رغم أن أمي تتحدث باللهجة البيروتية مثل أبي، لكنها تظل تردد كلمات مثل «بكره وبعده» و«كده» و«أما غريبة الحكاية دي». ثم تستعيد لهجتها تماماً عندما تمر «أم مروان»، قريبة أبي من بعيد، وهي تتدحرج مثل البالون بمعطفها البني ومنديلها الأصفر الذي يسقط دائماً عن رأسها، وتعيد ربطه حول عنقها. أتطلع إلى ساقيها المتورمتين وهي ترفع قدماً ثم أخرى عندما تقف عند كل باب من البيوت والأكواخ في الحي قبل أن تعود إلى بيتها في «ساقية الجنزير». تنتظرها أمي وجاراتها لتروي لهن أحداث الفيلم الذي شاهدته في سينما «بلازا» في رأس النبع، أو سينما «عايدة» في الزيدانية.

كثيراً ما تضحك وهي تسرّع من حركة قدميها وتقول: «حا تنزل... حا تنزل». تتجاهل حاجتها إلى التبول وهي مأخوذة في

اللهاث، تروي لأمي أو للمرأة التي تحمل المقشة في الزاروب ما لاقته ماجدة من ضيم علي يد زوجها زكي رستم في فيلم «أين عمري»؛ أو مرض القلب الذي أصاب «فاتن حمامة» وتمثيلها أنها تشرب الويسكي كي يكرهها شكري سرحان في فيلم «موعد مع الحياة».

عندما صحبتني أول مرة إلى السينما عرفت ليلى مراد، لهذا ظلوا يقولون إني تأثرت بها طوال حياتي، وإنّي كنت أقلدها في زمن آخر. ومن أم مروان عرفت أن من كان يمثل مع ليلى مراد اسمه أنور وجدي، وقد مات قبل سنوات. كانت تأخذني معها لنشاهد الأفلام القديمة التي تخصص لها سينما عايدة عروضاً بالنهار بأسعار زهيدة يسمونها العروض الخاصة بالفقراء والنساء، لكن خالتي «أم مروان» تقول إنها تذهب إلى تلك العروض ليس لأنها فقيرة، بل لتشاهد الفيلم مرتين. أما بنت الدامرجي فتقول لي إن الفيلم الذي أحكي لها عنه، شاهدته «من زمان».

لم تذهب أمي معنا إلى السينما. كانت دائماً منشغلة بما أصاب أخي جميل. يقولون إنه «مصروع»، ثم أخذ شبان الحي ينادونه قائلين «تعا يا حج أكل... روح يا حج أكل». أدهش وأخاف منه عندما أراه منكوش الشعر، قميصه ممزق وريقه يسيل من جانب فمه ، يظل حافي القدمين، مع أن أمي تشتري لكل منا «صندلاً» للصيف و«صباطاً» للشتاء، وأحيانا... «جزمة» نايلون.

أرى أمي بعد أن يضرب أخي جميل رأسه في الحائط، ثم يقع وهي تمدده فوق لحاف قرب سريرها، تجلس بعدها خلف السرير كأنها تخبئ نفسها. أراها تبكي ويكون المطر ينهمر فوق ألواح القصدير المتعرجة التي تغطي قسماً من السطح فوق القرميد المكسور. يضع أبي سطلاً في وسط الدار، وآخر في زاوية غرفة

النوم فتنزل القطرات وأسمعها «تك... تك... تك...»، ولا أدري لماذا أحس أنها تشارك أمي البكاء.

قبل أن يصبح أخي «الحاج أكل»، كان جميلاً وطويلاً يشبه أبي بشعره الأسود الناعم، وكنت أشبه أمي بعينيها الواسعتين وشعرها الكستنائي وبياضها الذي يقولون عنه «شق اللفت». أختي نوال أيضاً بيضاء، لكن أمي تقول إن «بياضي أنقى»، وإن نوال «طالعة على أبوها». وكلما مرت «أم مروان» وقالت إن نوال موهوبة وصوتها حلو، تسكت أمي ثم تشيح بوجهها عندما تغني نوال لأم مروان «شدوللي الهودج يللا».

* * *

لم أكن أحب الزاروب ولا بيتنا. فكلما عدت من المدرسة وما إن أصل إلى أول مفرق القصار حتى تقول لي مهى الدامرجي: أنا سأذهب إلى البيت، فأقول لها «وأنا كمان»، فتقول: أنتم ليس عندكم بيت، اسمه كوخ.

كنت أهرب منها وأختبئ في الليل تحت اللحاف فأجد نفسي داخل مدخل بناية أحلى من بنايتهم، وأنا أصرخ لأمي التي تكون في الطابق الثالث: يا ماما... يا نونو... يا جمولي... فيعيد الصدى صوتي: ما... نو... لي... لي... وعندها كنت أنعس قبل أن تنضج البطاطا التي تسلقها أمي لتهرسها لنا للعشاء، يهب الهواء العاصف ويتسرب من شقوق ألواح الخشب، فتسدها أمي أو نوال بالخرق، وخرق الثياب، وتركض أمي إلى المطبخ الصغير خارج الكوخ تتأكد من الماء المغلي الذي سنغتسل به قبل أن ننام. كان جيراننا في الكوخ المجاور لا يشاركوننا المطبخ، لكنهم يشاركوننا المرحاض الذي يقع إلى جانبه. كان معتماً، مخيفاً، أمي تسد فتحته

٢٠

بقطعة قصدير، وتضع فوقها كرسيَّ الخشب الصغير، فيجلس كل منا لتفركَ له رأسَه وجسمه بسرعة بالماء والصابون. كانت لا تصب فوق رأسي الكثير من الماء الدافئ الذي كنت أحبه، تقول يجب أن يكفينا نحن الثلاثة، وفي ليلة العيد كانت تضع في السطل بعض أعواد القرفة فأتنشقها وأفرح، ثم يأتي أبي قبل أن أنام ومعه بعض العلب فيها بقايا من الحلاوة أو السمسمية أو بعض أكياس عتيقة نجد فيها قطعاً من الخبز الإفرنجي وحبات موز أسود و«مبعوج». يقول إن مخلّصي البضائع الذين يعاونهم في عملهم في المرفأ يعطونه إياها، إذ كانوا يتلقون الكثير من «البرطيل» من التجار.

ليلة العيد تجلس أمي إلى الطبلية الصغيرة في الدار، وتقطع «لحمة الموزات» التي يحبها أبي. وفي الصباح تعبق رائحة سلقها في الممر الضيق الذي يفصل كوخنا عن كوخ الجيران. تركض أمي إلى المطبخ ثم تعود بعد قليل مسرعةً إلى غرفة النوم، وقبل أن تمد يدها لتحمل فستاني الأبيض الجديد، تتذكر شيئاً، فتركض إلى المطبخ من جديد، وألحق بها، فأراها تغسل يديها بالصابون والماء وهي تهمس «أح... ما أبردك». أركض وأسبقها إلى غرفة النوم لأني أعلم أنها ستأتي وستحمل فستاني لتكمل تطريز الوردات الخمس الباقية على صدره. يكون من «البوبلين». تضحك وتقول لي إنه لن يتكرمش فأفرح وأحبها، ثم أتضايق قليلاً لأن أبي يتأخر في النوم وكلنا ننتظره كي نأكل الفول المدمس و «السودا النية» والمعمول بالجوز الذي يأتينا من جيراننا في أول الزقاق: أصحاب الكوخ الكبير ذي الطابقين والذين كانوا يصعدون إلى غرفة «الدار» فيه عبر سلم خشبي رفيع كنت أخاف منه.

صباح العيد يظل أخي جميل نعسان، يحرك ساقيه الضخمتين خارج فراشه الممدود في زاوية «الدار». تطلب منه أمي أن يحمل

الفراش إلى غرفة النوم. أتذكر أني لم أرفع الفراش من الفجوة الصغيرة الملحقة بالغرفة حيث أنام وشقيقتي نوال. تكون نوال في المطبخ تغسل الصحون وتتأفف وتغني: «عنتر يا حاميها يا زين أراضيها»، ثم تصرخ: «هاي... هاي...»، والجيران يقولون: «شو صوتك حلو يا ملعونة». أحاول أن أطوي الفراش فأقع فوقه وأبكي، ثم تأتي أمي وهي تحمل فستاني الأبيض الجديد وتقول لي: «خذيه لجارتنا حتى تمشّي المكواة فوق الطرز». أتردد وأنظر إليها حائرة فتربت على كتفي وتقول: «ما تخافيش... مش حاتقول لأ... أنت ناسية أننا نغسل لها الهدوم»؟ تقولها لي بلهجتها المصرية، فهي كلما تريدني أن أفرح وأطيعها في الحال تحكي معي بالمصرية لتؤكد لي أننا سنرجع ذات يوم إلى الإسكندرية.

لكني عندما كبرت عرفت أنها كانت تحكي بلهجتها أحيانا لتثبت لمن يهمس أنها بلا أهل، أنها بنت ناس... ومن مصر «أم الدنيا».

ذات يوم سألتها عن جدتي وأخوالي وخالاتي، فحكت لي حكاية غريبة لم أصدقها. قالت إنها ابنة عائلة مرتاحة في الإسكندرية، وإنها عندما كانت صغيرة، اصطحبها أبوها معه في الباخرة التي تبحر بين فلسطين واللاذقية وميناء الإسكندرية قبل الحرب، وإن الباخرة غرقت قرب ميناء اللاذقية، لكنها نجت مع بعض الركاب ولم يعرف أحد شيئاً عن عائلتها، وهي أيضاً كانت لا تعرف إلا أن اسم أبيها هو «حسن» واسم أمها «نعمت». وهي لم تعد تذكر شيئاً عن غرق الباخرة لأنها عرفت ذلك من العائلة التي ربتها؛ وكانت تعيش في اللاذقية. وعندما عرفت أنها ليست ابنتهم الحقيقية صُدمت، وهربت، ووجدت نفسها ذات يوم تبيع السجائر وأوراق اليانصيب، والتقاها أبي فأحبها وتزوج بها، وهي أيضاً أحبته، لأن اسمه على اسم أبيها الذي لم تعد تذكر ملامحه.

٢٢

طلبت مني ألا أحكي هذه الحكاية لأي أحد حتى لصديقتي بنت الدامرجي. قالت إن الناس لن يصدقوا، ويكفي أن البعض من سكان الحي يتهامسون بأنها «أرتيست»، أو «كانت أرتيست»، لماذا؟ فقط لأنهم سمعوا أن أبي كان «غرسوناً» و«كومسيونجياً» في «كاباريهات» الزيتونة، وأنه تعرَّف إليها هناك.

أمي جميلة. كنت أحب أن أتطلع إلى عينيها الواسعتين. أراها طويلة وتقول لي: أعطيتك كل ما بي إلا الطول. أما أختي نوال فكانت كأنها ليست ابنتها. أراهما متجافيتين أو صامتتين، أمي لا تمازحها أو تعانقها أو تتركها تتدلل، وتشدها من ثوبها كما أفعل. ماذا بينهما؟ كنت أختبئ تحت اللحاف وأراهما بشكل آخر: أرى أمي تضربها وهي صغيرة لأنها بالت في الفراش، ونوال تقول لها: «لا أحبك. أكرهك». أرى أبي يدلل نوال ويحملها وهي بلباسها الوسخ بلا قميص ويرمي بها في الهواء، ثم يقول لها: «على مين طالعة؟»، وهي تبعث له بقبلة في الهواء وتقول: «أنا بحبك كتير كتير... أكثر من ماما». كأني كنت أرى هذه المشاهد ولا أفهمها أو أراها في الحلم. لا أستطيع أن أتحايل على نوال لتحكي لي. لم أكن أعرف كيف أسألها، أما أمي فتشيح بوجهها كلما ضحكت نوال مع أبي أو بعثت له قبلة في الهواء.

أهل أبي بعيدون ولا نعرفهم. كنا قبيل رمضان وقبيل العيد نذهب إلى عمتي. تقول أمي إنها ابنة عمة أبي وليست عمتنا، وعندما نصل إلى بيتها الكبير في منطقة زقاق البلاط كنا ننتظر طويلاً في صالة كبيرة باردة إلى أن تخرج لنا وهي ترتدي الروب الأزرق. أرى أمي تقبل يدها، ثم تدفعنا وتُحني رؤوسنا نحو يد عمتي لنقبلها مرتين، نجلس ونحن نلتصق بها كالعصافير منتوفي الريش. هكذا كنت أسمعها بعد الزيارة تحكي لأم مروان أو لجارتنا عندما تشربان القهوة

أحياناً. كانت عمتي تشير بيدها فتأتي فتاة سمراء صغيرة تلبس مريولاً أبيضَ وتحمل صينية عليها صحون صغيرة نأخذها بيدين ترتجفان وأمي توصينا ألا نوقع الصحن أو الفتات. يأخذ أخي جميل صحنين فتنهره أمي؛ بينما تسدل نوال عينيها كأنها تبكي، وتأكل صحن النمورة أو البقلاوة، وترفع عينيها بين وقت وآخر لتتفرج على الصالة.

تشجعني من دون أن تدري، فأفعل مثلها. أرى الثريا الضخمة التي أروح أعد لمباتها. أرى الستارة الفستقية وبياضاً يتدلى وسطها يشبه ناموسية سرير شقيق بنت الدامرجي الصغير. لا أحب الكنبات في بيت عمتي، تكون ملساء ومموردة محاطة بزخرفة ذهبية. أحب كنبات بيت الدامرجي أكثر: مخملية واسعة تنزل منها شراشيب بعقد وخيوط نلعب بها ونمسدها بعد أن نغسل أيدينا في مغسلة مطبخهم النظيفة. سجادة صالة بيت عمتي ناعمة رقيقة. عندما أكبر أعرف أنها سجادة عجمية...

لم نكن نخلع أحذيتنا عند الباب في منزل عمتي، بل كانت خادمتهم الصغيرة السمراء تقول لأمي بصوت هامس: «قولي لهم أن يمسحوا صبابيطهم منيح». فتؤكد أمي علينا أن نحفّها جيداً بالممسحة ونعقف أقدامنا لنمسح أطرافها أيضاً من الجوانب والأمام والخلف.

في نهاية الزيارة، بعد أن تشرب عمتي القهوة وتبصّر لها أمي في الفنجان وتسمعها تردد دائماً: «إنتو المصاروة ما في أشطر منكم»، كانت عمتي تأخذ منها الفنجان وتضعه على الطربيزة الصغيرة ثم تقول: «إستني شوي يا أم جميل»، فتقف أمي كأنها في حضرة عسكري، ونقف مثلها، فتغيب عمتي وقتاً ثم تأتي وتمد يدها إلى أمي وهي تبتسم وتقول: «مش قيمتك... هيدي عيدية الأولاد... ديري بالك عليهم يا هنية... ما تضيعيهم مثل أبوهم بالطقش

والفقش. . .». تنحني أمي وتقبل يد عمتي مرة أخرى، ثم نمضي وراءها، وأنا أسمعها تدعو لعمتي بصوت عال وقد ازدادت حيوية وسرعة وبرقت عيناها، ثم أراها تعد الليرات ما إن نبتعد خطوات عن البيت الحجري الكبير ببوابته الحديدية وحديقته الكبيرة الكئيبة.

* * *

صاحت أمي، فاستيقظت مفزوعة على صوتها. غادرت فراشي من الفجوة الضيقة الملتصقة بغرفة النوم، وسرت نصف مغمضة العينين إلى الدار. رأيتها تشد شعرها بيد وتصفع أخي جميل بكف يدها الأخرى عدةَ صفعات على خده وكتفه، وهو يشيح بوجهه ويحاول أن يخبئ وجنتيه من صفعاتها: «كده يا جميل» «كده يا جميل»؟

كانت تردد بحنق. أمامهما صينية صغيرة فوقها بقايا عجّة بالبيض وكأسان وزجاجة عرق. كانت هذه صينية أبي. كنت رأيته نائماً في سريره وسمعت شخيره. لم تخفْ أمي أن يصحو كما كانت تنبّهنا دائماً عندما نتصايح أثناء نومه، بل كانت كمن يريد إيقاظه. أخي جميل يقول لها: «التوبة. . . التوبة». وهي تطلب منه أن يفتح فمه فتحشر أنفها فيه وتشم ثم تصرخ وتشد شعرها من جديد مولولة: «يا حيف، يا حيف. . . يعني على مين حاتطلع غير على أبوك؟ سكر وخمر وعربدة وأنت لسة ما طلعت من البيضة؟».

حدث هذا قبل أن يصبح اسم أخي «حاج أكل».

بعدها أصبح عمره ١٨ سنة، وأخذ يسير بسرواله القطني أو الصوفي الطويل وقميصه الفانيللا.

كان يقف أمام أبواب سيارات التاكسي، يحمل للراكبين - الذين يهبطون - أكياسهم قبل أن يطلبوا منه أن يفعل. يهرول أمامهم وهو

يهز برأسه، وفمه الكبير مفتوح وصوته الأجش يلهث: «عارف. . .
عارف». يوصل لهم الأكياس إلى باب البيت ويأخذ القروش ويركض
متجهاً صوب سيارة أخرى. كنت أراه أحياناً يشطف بالماء والصابون
الباحة أمام دكان الحلاق أو بائع الخضرة في أول الحي، وألمحه
أحياناً يجلس أمام باب كوخنا يمد ساقيه ويعد النقود. وفي الليل
يذهب إلى دكان «هارون» الذي يخبئ المشروبات، يشتري منه «بطحة
عرق» ويخبئها في سلة ملاقط الغسيل تحت المد الخشبي الذي
نجلس عليه في الدار. كنت أحياناً أحب «الدار» في كوخنا يكون
مرتباً وملوناً مثل القصص التي تعطينا إياها المعلمة مساء الخميس كلَّ
أسبوعين. أقرأ على غلافها قصص كامل كيلاني للأطفال، صورها
ملونة وأنا أصبح بين صفحاتها الأميرةَ النائمة أو قطر الندى .

لم يكن لدينا راديو. لكن أبي اشترى بعد ذلك واحداً مخدَّشَ
الأطراف، كان صوته يخشخش ويفرقع، تناديه نوال: «بو ضرطة
أهوه». وفي السنوات التالية أعطتنا عمة أبي تلفزيوناً صغيراً كانت
الصورة تتوقف فيه بدون سبب، فنطفئه ثم نعود فنشعله أو تضربه أمي
بعد أن تُبعد المزهرية الصغيرة وقطعة المخرمات .

وضعت أمي الراديو في الدار فوق المنضدة الصغيرة. كان دائماً
يهتز لأن رجلها محفوفة من الأسفل. ثم لمّا حمل أبي التلفزيون من
بيت عمتي، وضعت أمي الراديو في غرفة النوم قرب الخزانة التي
نضع فيها كل شيء، وأعطتها مدام الدامرجي صندوقاً وضعت عليه
التلفزيون. كانت مهى الدامرجي تقول لي: تلفزيوننا أكبر وتلفزيونكم
عتيق .

كنا أصبحنا في الصف المتوسط الثالث، وكنت أشطر منها في
العربي والتاريخ والرسم. في نهاية السنة مثّلنا أنشودة الصرصار
والنملة، وزعلت مهى لأنها كانت الصرصار الكسول، فجاءت أمها

٢٦

إلى المعلمة وطلبت منها أن تصبح النملة الشاطرة، فبكيت لأني لا أريد أن أكون الصرصار الكسول، لكن المعلمة قالت: إن كلاً منا ستكون نملةً في يوم، وصرصاراً في يوم آخر، إلى أن ينتهي أسبوع الاحتفالات في المدرسة.

وعلى الرغم من ذلك ظلت ابنة الدامرجي تكرهني، رغم أننا نذهب كل يوم للمدرسة معاً. عندما يكون زخ الشتاء شديداً يوصلها والدها في سيارتهم التي يضع في صندوقها علب البسكويت والنوغا التي يصنعونها في معمله، فلا تقول لي تعالي معنا، بل تراني أثناء الطريق أرتدي معطف النايلون الممزق الذي اشترته أمي من البالات، فيوقف والدها السيارة ويشير كي أصعد، وهو يقول: «صرت مثل الفارة المبلولة». كنت أبكي لأن مهى كانت تنظر له وتضحك. أدركت أنها تكرهني عندما تشاجرت معها ذات يوم حول جدول الضرب لأنها كانت تخطئ كثيراً في جدول السبعة. فقالت لي: إني أخت السكران.

عرفت أن أخي جميل طُرد من المدرسة، وأنه ينتظر دائماً أن ينهي أبي عشاءه ليكمل مسح صحن العجة أو اللبنة ثم يصب الماء في بطحة العرق ويحركها ويصبها في الكأس ويشربها، أو يلقيها في فمه من القنينة.

لم أعرف متى بدأ أهل الحي يُطلقون عليه لقب «حاج أكل». أفهم من أمي ونوال أنه كان يطرق أبوابهم ليطلب رغيفاً أو بقايا طعام. عندما كبرت صرت أتخيله يطالب بالمازة التي كانت أمي تضعها فوق الصينية الصغيرة، وكان منظرها مثيراً للشهية. نرى فيها أنا وأختي نوال حبات الزيتون اللامعة فتخطف نوال واحدة، ونرى صحن اللبنة بالزيت وقطعة جبن تطل من ورقة شفافة أو ورقة سمراء، وصحن البطاطا المقلية، وأعواد الرشاد الحراقة اللذيذة. في زمن

آخر، كنت كلما جلست إلى مائدة عامرة بالمازات في أفخم المطاعم أرى بين عيني صينية، وأشتمُّ بقايا كأس عرق ورائحة القرفة في صحن العجة بالبيض.

رائحة بيتنا وخمة. أسمع جيراننا يقولون هذا. جارتنا تسد أنفها وتهمس: «لأن الأب يشرب ليل نهار وابنه تبعه». كان أصحاب الدكاكين عندما أذهب لأشتري ربع كيلو بندورة أو ربطة سلق، يسألونني أحياناً: «كيف حال الوالد»؟ فأقول: «منيح»، فيهزون برؤوسهم متسائلين: «بعدو»؟ ثم يشيرون بأصابعهم بحركة تشبه حركة صب السائل ثم الشرب، كأنهم يجيبون على أنفسهم فيقولون: «ذَنَب الكلب بيضل أعوج». «الله يساعد أمك».

أصبحت أمي تساعد بعض نساء الحي ممن يعشن في أول الشارع حيث العمارات والبيوت القديمة والكبيرة، على غسل الملابس والنشر والتعزيل، وتعود ببعض بقايا غداء الناس أو عشائهم تلبية لمعدة أخي جميل التي لم تعد تشبع، وانتفخت، ثم أصبح له كرش، وترك العمل في دكان الكواء الذي يقع في شارع القصار، ثم طرده أبو عفيف الخضرجي لأنه يظل يأكل من حبات العنب ونصف الخيارات المعفنة.

كأن أمي أصبحت مثل الآلة تتبعها أختي نوال بصمتها وأحياناً بغنائها الذي أصبح يُبكيني. لا تغني إلا الأغنيات الحزينة: «سوق القطيع إلى المراعي»؛ و«مين عذبك». لم أكن أفهم تلك الأغاني لكن صوتها كان كأنه ينشج. حتى الجيران الجدد - الذين سكنوا الكوخ المجاور بعد أن طرد المالك السكان السابقين لأنهم ظلوا ثلاثة أشهر لا يدفعون الإيجار كما قالت أمي - كانوا يستمعون إلى صوت أختي نوال ويقولون: «الله يقصف عمرك... لو سمعتك أسمهان لغارت منك وهي بالقبر».

تغني نوال أغنية «دخلت مرة الجنينة»؛ و«أنا اللي أستاهل». لم أكن أحب هذه الأغنية. كنت لا أفهم كلماتها، أحس فقط أن هناك خسارة ما، شيئاً يُبكي أمي وأختي معاً، لكني كنت أرددها كالببغاء لأن نوال كانت ترددها. وذات يوم عندما كنت ألعب خلف الدار وأردد مقلدة طريقة أختي في الغناء: «أنا اللي أستاهل كل اللي يجرالي»، وأشهق بعدما أقول «يجرالي»، «الغالي بعتو رخيص ولا إحسبوش غالي»، صاحت بي أمي مؤنبة: «بعت إيه يا مفعوصة أنت»؟ لم أفهم عمّا تتحدث، ولم أتنبه إلى أنها تعني الأغنية إلى أن صاحت مرة أخرى: «ممكن تنقطينا بسكاتك»؟

كبرت في ذلك الحي. كانوا يقولون لي «بنت المصرية»، ثم أضافوا إليها «أخت السكران». ماذا أنتظر منهم أيضاً؟ كرهتهم كلهم، حتى الذين كانوا يسلمون علي بلطف ويقولون إني جميلة ومحبوبة، كنت أنفر وأشيح برأسي وأرفض أن آخذ من أحد علكة أو حبة بونبون.

تمنيت لو تلقى أمي أهلها الذين أضاعتهم بعد أن غرقت الباخرة، وتحملنا إلى الإسكندرية. أخذت أحب الإسكندرية وأحلم بها. وعندما لم تحقق لي أمي أمنيتي اكتفيت بالأحلام. كنت أسرع لأنهي دروسي ثم أختبئ تحت اللحاف ولا أنتظر العشاء، وأتخيل أني في الإسكندرية. كنت عرفت منها أنها تشبه بيروت، وأنها تقع على البحر، ثم عرفت عنها أكثر من كتاب الجغرافيا، رغم أنهم لم يكتبوا إلا أسطراً قليلةً في درس مدن البحر الأبيض المتوسط في كتاب الجغرافيا. أتخيل بيوتها كلها أحلى من بيت عمة أبي، وشوارعها فسيحة ونظيفة مثل شوارع فرن الشباك وكورنيش الرملة البيضاء، ثم رحت أكتشفها شيئاً فشيئاً في الأفلام.

ذات يوم وجدت خالي وخالتي يتمشيان على الشاطئ ويأكلان

الكعك المدور المنفوخ بالزعتر الناشف. خالتي تضحك وخالي يضع يده على كتفها وأنا أقترب وأشده من جاكيتته وأقول له: «أنا سلمى بنت أختك هنية»، فيضحك ويحملني ويعانقني ويطعمني قطعة من الكعك، ثم تحملني خالتي واسمها «طنط» آمال وتقول: «تقيلة شوية بس معليش». ثم أصبح واقفة وسطهما ويمسك كل منهما بإحدى يدي ونتمشى على الكورنيش.

لم أعد أحلم بالليل فقط. ففي عطلة المدرسة الأسبوعية كنت أطلب من خالي وخالتي أن يحضرا إلينا في البيت. وعندما كنت أنفض الشراشف خارج الكوخ وأمد بسط المدين الخشبيين فوق السور القصير الذي يفصل باحة الأكواخ الخلفية عن الزقاق، وأتركها لتتشمس، كنت أعود فأجدهما داخل الدار ثم يتحركان معي بين الفجوة الصغيرة حيث أنام، وبين غرفة النوم والدار، فأحكي لهما ما فعلته في المدرسة ومن أحب من المعلمات ومن أكره من رفيقاتي، وأُولاهن بنت الدامرجي، فيطمئنانني، ويحكيان لي عن الإسكندرية والأفلام فأرتاح. لم أعد أحس بالوقت ولا أعرف كيف أنتهي من تنظيف البيت وترتيبه. أجلس بعدها لأطرز مخدة صغيرة أو أحوك صدر كنزة الصوف التي تحوكها أمي لأبي قبل العيد وأري «طنط آمال» شطارتي، ويقول لي خالي إنه سيأخذني ذات يوم إلى الإسكندرية، وسنعيش هناك.

أصبحت كلما زعلت من أحد في المدرسة أو البيت، أطلب من خالي وخالتي أن يأتيا فلا يتأخرا، وأراهما قربي يلاعبانني، فنضحك ونأكل ونتحدث، وكنت أحبهما كثيراً. لكنهما لسبب لا أعرفه ابتعدا ذات يوم ولم يعودا قطُّ. ومنذ ذلك اليوم غضبت منهما وقاطعتهما بدوري. أذكر ذلك اليوم تماماً. كان يوم توزيع شهادات الفصل

الأخير في المدرسة. كنت في الصف السابع، ووقفنا جميعاً في الصف عندما دخلت المديرة وبدأت في توزيع شهاداتنا. قالت: الأولى هي ناهدة الخطيب صفقوا لها، فصفقنا، ثم قالت: الثانية هي عائشة ميقاتي صفقوا لها، فصفقنا. ثم قالت الثالثة سلمى عكروت. وما إن لفظت الاسم حتى ضج الصف بضحكات البنات وشهقاتهن: نظرت إلى المديرة ومعلمتي بذهول؛ فإذا بالمديرة تقول بسرعة الثالثة هي سلمى حسن صفقوا لها.

لم أسمع التصفيق، ولم أعرف كيف تقدمت وأخذت شهادتي، ثم عدت إلى مكاني ووقفت كالآلة. لم أعرف كيف وصلت إلى البيت. ولمّا بحثت عن خالي وخالتي وذهبت إليهما تحت اللحاف لم أجدهما. اختفيا تماماً منذ ذلك اليوم، وعرفت بعدئذ أن المديرة نسيت في تلك اللحظة ما كانت اتفقت عليه مع المعلمات. كن اتفقن على مناداتي باسم سلمى حسن لأنه اسم أبي ولأن كلمة «عكروت» في لبنان معيبة جداً. ربما لهذا غضبت من خالي وخالتي، فأمي كانت شرحت لي أن كلمة «عكروت» بالمصري تعني «عفريتاً»، وليس «قواداً» كما تعني باللبناني. طيب، إذا كانت الكلمة ليست شتيمة بالمصرية، فلماذا هجرني خالي وخالتي بسببها ولم يعودا منذ أن أخذت الشهادة؟

أنا أيضاً زعلت منهما وقاطعتهما وأصبح لي أصدقاء آخرون. أصبحت صديقة لفيروز الطفلة المعجزة التي هربت من أبيها في فيلم «الحرمان»، وأختها نيللي التي تعرفت إليها في فيلم «عصافير الجنة»، ثم عرفت في ما بعد أن لبلبة ابنة خالتها، وأيضاً كانت ليلى مراد تأتي أحياناً وتخبرني كيف نجت بأعجوبة في فيلم «سيدة القطار»، وأغني معها عندما أغسل الصحون أو أناول أمي ملاقط الغسيل وهي تنشر الملابس على الحبل الذي نتقاسمه مع الجيران خلف الكوخ، حيث

٣١

الفناء المليء بالزبالة وبقايا حجارة وإسمنت يشيدون بها العمارات المجاورة.

أرى فيروز الطفلة المعجزة، وليلى مراد، تلوحان لي من شرفات عمارة جديدة ملونة بالأحمر والأخضر والنيلي ويسمونها «عمارة الفئران».

تغني ليلى مراد المقطع الأول:

«من بعيد يا حبيبي بسلم
من بعيد من غير ما اتكلم».

فأرد عليها:

«علموني... اصبر واداري
لوعتي... واديني باتعلم».

* * *

صاحت أمي عندما عادت من السوق ذات يوم جمعة بعد الظهر: «يا ويلك يا هنية، يا نيلة بختك يا هنية، جوزك بتاع نسوان وابنك سكران طينة وبنتك معطوبة وبنتك الثانية مجنونة خلاص»، ثم شدتني من كتفي وهي تهزني «لا دانتي مجنونة رسمي». «أنت بتكلمي مين يا بنت؟ انطقي»!

كنت خرست ولم أستطع أن أقول لها شيئاً. وليلى مراد هربت، وكذلك كل أصدقائي الجدد الذين استبدلت خالي وخالتي بهم.

ضاق الكوخ منذ ذلك اليوم، وانتبهت إلى ان الدار التي كنت أراها ملونة وجميلة لا نافذة لها، وأن لحافي بلا غطاء مورّد كلحاف سرير بنت الدامرجي. وما أسميه المطبخ ليس إلا مغسلة مكسرة الحواف عفنة الرائحة، والمرحاض بباب مخلوع نقرفص داخله ونمد يداً تتأهب دوماً حتى لا يفتح أحد الباب من الخارج.

كرهت أمي، وكرهتها أكثر لأني لا أعرف لماذا تكره أختي نوال؟ إلى أن استيقظتُ ذات ليلة وأنا أحس بعطش. كان الحر شديداً والرطوبة «تدبق» جلودنا. عندما خرجت إلى الدار في طريقي إلى باحة الكوخ الخارجية حيث تضع أمي الإبريق، رأيت إلى جانب الباب أبي وأختي نوال في الظلمة، وخيطاً من ضوء باهت يتسلل فوق أكتافهما . . .

اليوم الثالث

مساءً

From: Miss X
Sent: 24 December 2004 09:03pm
To: Saad
Subject: Salma's Papers

كنت أرتجف قلقاً وأنا ألتصق بنوال في سيارة السرفيس. كانت
أوقفتها في شارع فردان قرب فندق كابيتول وقالت للسائق:
«عالمعرض إذا بتريد». همست لها متسائلة إذا كانت فلوسنا تكفي
فهزت برأسها وشدت على أصابعي وقالت: «مش قلت لك ما
تخافيش»؟ كانت تحرص أحياناً على الحديث بلهجة أمي المصرية
حتى تستدر عطف الناس أو إعجابهم، لا أدري لماذا؟ لكني رحت
أحذو حذوها، تقول أحيانا: البيارته يحبون المصريين، وكنت أفكر:
إذا كانوا كذلك، فلماذا يقولون لي دائماً: «بنت المصرية؟»؛ «إجت
بنت المصرية وراحوا أولاد المصرية؟»
هبّ هواء بارد، جعل السائق يقفل النافذة ويقول: «صقعة مثل
الحجر لا عالبال ولا عالخاطر».
كنا ما زلنا في بدايات شهر تشرين الأول، وسأعود في الأسبوع

المقبل إلى المدرسة. سنقدم هذه المرة صورة شمسية مع شهادة آخر السنة للعام الماضي التي نعيدها موقعة من أهلنا. وقعت أمي شهادتي أخيرا لأن أبي ظل يقول لها كل يوم: «بكره بمضيها... بكره بمضيها».

سيتوقف السرفيس بعد قليل في ساحة المعرض قبل أن يلتف إلى عصور ومنها إلى ساحة البرج. قالت نوال إن استوديو أراكس هنا، وصاحبه غاربيت أحسن وأشهر مصور أرمني، وهو يصور الممثلات وأرتيستات الزيتونة أيضاً. من هن أرتيستات الزيتونة؟! هذه الكلمة سمعتها أكثر من مرة. أتذكر أن أمي قالتها لي عندما حكت لي عن ضياعها بين مصر ولبنان، وذات يوم سمعتها على لسان مدام الدامرجي. أبي أيضاً قالها في شجار مع أمي. لم أفكر أكثر. الآن سأرى الأرتيستات في الصور، كما تقول أختي نوال. وعدتني بأن تجعله يصورنا صوراً أخرى غير التي سنقدمها للمدرسة. «صور كيف»؟ سألتها، وكانت تعرف من أبي أن بعض الأرتيستات والبنات الغنيات يأتين إليه، وهو لديه غرفة فيها أكوام من الملابس والعقود والأساور والورود الطبيعية والاصطناعية التي توضع كـ«تشكيلة» في الشعر، وأنهن يتصورن بالتشكيلة على شعرهن أو يحملن المروحة، أو يضعن البرنيطة حيث يتدلى الدانتيل الأسود الذي يغطي العينين ونصف الأنف. يا الله! قلبي يقفز من الفرح وأنا ألحق بها في الدرج المعتم العتيق بعد أن دخلنا من باب إحدى البنايات قبل ساحة العازارية.

أنت مسيو غاربيت؟ سألت نوال الشاب الذي كان يقف وراء طاولة في غرفة ضيقة، خلفه حائط يمتد فوقه شريط كهربائي ينتهي بلمبة تسميها أمي اللمبة النعسانة. على الجدار مرآة صغيرة محببة وتحتها طربيزة عليها فرشاة مليئة بالشعر، ومشط صغير أسود، وإصبع أحمر شفاه.

«أين سنتصور؟ هون»؟ سألتها هامسة بينما شدت على أصابعي كي أسكت. كان الشاب يقول لها إن خاله هو غاربيت وإنه يصور الآن «واخد ست» وستخرج بعد قليل. أشار لنا إلى المرآة وقال: «. . . حضّروا إذا إنتو بيحب». قالت له نوال: «سمعنا عندكم غرفة فيها فساتين»، فهز برأسه وقال: «بس بدك تدفع عشر ليرات كمان». سألتها قبل أن تجيبه: «المصاري بيكفو»؟ فشدت على أصابعي للمرة الثالثة، فسكتّ.

دخلنا بعد قليل الغرفة ولم نخرج منها إلا وصوت مسيو غاربيت يستعجلنا. وقفنا أمامه فابتسم ثم ضحك وهو يرى الفستان الأبيض الساتان الذي اخترته ينزل عن كتفي وذيله يصبح طيات كثيرة عند قدمي. «كيف بدك تتصور»؟ طلبت منه نوال أن يصورني قبلها فقلت له فجأة: «بدي إبكي»! ضحك مندهشاً: «شو بدو يبكي ما يبكي؟ أولًا كيف بدك يبكي؟ جايب بصلة معك؟».

انحنت نوال وهمست بأذني: «عاوزاني أدفع عشر ليرات عشان تبكي حضرتك»؟ هززت كتفي بعناد فقال مسيو غاربيت: «يله بابا خلصني. . . بدك يبكي. . . إبكي. . . أنا ما بخصّو. . . أنا بصوّر وبس»!

أجلسني فوق كرسي عال وراح يعدل من جلستي ويقول لي: «ارفعي ظهرك». حتى أصبحت كالتمثال، أخذ يدير وجهي إلى اليمين ثم إلى اليسار، وأسمعه يقول: «هيك أخلى. . . أخلى». ثم عاد بعدها إلى آلته المنتصبة على «السيبة»، وقبل أن يُدخل رأسه في الكيس الأسود نبهني إلى أن علي أن أبكي بعد أن يعد إلى الثلاثة. وما إن أدخل رأسه في الكيس الأسود وقبل أن يقول ثلاثة كنت أضع يدي على وجهي وأجهش بالبكاء! أحس دموعي تملأ وجهي ويغيب من أمامي الكيس وغاربيت، وأرى أختي نوال عند مدخل دارنا في

البيت في الظلمة وضوءاً يرسم خطوطاً فوق كتفيها العاريين، وأرى أبي يبتعد مهرولاً خارج الكوخ.

يوقظني صوت مسيو غاربيت: «أنت خبيبي بيبكي عن جد»؟ تقول له نوال: «سيبك منها يا خواجة»، ثم تجلس وتضع يدها على الوردة التي تزين شعرها. ثوبها البنفسجي «المكشكش جميل»، يقول لها مسيو غاربيت: إن «نور العيون» الأرتيست في كباريه «النجمة»، تصورت به، ثم كبّر لها الصورة ووضعوها على مدخل الكباريه.

بعد أن مسحتُ الحمرة عن شفتيَّ بمحرمة نوال، صورني صورة المدرسة حيث وضعت الياقة البيضاء المنشّاة فوق الفستان لتظهر في الصورة كما أوصت المعلمة. دفعت نوال أجرة الصور وأعطاها الشاب وصلاً لونه أصفر، وقال مسيو غاربيت، وهو يداعب ذقني: «رخ بعطيك صورة زيادة يا أمورة».

※ ※ ※

كنت خائفة أن ترى أمي الصورة وتوبخني، أو تضربني. هي على كل حال لم تكن تضربني مثلما تفعل مع أختي نوال أو أخي جميل، كانت تضربني أحياناً ضربات خفيفة سريعة على كتفي أو تقول لي: «مدّي إيدك»، وتضربني بطرف المسطرة مثلما تفعل المعلمة بالصف عندما كنت ألوّث أصابعي بالحبر لأني أنسى أن أستخدم ورق النشاف... خطر لي أن أمي ستضربني اليوم وستسأل: من أين أتينا بالفساتين؟ ولماذا تصورت وأنا أبكي؟ هي كانت أوصتنا أن نبتسم ابتسامة كبيرة حتى تطلع الصورة حلوة، وعندما ذهبنا لنأتي بالصور كانت في انتظارنا مفاجأة.

من هذه؟ شهقت أختي نوال وهي ترى صورة كبيرة في مدخل بناية المصور غاربيت، وقد علقت داخل خزانة زجاجية، كان

٣٧

المصور يعلق فيها صور نساء وبنات ورجال وأولاد يتصورون عنده. عندما جئنا أول مرة لم نلتفت كثيراً لها، لكني كنت رأيت صورة أكبر من الأخريات وضعها في الوسط وكانت الصور الصغيرة حولها، أما الآن فصورتي في الوسط وبحجم أكبر من تلك التي كانت قبل أسبوع. يداي إلى جانبي وجهي وعيناي مليئتان بالدموع.

صاحت نوال: «ودي إنتي كمان». نظرنا إلى الأسفل فوجدنا صورتين أيضاً. من أين أتى بهما؟ لم أكن أبكي. كيف صورني من دون أن أبكي؟ ومتى؟

كنت في الصورة الأولى أنظر بدهشة أو خوف، ولا أعرف كيف ولماذا؟ وفي الثانية كأني كنت بدأت أبتسم.

صعدنا الدرجات بسرعة لنأخذ الصور، ويقول لي مسيو غاربيت: «أنت فوتو جينيك وأنا إذا أنت بيحب أنا بصورك كل مرة وبعمل لك خسم». سألته إذا كان سيعطيني الصور الأخرى فقال: طبعاً. قبل أن نصعد السرفيس قلت لنوال: «صورتك كمان حلوة قوي ورأيتها تشبه ماجدة»، ثم رحنا نقلب في صورنا طوال الطريق.

كنت مأخوذة. أختبئ تحت اللحاف وأحملق في صوري الثلاث. لا أدري لماذا؟ لكني أستطيع أن أراها في العتمة. أحسها تهدهدني وأتمنى أن أُريها لأمي، لكني أخاف.

From: Miss X
Sent: 10:00pm
To: Saad
Subject: ?

عزيزي الأستاذ سعد. . .

هذا ما كتبته لك اليوم، أو بالأحرى ما أرسلته لك من أوراق سلمى. ربما تسألني الآن لماذا توقفت؟ وهل ألعب بعواطفك لعبة تشويق وجذب كما تفعل بمستمعيك؟

لا، صدقني. فأنا أجد نفسي كأني في جلسة صفو أو خلوة، يحوم حولي طيف سلمى، ولعله يحوم حولك الآن أيضاً. الساعة تشير إلى العاشرة مساءً، وأخال أنك ما زلت تجلس في مكتبك، أمام جهاز الكمبيوتر تبحلق بأوراقي مثلما كنت أبحلق بعيني سلمى لأكتشفهما.

هل بدأت تشعر معي بأنها أصبحت حاضرة معنا؟ تأتي بوجهها وطلتها وزمنها ونتف أيامها التي تتناثر؟

بماذا تشعر؟ ليتني أستطيع أن أعرف، وليتني أعرف أيضاً إذا كان ما أرسله لك سيفيدك في حواراتك مع مستمعيك، مع من يحب سلمى، ومن يكرهها. من أحبها، ومن كرهها.

إلى اللقاء غداً.

اليوم الرابع

مساءً

From: Miss X
Sent: 25 December 2004 09:03pm
To: Saad
Subject: Salma's Papers

لم تعد أختي نوال تذهب إلى المدرسة. في العام الماضي كان صفها قد أصبح في البناية الأخرى التي تقع خلف ملعب مدرستنا. كانت كل من تحصل على شهادة «السرتيفيكا» تنتقل إلى تلك البناية. كن نراهن كبيرات، ونوال تبدو أكبر التلميذات. تنورتها الكحلية قصيرة كما تقول المعلمة وأمي تفتق ذيلها ثم تعيد خياطته بعد أن تقصر الثنية. تقيس مساحة التطويل بأصابعها فتجدها ثلاث أصابع. تقول: «كافي كدة... خلاص أنت حاتلبسي سواريه في المدرسة على آخر زمن؟». لكن نوال لم تعد تذهب، ولم أعرف السبب. كانت بدأت في تلك الفترة تذهب إلى معمل الأرمني «خاتشيك» لخياطة القمصان. تحمل «كدوشة» الزعتر بالزيت أو اللبنة بعد أن تلفها بورقة جريدة، وتعطيها أمي أجرة السرفيس ليوصلها إلى المعرض وتمسح وجهها من البودرة والحمرة عند الباب، وتقول لها:

٤٠

«من المعمل على البيت على طول». وعندما تتأخر في عودتها بعد الساعة السادسة مساءً تركض أمي بمشّايتها إلى نهاية الزقاق، ثم تعود وهي تهمس لنفسها بكلمات لا أفهمها.

كانت توصيها ألا تقول لأحد أنها تعمل. لم أفهم لماذا؟ سألتها ذات يوم لأني كنت أسمع كثيراً كلمة «حرام» و«حلال»، هل عملها حرام؟ فقالت أمي: «هس. أنت مالكيش دعوى». ثم أخبرتني نوال في الليل بعد أن ناموا، أن عملها ممنوع لأنها صغيرة. قالت: «أنا لسة تحت السن». لم أفهم، ثم لعبت بأصابعها، وقالت: على كل حال لما انخطب حارتاح».

كان عمرها ١٦ سنة ونصف السنة، وكنت دخلت في عامي الحادي عشر. فرحت وأنا أقول للمعلمة الغريبة التي سألتنا عن أعمارنا: إن عمري ١١، لكنها قالت: «كملتيها أو بعد»؟ أمي تقول: إني كبرت خلاص وصار عمري ١١ يعني ما عدتش صغيرة». لكن المعلمة الغريبة في المدرسة، تقول إني لم أكمل عشر سنوات ونصف السنة. وعندما بدأت تختار البنات لرقص الدبكة في حفلة نهاية السنة، كانت تنظر إلي وتقول إني أبدو أصغر من البنات. كنت أقصرهن، ورأيتها تتهامس مع مربية صفي، ثم تهز برأسها كأنها ترفض شيئاً ما. بعدها رأيت البنات يتجمعن حولها وهي تردد أغنية الدبكة التي أعرفها قائلة: «يا غزيل يا بو الهيبا»، وتضع يدها على خصرها ثم تقفز بخطوات راقصة، والبنات يقلدنها، وأنا أتطلع إليهن من بعيد وأبكي.

في الليل، كرهتها وكرهت كل البنات اللواتي دبكن معها، وجئت بمعلمة أحلى بكثير منها، ولم يكن اسمها «الست نجاة»، ولم تأت مثلها كما تقول التلميذات من «الستاد دو شايلا» لتدريب بنات

المدارس. كانت المعلمة تحت اللحاف جميلة جداً تشبه ليلى مراد، لكنها أصغر وأضعف وأقصر، وكانت تعلمني أن أغني معها وألوح بيدي بالمحرمة، ثم أشبك قدمي بعلامة «إكس» وأقفز بثلاث خطوات قصيرة إلى الأمام، وأعود بخطوة واحدة إلى الخلف، وأضرب الأرض بقدمي وأنا أهتف «أوف يابا... أوف يابا»، أو أصرخ «أوه... ياه... ياه...».

كنت تحت اللحاف سعيدة، ولا أحس بما شعرت به في المدرسة حين دخلت الست نجاة مع البنات إلى البهو الكبير داخل المدرسة، وأدارت الناظرة مسجلة كبيرة يدور فيها شريط رفيع لونه بني يلتف حول دولاب صغير، وعندما يدور ينطلق الصوت وتبدأ التلميذات بالرقص.

لن أكون في فرقة الدبكة. شهقت وأنا أقف في زاوية الملعب أرفض أن ألعب أو أتمشى مع بنت الدامرجي ورفيقتها. أبكي وأمسح دموعي بالمحرمة البيضاء ومخاط أنفي بالمحرمة الزرقاء كما أفهمتنا المعلمة، وفرضت علينا أن نضع كل منديل في جيب المريلة السوداء.

كنت أبكي وأنشج وأنا أخبر «مدموزيل ليلى»، مربية صفنا التي كان دورها اليوم في جولة المراقبة في الملعب: «ست نجاة لا تحبني... لا تحبني... مش عارفة ليه؟». لا أدري لماذا وجدت نفسي أحكي باللهجة المصرية، على الرغم من أني كنت حريصة على ألا أحكي بها كي لا تقول لي البنات الكبيرات «بنت المصرية» أو «بنت الأرتيست». فكرت أيضاً وأنا أبكي وأمسح دموعي ومخاطي وأقول للمدموزيل ليلى إني لن أكون في فرقة الدبكة، أن أشكو الست نجاة لها وأقول إنها رفضتني لأن أمي مصرية أو لأنها أرتيست. لكني وجدت نفسي أكرر: «مش عارفة ليه... ليه... ليه بس؟».

٤٢

ربّتت «مدموزيل ليلى» على كتفي وقالت: «ما تخافي، خلليني أفهم شو القصة».

في اليوم التالي كنت أصبحت بين البنات. لم تقل لي الست نجاة أي كلمة. وقفت فقط أمامنا في الطابور قبل دخولنا الصف بعد فرصة الساعة العاشرة، ونادت أسماء البنات كعادتها منذ ثلاثة أيام؛ وإذ بي أسمع اسمي.

بعد لحظات كنت أتقافز معهن في البهو الكبير الذي يتوسط غرف الصفوف وأردد «أوف يابا». لكني ظللت أنفر منها وأنظر إليها بطرف عيني ثم أخفض رأسي وأفكر في أن «مدموزيل ليلى» أحلى منها بكثير، وأني أحبها أكثر من كل المعلمات.

* * *

صاحت أمي وهي كعادتها تشد شعرها بيد، وتضرب صدرها باليد الأخرى: «بتقولي ايه؟ ١٥ ليرة مرة واحدة؟ طيب ما يجيبوا الفساتين همة؟».

أعدت عليها الموال الذي أردده للمرة الثالثة: «الفساتين من عندهم والسكربينات كمان، بس قالوا خللي كل واحدة تجيب معها ١٥ ليرة وتحطها مع المعلمة حتى لما تخلص الحفلة نرجع لهم الفساتين ويرجعلونا المصريات». «رهن يعني؟»، رددت أمي متأففة، ثم راحت تذهب إلى المطبخ وتعود وهي تهمس لنفسها كيف ستدبر الليرات؟ وماذا اذا أتلفت الفستان أو دلقت عليه الحبر أو قطعت الزر؟ هل سيعيدون لها الفلوس في هذه الحالة؟

أخيراً تدبَّرَتْ. أعطتني نوال الخمس عشرة ليرة، فحملتها بفخر إلى الست نجاة كأني أمنّ عليها بها. وفرحت أمي لأني أخبرتها أنهم سيعطون كل واحدة منا خمساً وعشرين ليرة إذا شاركنا بعد الحفلة

الكبيرة في «المدينة الرياضية» في برنامج اليانصيب الوطني في التلفزيون، وكانت الست نجاة طلبت منا أن نسأل أهلنا إذا كانوا يوافقون على أن ندبك في التلفزيون.

* * *

كان مبنى التلفزيون - كما علمت من بنت الدامرجي - يقع خلف بيتهم، وكانت تستطيع من الشرفة الصغيرة في مطبخهم أن تراه. ولما أصعدتني ذات يوم إلى بيتهم، طلبت منها أن نرى التلفزيون فترددتْ. كانت تحب أن تتباهى برؤيته وحدها بين بنات المدرسة، وكنت أحس هذا بشكل غامض، فقلت لها: إني لن أخبر أحداً. هي أيضاً كانت حزينة لأنها لا تشارك معنا في فرقة الدبكة رغم أن أمها صديقة المعلمة، ولكنها قالت لي: «أنا تخينة وعندي ربو».

كان يوم أحد عندما وقفت مع مهى في شرفة مطبخ بيتهم. أشارت إلى بناية تشبه ما يقولون عنه في الأفلام «الفيلا»، جدرانها من الحجر، تتخللها نوافذ كبيرة وعريضة زجاجها غامق، وهناك ساحة تقف فيها سيارات، وجانب من حديقة وأشجار تبدو من بعيد.

ماذا في الداخل؟ ولماذا اسمه تلفزيون؟ وكيف يكون البناء اسمه تلفزيون والصندوق في بيتنا اسمه تلفزيون؟! قالت مهى: إن تلفزيونهم كبير، أكبر قياس. وسمعت أمها تقول: «قياس ٢٤». فعرفت أنه مثل الذهب الذي تقول أمي عنه «٢٤ قيراط».

سأكون بعد شهر هناك، داخل ذلك التلفزيون الذي أضافوا إليه اسم تلة الخياط. وستكون مهى الدامرجي تتفرج علي من شرفة بيتهم. لن تكون معي. سأغلبها، ولن يهمني بعد اليوم ما تحكيه عن ذهابها إلى «باب إدريس» و«السكي» في أوتيل «كابيتول» أو مطعم

ومقهى «الأوتوماتيك» في البرج. أخجل أن أسألها عما تراه هناك، بل كنت أدير وجهي وأنا أمثل أني لا أهتم!

بعد أسبوعين كنت أمد منشفة الحمام النظيفة فوق سرير أمي وأبي المائل وأفرد فستان الدبكة فوقه، وأضع أمام السرير السكربينة الصفراء اللماعة.

أجلس أمامه كأني أمي التي تصلي، ثم أقف وأنظر إليه من اليمين، ومن اليسار، ثم أصعد من جانب السرير، وأجلس لأراه من فوق إلى تحت. لا أصدق كم هو جميل. الصدر الأصفر وعليه درزات كبيرة بالأخضر! والتنورة المزمومة بأربع قطع صفراء خضراء، والحزام نصفه أصفر ونصفه أخضر، والكمّان «المكشكشان» باللونين. لا أعرف نوع القماش لكني أتحسسه لأعرف إذا كان حريراً أو تفتا، فتقول أمي: «كتان ما بيسواش ليرتين مش ١٥ ليرة»! بعدها أصبحت أعرف أن أفرّق بين أقمشة الكتان والبوبلين، والتفتا والساتان؛ إذ بدأت أرافق أختي نوال إلى معمل المسيو خاتشيك لخياطة القمصان.

* * *

«إنتو بنات الدبكة»؟

كان ينظر إلينا بحنان شديد، وهو يتلفت متحدثا بالفرنسية وببعض الكلمات العربية إلى رجال يقفون إلى جانبه. رجل طويل، أبيض وأنيق، يضع نظارات مثل محمد عبد الوهاب. كأني تحت اللحاف أتخيل نفسي في التلفزيون، لكني أكون في الحقيقة أقف مع سبع بنات بالفساتين الملونة بالأخضر والأصفر والأحذية اللامعة. نخبئ محارمنا الصغيرة في جيب الفستان، والمعلمة أخذت ثيابنا ووضعتها في كيس، وقالت إنها ستعطينا إياها بعد الحفلة. ننظر إلى

الرجل الذي يسألنا «إنتو بنات الدبكة»؟ ثم ننظر إلى بعضنا فرحات ونحن نضحك ونستحي. يكون اسمه «مسيو بولس». وتهمس أكبر البنات «هيدا المدير». بعد ذلك نمشي خلف الست نجاة ورجلين إلى آخر هذا الصالون الكبير. أتذكر بلاطه الذي يلمع بشكل لم أره من قبل وهناك ما يشبه الطاولة الطويلة الرفيعة والعالية التي أراها في الأفلام، ويقف خلفها شابان، أحدهما أسمر وله شاربان والآخر نحيل وطويل وشعره أشقر.

كانت كل واحدة منا تشبك يد الأخرى ونسير في صف «اثنتين اثنتين» نتبع «الست نجاة». مررنا في ممر طويل مظلم ثم فتح الشاب باباً ضخماً أصدر صوتاً يشبه صوت صرير رفاص سرير أمي، وأشار للمعلمة فأشارت لنا، ولحقنا بها، والشاب يمسك الباب مفسحاً لنا لندخل.

يا الله! كنت أتذكر أني رأيت مثل هذه الأشياء في أحد الأفلام، في فيلم أجنبي، تمنيت أن أتذكر عنوانه.

آلات تصوير تتحرك وليس فيها كيس مثل كاميرا المصور غاربيت، وصحون كبيرة تتدلى من السقف، وقطع قصدير، وعصي سوداء طويلة، وحبال كثيرة متشابكة على الأرض خفنا أن نتعثر بها، ونبهتنا إليها المعلمة هامسة. أرى نفسي في مكان أجمل بكثير مما أراه تحت اللحاف، أو عندما تصيح بي أمي وتقول «البنت اتجننت خلاص»، لما تسمعني أهذي بالمصري واللبناني وأنا أكنس أو أفلش في كتبي ودفاتري.

أقف في آخر صف مع البنات، فأنا أقصرهن، ورفيقتي أطول مني بنصف شبر فقط، رغم أنها تقول إنها أطول مني بشبر كامل، لكن القصيرة تكسب كما قالت أمي ذات يوم بعد أن غلبتها وغلبت

٤٦

أختي بلعبة الباصرة. رأيت رجلاً فاتناً يقف أمامنا يتأملنا وهو يبتسم. كان يشبه الممثل الذي كان مع الممثلة التي رأيتها في الفيلم الأجنبي وسط مكان كهذا وهي تتحرك وعلى كتفها شال من الفرو، وامرأة تمشط لها شعرها، وأخرى تمسح لها وجهها، وشاب يحمل مرآةً صغيرةً وهي تنظر إليها.

لا يوجد هنا من يمشط لنا شعرنا. «الست نجاة» كانت أعطتنا مشطاً صغيراً سرّحنا فيه شعرنا في غرفة صغيرة قبل أن نخرج إلى الصالون الكبير حيث كان يقف المسيو بولس. الآن كنا نقف، وما زلنا فرحات بالحمرة التي نضعها على شفاهنا وخدودنا؛ والرجل الجميل يتأملنا ثم يقترب ويضع يديه على كتف بعضنا ويقول كما يقول المصور غاربيت ومسيو خاتشيك: «إنت حلو كتير».

«هذا هو المخرج»، قالت الست نجاة. وهو قال لنا بعد ذلك: «إنتو بيطلع بهذا المسيو»، وأشار إلى شاب طويل جداً، شعره مجعد، ويحمل آلة مثل التلفون، ومسطرة، ثم قال: «لما برفع العصا وبنزلو بتضحكوا وبترقصوا». «هل سندبك بدون الأغنية»؟ أردت أن أسأل الست نجاة، لكني خفت أن تزعل مني، ثم رأيته يقترب مني. أحسست بخوف شديد وفكرت في أنه سيبعدني لأني صغيرة وقصيرة، وسيقول للست نجاة إني لن أدبك وستشعر أنها كانت على حق عندما رفضتني. لكنه قال لي: «شو اسمك»؟ قلت له: «سلمى». فالتفت إلى الست نجاة، وقال «سلمى ستكون هنا، أول شيء». ثم قال للرجل الطويل ذي الشعر المجعد: «سيلفو بليه مسيو متري، علمو كيف يدوّر الدولاب». فأخذني مسيو متري من يدي، ومشينا فوق دائرة من الخشب عليها ضوء ساطع يبهر العين، ثم رأيت وراءها في الظل دولاباً كبيراً يحتوي على دوائر عليها أرقام كبيرة بالأبيض قالوا إنه «دولاب اليانصيب». وراح يعلمني كيف أمد كفي وأحركه وهو

يقول: «مثل ما بتلعبي بدولاب البسكليت، بس هيدا أكبر». لم أقل له أنا لا ألعب بدولاب البسكليت ولم يكن عندنا بسكليت. مرة واحدة لعبت بواحد مكسور في الزقاق وكان لابن جيراننا الذي صاح يبكي، كأن أمه ضربته.

لم أستطع أن أدير الدولاب، فتطلع مسيو متري إلى المخرج الجميل حائراً، فاقترب مني لأشعر بفرحة كبيرة وهو يمسك يديّ الاثنتين ويعلمني كيف أشد بقوة ولكن بخفة على حافة الدولاب. ثم قال بعد أن أدرت الدولاب «برافو» وربت على كتفي، فقلت له: «أنا بحبك كتير!»، فضحك وابتعد.

قبل أن يسطع ضوء يجعلنا نغمض عيوننا، سألنا المسيو متري إذا كنا نريد ماءً أو إذا كانت إحدانا تريد أن تذهب إلى الحمام، فهززنا رؤوسنا إلى الأعلى، ثم قال:

«اسمعوا يا حلوات. اتطلعوا فيّ منيح. بعد شوي سنصور وسيراكم كل الناس في التلفزيون. يعني إنتو ستدبكوا هنا والناس بتشوفكوا برا»؟.

وجدتني أسأله بلهفة: و«نحنا ما منشوف حالنا؟» فضحك، وعبست الست نجاة وهي تشير لي بأصبعها أن اسكت.

سمعت صوت المخرج الجميل من بعيد ولم أعرف أين أصبح، كان يقول كلمات لا أفهمها، فيشير مسيو متري إلينا لنقترب خطوة أو نبتعد أخرى إلى اليمين أو اليسار، ثم أفهمني أنه بعد انتهاء كل مقطع من أغنيات الدبكة سيقول المذيع الذي يقف إلى جانب «ساحة الخشب»: والآن إلى السحب لجائزة المئة، أو الألف. وعندما يشير إليّ المسيو متري، علي أن أتجه وأدير الدولاب كما فعلت من قبل، وعندما يشير إليّ مرة ثانية أعود إلى مكاني مع البنات، وأرقص معهن الدبكة.

بعد لحظات أصبحت كأني تحت اللحاف، كنت أرفع يدي وأطرق بقدمي، ثم أمد ذراعي وأصبح حمامة، ثم أهتف كأن أبي يحملني ملاعباً مثلما يحمل أختي نوال فأقول: «آه . . . يوبا . . . هاي هاي». ثم عندما يشير لي بعد انتهاء مقطع الدبكة، أسير بخطوات ثابتة كالعسكر، وأدير الدولاب وأنظر إلى الضوء ولا أُغمض عيني وأبتسم لشيء لا أعرفه. كنت أرى المخرج الجميل يقول لي: «برافو»، فأفرح! وأجتهد! ليقولها لي مرة أخرى.

* * *

جاء الصيف وبدأت العطلة، وأخذت أمي الخمس وعشرين ليرة، ولم تجعلني أرى فستان الدبكة، مع أنهم أعطونا إياه هدية، وخبأته مع الحذاء الذي يلمع في رف الخزانة، وقالت إني سألبسه في عرسٍ أو في العيد.

أصبحت أكره بيتنا أكثر. كنت أكرهه كثيراً في الصيف لأننا نمضي اليوم في التنظيف، ومساعدة الجيران، ولا نذهب إلى البحر إلا قليلاً. كذلك كان أبي يعود بقميصه المقور إبطه بالعرق، وعلينا أن نغسل الملابس كل يوم. يأتي أبي الساعة الخامسة عائداً من المرفأ، ثم ينام، وعندما يفيق الساعة السابعة كان يطلب الصينية فتضعها أمي أمامه متأففة، فيأكل قليلاً ويشرب من قنينة العرق أو البيرة كثيراً، ثم يترك الصينية، وتقول له أمي وهو يغادر البيت: «على فين»؟ فيقول: «على جهنم»، فتهمس لنفسها: «اللي تاخدك وتاخد ابنك معاك».

لم يعد أخي جميل يأتي إلى البيت إلا عندما نراه وقد جره رجل أو رجلان وقد أصبح كالميت وحول شفتيه رغوة كالصابون. كان الغرباء يضعونه أمام باب الكوخ وهم يرددون «لا حول ولا قوة إلا

بالله»، بينما تسحبه أمي وتمدده على لحاف أو «حرام» الصوف قرب سريرها.

كانت تجيء لنا أحيانا بشراشف أو مخدات نكمل تطريزها لتحملها إلى أصحابها، ولا تعطينا أجرتنا. تعود نوال تعبة من مصنع «مسيو خاتشيك» فتطلب منها أن تطرز طوال ساعتين كأنها تنتقم منها. تحمل نوال المخدة وتبدأ العمل. تشك إصبعها بالإبرة، وأرى دموعها تترك دوائر صغيرة فوق القماش. تغني وهي تتحشرج: «بنادي عليك» و«فين حبيبي اللي رماني في قسوة الحب . . . .».

لماذا تكره أمي نوال؟! كلما كبرت أكثر يكبر سؤالي ولا أجد له جواباً، لا تحت اللحاف ولا فوقه.

لم أعد أرى أبي ونوال في الظلام، لكني فكرت في أنّ نوال ليست ابنة أمي وأنها من أم أخرى كان أبي تزوج بها، وكنت أرى مثل هذه الحكايات في الأفلام في بعض البيوت.

قالت لي ذات يوم، إحدى بنات عمة أبي الكثيرات، رغم أننا لم نكن نراهن إلا قليلا عندما نذهب إليهم لنهنئهم في العيد أو بنصف شعبان، إن أختها الصغيرة نهى التي ما زالت في اللفة، ليست أختها، وأنهم وجدوها في سطل الماء أمام السبيل في شارع بكار.

لكني لا اصدق هذه الحكايات، أصدق فقط ما أراه في الأفلام. ففي تلك الأيام، كانت الأفلام بعيدة كل البعد عن حياتنا. لم تتشابه إلا عندما رقصت الدبكة في التلفزيون ورأيت المخرج الذي يشبه الممثل في الفيلم. عدا هذا فإن ما أراه عندما تصحبني أم مروان إلى عروض الفقراء والنساء في سينما عايدة يذكرني كل لحظة بأن لهؤلاء عالمهم، ولنا عالمنا. حتى عندما شاهدت فيلم «ليلى بنت الفقراء»، كان الفقراء مختلفين عنا. كوخنا في الزاروب لم أر مثله

في أي فيلم. لم أشعر بعتمته ورطوبته وبطقطقة ألواح القصدير في الشتاء، ولفحة الرطوبة التي تنز فوق جلودنا وفوق الجدران في الصيف.

هذا أكره صيف إلى قلبي، أصحو على عبسة أمي. لا تحقق لي أي وعد من وعودها بعد أن أحصل على الشهادة الابتدائية، وقد حصلت عليها. أتفحص الشهادة وأرى علاماتي وكلمات المعلمة بالحبر الأخضر. كلما أريها إياها تبتسم للحظة، ثم كأني أذكرها بشيء لا تحبه، فتشيح بوجهها وأسمعها تهمس: «إنت كمان حاتكبري وتنقطيني زي أختك»؟

لم أعد أفهمها، وهي لا تُفهمني شيئاً، ونوال تحكي لي عن العادة الشهرية فأكمل الحكاية من رأسي، ثم أنسى الأمر ولا أهتم بالكبر، أو بأني سأذهب في العام المقبل إلى المبنى الآخر من المدرسة. لا أسترجع كل ليلة إلا ليلةَ الدبكة، وأُدخل المخرج الجميل معي تحت اللحاف وأراه أحياناً أبي، ثم أراه وقد جاء بي مرة أخرى إلى الدولاب وظل يقول لي: حركيه بقوة ولكن بلا ضغط. ثم أراه يصبح مسيو غاربيت يقول لي: «فوتوجينيك». ولا أفهم هذه الكلمة إلا بعد ذلك بكثير. ثم أراه يرى صورتي وأنا أبكي ويقول لي: «برافو»، فأبكي مرة أخرى... وأخرى.

* * *

استيقظت على يد أمي تهزني بعنف. رفعتُ رأسي لأجدها تشد أذني بيد، وتشد شعرها باليد الأخرى وصوتها يفح ببحة أخافتني: «جايبالي راجل ولسة ما طلعتيش من البيضة»؟ «راجل»؟ لم أفهم عما تتحدث. أصابني ذهول وأنا أراها تشدني من قميص نومي خارج الفراش، ثم تجذبني إلى غرفتها والدار، ثم تدفعني كأنها تدحرج شوالاً لأجدني خارج باب الكوخ، فأنظر وأنا أفرك عيني وأصعق،

ولا أجد نفسي إلا وأنا أعود إلى الداخل أبكي وأشهق وأضرب الأرض بقدميَّ الحافيتين، ثم أركض وأختبئ في فراشي.

تلحق أمي بي كأنها اكتشفت فضيحتي لتصرخ هذه المرة: «إنت يا بت يا حية من تحت تبن، والله إن ما قلت الحق لانا موّتاكي اليوم خلاص».

لم أفهم، لماذا تهددني أمي؟ لا أعرف كيف أتصرف. لا أشعر إلا أني أكره نفسي وأكره بيتنا وأكره المخرج الجميل لأنه عرفني وعرف كوخنا وجاء ليسترجع الفستان والخمس وعشرين ليرة. «قومي يا بت وخلليني أفهم إيه الحكاية»، يوقظني صوتها إلى حالي وحالها ولا أجد نفسي إلا وأنا أخبئ وجهي بيدي وأنشج مستميتة لتصدقني: «والله العظيم، والله العظيم، أنا لم أقل له شيئاً ولا أعرف أنه يعرف بيتنا».

لكن شيئاً ما، غامضاً ومجهولاً، كان ينبض بقلبي. لا أصدق أن المخرج الجميل يقف عند باب هذا الكوخ. شيء ما يجعلني أكرهه لأنه عرف أن هذا هو بيتنا، وشيء ما يجعلني أحبه لأنه جاء إلى هنا.

«عاوز إيه»؟ قالت أمي وهي تتجه بخطوات عنيفة متأهبة لاكتشاف ما يشجعها على شد شعرها وضرب صدرها وضربي.

كان يقف إلى يمين الباب المقشر ومقطوع مسكة اليد. ما زلت أذكره ببدلته الرصاصية الفاتحة، وقميصه المخطط بخطوط زرقاء باهتة، وربطة عنقه وعقدتها الرخوة عند الياقة مفتوحة الزرين الصغيرين المتلاصقين.

ينظر إلينا كأنه قريبنا الذي يحبنا. ابتسامته تجذبني وتطمئنني. أراه أحلى من كل الناس الذين أعرفهم. تقول له أمي فجأة:

٥٢

«وحضرتك عايز منها إيه»؟ ثم أراها تخفي ضحكتها وهي تسمعه يقول: «أنا عرف البيت من ست نجاة في مدرستو وأنا جيت منشان يطلعوا بالتلفزيون مرة ثاني».

أتطلع إليه كمن وجد هدية، لكني لا أعرف أن أقول له تفضل، أو أفهم لماذا تسكت أمي وتنظر إليه بدهشة ثم تنظر إلي وتسكت. أشعر بأن أمي لا تستطيع أن تساعدني، وأن هذا الرجل الغريب يفهمني أكثر منها. كأني أتذكر كلمته «برافو» فأستفسر منه عما يقول، فيردد ما قاله لي، وأفهم أني كنت «كويس كثير» وأنا أدبك، وأدير دولاب اليانصيب، وسوف يأخذني إلى مكتبه في التلفزيون ويشرح لي ما سأفعله في المرة القادمة، وسيعطيني، ليس خمساً وعشرين ليرة، بل خمسون ليرة. قالت أمي: «تدهالي أنا»، فهز برأسه ثم قالت إنها ستأخذني غداً إلى مكتبه في التلفزيون. فأكد علينا أن نكون هناك الساعة الرابعة تماماً، ثم ابتسم لي، فحلقت فَرِحة مثل عصفور.

في طريقنا في اليوم التالي إلى تلفزيون تلة الخياط، كانت أمي سمحت لي بأن ألبس فستان الدبكة. بللت شعري جيداً، ومشطته بمشطها الذي لم تكن تسمح لنا بأن نمشط به شعرنا، تخاف من القمل والسيبان، وتقول إنه يُعدي وإننا نلتقطه من المدارس والمعامل. أما هي فنظيفة والبيوت التي تعمل بها نظيفة جداً. تجعلني أمي أفكر إذا كانت تحبنا حقاً. لكني عندما أراها ذلك اليوم تأخذني إلى التلفزيون وهي تمسك يدي بحنان، أشعر بأنها تحبني وتخاف علي. توصيني ألا أفتح فمي وأسأل عن الليرات. تقول لي، أن أسمع جيداً ما يريده مني، وأترك بقية المسائل لها. أشعرتني بالاطمئنان والقوة، لكني ظللت أكره أن يعرف المخرج الجميل بيتنا. هل خطر لي أنه لن يقول لي «برافو» إذا عرف أنني أعيش في ذلك الكوخ؟ لا أدري كيف ومتى وُلدت في قلبي مشاعرُ الرفض والكره

٥٣

لكوخنا وحياتنا تلك؟ مع أني لم أكن رأيت غير بيت عمة أبي وبيت الدامرجي. هل تحفر كلمة عابرة من مهى الدامرجي أو حركة لامبالية من عمة أبي، في روحي، إلى تلك الدرجة؟ أم أني فُطِرتُ على المشاعر المشبوبة المتقلبة؟

يمكنني الآن أن أفكر بهذه الطريقة. أحاول إعادة اكتشاف نفسي. أما في ذلك اليوم فكنت كمن يسير فوق سحابة؛ تلك السحابة التي حطت بنا أنا وأمي عند باب مكتب أول مخرج عرفته في حياتي ولم أكن أعرف اسمه حتى تلك اللحظة.

طرقنا الباب ففتح لنا لكنه ظل واقفاً والباب نصف مفتوح، وبدلاً من أن يقول لنا: تفضلوا، نظر إلى أمي، ورأيت في عينيه نظرة عسكري وعلى شفتيه ابتسامة أبي، وقال: «مدام إذا بيريد إنت بيقعد هون وأنا بدو يحكي مع المدموزيل». قالت أمي: «مدموزيل إيه سيادتك؟ دي عيلة... دي قاصر». قال، وهو يجذب بيد كرسياً من القش ويمسك الباب باليد الأخرى: «صدق مدام لا تخاف، أنا عارف شو بيساوي». لكن أمي هزت برأسها وشدت على أصابعي وكادت تجذبني لتعود بي، إلا أنها توقفت عندما قال: «مدام، سيلفو بليه، أنا نخلي الباب مفتوح، أنا بدي مدموزيل يسمعني كويس ولا ينشغل بغير شيء، وهي يمكن يعني تخاف منك وما يركز ليسمع شو أنا بقول».

كأني سأدخل غرفة طبيب، هكذا شعرت وأمي تسكت وهي تجذب الكرسي وتجلس عليه بطرف وركها وتهز ساقها وتهمس: «أما نشوف»، وهو يشير إليّ ويترك الباب مفتوحاً. أجد نفسي ألاحق نظراته وحركة يده فأجلس خلف الباب إلى جهة اليسار على كنبة صغيرة زرقاء، ويجلس هو وراء طاولة عليها أوراق وأغراض كثيرة لم أرها من قبل.

قال لي: «أنا اسمي غابي سادوريان وأنا أشتغل مخرج وبدي إياك في تمثيلية، وأنا بيقول إنو إنت كويس كثير. أنا بفتش على وجوه جديدة وبعمل لهم «تيست» وإذا نجحوا بيمثلوا، بس أنا شفتك في حفل اليانصيب وكنت «فوتوجينيك» وكمان كنت بيرقص دبكة مثل ممثل مش مثل دبيك».

أتطلع إليه بلهفة، يقفز عمري بمشاعر تُغرقني بفرح لا يسعني، أقفز فأقبله وهو مدهوش، أسمع صوتي يردد: «يعني أنا حامثل؟ حامثل؟»، ثم أقول قبل أن يجيبني: «بالمصري ولاّ باللبناني»؟ يقول: «باللبناني»، فأهز برأسي واثقة من قدرتي، وأتخيل أني سأقف مرة أخرى تحت الضوء الساطع وسأحرك الدولاب ثم آخذ خمسين ليرة. أفكر في هذا كأني أعرف أن أمي ستقبل من أجل الخمسين ليرة. ثم يخطر لي أنه يريدني أن أبكي مثلما فعلت عندما صورني مسيو غاربيت أو أغني كما تفعل فيروز «معانا ريال... معانا ريال»، وكنت شاهدتها ثلاث مرات في عروض الفقراء في سينما «عايدة».

* * *

لا تعرف أمي كم تمنيت تحت اللحاف أن أكون ممثلة، بل لعلي لم أنتظر أن أتمنى أو أدعو الله أن تتحقق أمنيتي. لا تعرف أني عشت داخل التمثيل، وأني كنت أضيفه إلى كل ما يتعلق بي، إليها والى أبي وأختي نوال ومعلماتي وأصحاب الدكاكين.

أمي لا تفهمني. تقول صغيرة، تقول لمسيو غابي إني في الحادية عشرة وهو يريدني في تمثيليته أن أبدو في الرابعة عشرة، كيف؟ تقول «بنت أربعتاشر عندها صدر وأنا لسة زي الأولاد الممسوحين تمام». يقول إنه سيغير في السيناريو فلا أفهم، لكنه يقول إني سألبس تنورة وبلوزات ويرفعون لي شعري، وسأحضر إلى مكتبه

٥٥

كل يوم لنتدرب على التمثيلية، وإذا نجحت سيجعلني أمثل في غيرها وغيرها .

قالت لي أمي إنها ستسمح بهذا «التمثيل» الذي لم يكن على البال ولا على الخاطر، فقط في العطلة الصيفية، أما عندما تفتح المدارس فالدروس وبس .

غمرتني ذات ليلة بدون سبب، وقالت لي إنها تخاف علي وإنها لا تريدني أن أصبح مثلها أو مثل أختي نوال. يعني جهل وفقر ومرمطة، كما قالت. ثم أخذت ترافقني كل يوم إلى مكتب مسيو غابي في تلفزيون تلة الخياط فتجلس خارج المكتب لتقول لي عندما ننتهي من البروفة إنها شعرت بنعاس وإن أحداً لم يضيّفها حتى قنينة «سينالكو» أو «إيديال» أو «كازوزة جلول» .

لكنها بعد ذلك ملّت وطلبت مني أن أذهب وحدي، ونبهتني إلى أن أمشي إلى جانب الطريق عندما لا يكون هناك رصيف، وألا أحادث أحداً على الطريق ولا داخل التلفزيون إلا المسيو غابي وبس .

كنت أجلس في غرفته مع بطلة التمثيلية التي أسمت نفسها «حنان ثروت». قالت إن مسيو غابي اقترح عليها هذا الاسم لأن عينيها خضراوان مثل الممثلة «زبيدة ثروت». سألتني ذات يوم بعد التدريب ماذا سيسميني؟ وعندما تجرأت وسألته بعد عدة أيام، قال وهو ينظر إليّ تلك النظرة الحنونة التي أحبها: «إنت اسمك معك: سلمى... سلمى وبس». وقد صفق لي في آخر يوم من التدريب عندما بكيت وأنا اقول لأختي في التمثيلية: «ما كان قصدي أقهرك... ما كان قصدي عذبك وأحرمك من ابن... من ابنك؟ وقال: «برافوا سلمى... سلمى نمبر وان»!

أصبحنا بعد عدة أيام نتدرب في بيوتنا. قال لي مسيو غابي إننا

٥٦

سنأتي إلى التلفزيون قبل يوم من عرض التمثيلية وسيعرّفنا إلى المؤلف، وسنقوم ببروفة في «الاستوديو». كنت أسمع الكلمة لأول مرة، وفي كل يوم أسمع كلمة جديدة وأتعلمها: «الماكياج» «الراكور» «كاميرا وان» و«تو» «الزوم»، «كلوز آب» و«ترواكار». يقول لي مسيو غابي: «إذا أنا بعمل فيلم سأجيبك سلمى، إنت موهوب». كلماته تُطْلقني إلى الفرح. لا يعرف كم أقول تحت لحافي «يا الله كم أحبه!». لا أعرف لماذا أحبه، أتمنى أن أراه كل يوم. أتطلع إليه وأتمنى أن أعرف الممثل الذي يشبهه فلا أعرف. ذات يوم بعد أن خرجنا من مكتبه بعد التدريب، قالت لي حنان ثروت، وكانت بعمر أختي نوال: «مش ملاحظة إنه بيشبه روك هدسون»؟

أتذكر فجأة الممثل وأتذكر الفيلم الذي كان يمثل فيه دور الأعمى ولا يعرف أن الفتاة التي يحبها هي التي صدمته بالسيارة، ثم تفاجئني حنان ثروت قائلة: «أنا بحبه بس هوه ما بيعرف».

كانت التمثيلية ستُعرض على الهواء مباشرة مثل حفلة الدبكة واليانصيب. شعرت قبل أيام من تصويرها بحزن شديد، وتمنيت أن أموت قبل أن نذهب إلى الاستوديو ونمثلها. لم أكره حنان ثروت وخطر لي اني عندما سأقول لمسيو غابي إني أحبه سيُفاجَأ. ربما لأنه قال لي «برافو» وجاء إلى بيتنا ونظر إلي تلك النظرة الحنونة، سيقول إنه سيفكر في الموضوع. ظللت أفكر في هذا الأمر إلى أن جئنا قبل يومين من التصوير لنريه الملابس التي سنلبسها ويأخذ كل منا نصف أجره، سألتُ حنانَ ثروت: «هل جاء مسيو غابي إلى بيتكم؟» فدهشت لسؤالي، وقالت: لا. لم تعرف كم فرحت، وتأكدت من أنه يحبني! قالت إنه نشر خبراً في مجلة التلفزيون يطلب وجوهاً جديدة وإنها تقدمت وأجرى لها «التيست» ونجحت، لكنها قالت إنها ربما لن تمثل غير هذه التمثيلية فهي تسكن في منطقة الشياح، ولا يعلم

إخوتها الكبار وأخوالها بالموضوع، وطلبت منها أمها أن تصبغ شعرها أشقر حتى لا يعرفها أحد، لكن مسيو غابي رفض، وهي لا تعرف ماذا سيحدث إذا عرفوا، فأهلها «متعصبون كثيراً»، لكنها تحب التمثيل ولا أحد يساعدها غير أمها.

لم أعرف حكاية الممثلين الثلاثة الذين يشاركوننا في التمثيلية. كنت لا أتحدث معهم كما أوصتني أمي، كما أنهم لا يأبهون لي. قال أحدهم ذات يوم: «كيف بيتركوها أهلها وحدها هيك»؟ وقال إنه لا يصدق مسيو غابي الذي يقول إن عمري ١٣ سنة.

كان أكبرهم يمثل دور الشاب الذي يضحك على حنان ثروت (وكان اسمها في التمثيلية «نوال»). لم تعرف كم ساعدني اسمها لأشعر بأني أختها بالفعل. كان الشاب في التمثيلية يقع في حبها ويتزوجان، وأكون أنا أختها الصغيرة، وهناك أخوه الذي يريد أن يضحك علي كي يدخل إلى البيت ويسرقه ويستدرجني إلى القبو كي يحبسني هناك بينما تكون أختي خارج البيت، وعندما أحمل طفلها الصغير (الذي سيكون لعبة كما قال مسيو غابي) وأركض، سوف أتعثر وأقع أنا والطفل ويموت الطفل عقاباً لها، لأنها كانت تتركه كثيراً، ويطلقها زوجها لأنه لم يكن يعلم بتصرفاتها، بينما يندم الشاب السارق بعد أن يدخل السجن. أما أنا فأبكي في نهاية التمثيلية وأقول لها: «لم أقصد أن أقهرك وأحرمك من ابن... من ابنك!».

سألتني أختي نوال: «ما اسم التمثيلية؟ فقلت لها: «غزل البنات»، فقالت: «هذا فيلم»، فأقسمت لها إن اسمها «غزل البنات». فراحت تهزأ مني وتقول لي: «يعني إنت اللي ما طلعتيش من البيضة عايزة تكوني زي ليلى مراد»؟ ثم تقول: «ومين بقى حايعملكم محمد عبد الوهاب ولاّ نجيب الريحاني»؟

لم تنجح التمثيلية مع أن مسيو غابي قبّلنا كلنا بعد نهايتها، فقد أخطأنا في الوقوف عند علامات «الإكس» X التي كتبها مساعده على الأرض داخل الاستوديو. دربنا ثلاث مرات أين نقف وكيف نتحرك ومن يجلس منا على هذه الكنبة ومن يقف خلف الطاولة، كما تدربنا على تغيير ملابسنا، وكانت فقط البلوزة أو الجاكيت، لنعود بعدها بسرعة إلى المشهد التالي. كذلك تدربنا على أن نحبس النفس ونختبئ في الظلام. كنت تعلمت كلمتين جديدتين هما «الديكور» حيث نمثل و«الكواليس» التي تقع خلف مكان التصوير حيث نتحمر ونتبودر ونغير ملابسنا، أو نحمل أدوات مثل حقيبة أو مكواة أو منفضة غبار بعد أن يعطينا إياها مساعد مسيو متري (مدير الاستوديو) وكان اسمه حسن ويعمل أيضاً «ريجيسير».

❋ ❋ ❋

كانت الساعة تشير إلى التاسعة مساءً عندما انتهت التمثيلية ونزل مسيو غابي من غرفة الإخراج الزجاجية التي تطل على الاستوديو ولم أكن أعرفها ولا رأيتها قبل التدريب. قال لنا: «البسوا بسرعة وتعالوا إلى الكافيتيريا». لحقنا به بعد ذلك وجلسنا مع مسيو بولس ورجال راحوا يمازحوننا وأنا خائفة أن توبخني أمي لأنها قالت إنها ستنتظرني بعد عشر دقائق من انتهاء التمثيلية، وهي المسافة التي تفصل بين مبنى التلفزيون وبناية بيت الدامرجي حيث ستنتظرني قربها كي تعيدني إلى البيت، فالدنيا ليل وأنا صغيرة، وهناك سكارى في الزواريب، ومنهم أخي جميل.

همست لمسيو غابي أن علي أن أذهب فأمسك بيدي وقال «أنا بوصلك ما تخاف»، وقالت حنان «وأنا»؟ فقال لها و«إنت كمان»، وقال لي أحد الجالسين: «بكره حايكتبوا عنك» ولم أفهم. ثم لمّا صعدنا في سيارة المسيو غابي، قالت حنان إنها تحب هذه السيارة

فهي مكشوفة واسمها «إيزابيللا». أحببت سيارته الصغيرة الزرقاء، وكم رأيته جميلاً وهو يمسح خصلة شعره الناعم ثم يمسك بيد حنان فتقفز إلى المقعد الخلفي وأجلس قربه حابسة أنفاسي ودقات قلبي، فيوصلني بصمت إلى قرب بناية الدامرجي، وأجد أمي ونوال في انتظاري فأهبط وأرى نوال تبحلق بي ثم ألتفت فيبتسم لي ويلوح ويسوق، بينما حنان ثروت تقفز لتحتل مكاني.

عندما ابتعد كدت أبكي. سألتني أمي: عطيوك بقية المبلغ؟ فقلت وأنا أجهش: «بكره». فأمسكت نوال يدي وقالت: «كنت حلوة ومهضومة يا مقصوفة العمر».

لم أعرف في تلك الليلة كيف غفوت ولا لماذا بكيت. كانت المشاهد مشوشة تحت اللحاف، ولا أمل أرجوه أو أمنية أتعلق بها.

اليوم الخامس

مساءً

From: Miss X
Sent: 26th December 2004 - 09:03pm
To: Saad
Subject:

عزيزي سعد. . .

أعلم أنك ستفكر عشرات المرات، بل مئات المرات في أني أنا
من اتصلت هذا الصباح، وقالت «أنا ماريا». ربما أكون. . . وربما
لا أكون.

أرجوك لا تشغل بالك بذلك، فسوف تعرفني ذات يوم، وسوف
تفرح لأنك ستعلم كم يمتزج دمي بدمها وكم يتوحد صوتي (غير
الجميل طبعاً) بصوتها، وكم كنت وسأظل أمينة، ليس على أسرارها،
بل في كشف تلك الأسرار وفاءً لها ولصدقها ولمن يستحق أن يعرف
هذا. وأنا أشعر بأنك تستحق.

* * *

From: Miss X
Sent: 9:20pm
To: Saad
Subject: Salma's Papers

وقفت مثل كل يوم عند مفرق طريق بيت الدامرجي أنتظر مهى لنذهب إلى المدرسة كالمعتاد. لم تأت. رأيت بنت النابلسي وأخا بنت الحبال يركضان لأنهما تأخرا. كنت أشعر بالبرد والهواء الشديدين ومعطفي المصبوغ باللون النبيذي يضايقني لأن إصبعي تخرج من ثقب جيبه، وأمي تقول ستخيطه ولا تخيطه. لم تأت مهى ولا أعرف كم صارت الساعة، لكني لم أعد أرى أحداً من التلاميذ. ركضت بكل قوتي إلى نهاية الزاروب ووقفت أمام مدخل زقاق كوخنا المعتم. هل أرجع إلى البيت؟ ماذا أقول لأمي؟ سأقول لها تعالي معي لأني أخاف أن أذهب وحدي إلى المدرسة. ستسألني عن بنت الدامرجي، وسأقول إنها مريضة، لكننا ربما نرى بنت الدامرجي على الطريق. بكيت ولم أعرف ماذا أفعل. تمنيت لو أتسلل إلى البيت ولا تراني أمي وأذهب تحت اللحاف وأرى أني في المدرسة.

لا أريد أن أمشي وحدي. أنا أعرف طريق المدرسة جيداً، وهي ليست بعيدة. قبل سنوات كانت نوال تذهب معي ثم توقفت. قالت لي إن من ترسب مرتين كل سنة لن يقبلوها، وهي رسبت في الصف الأول والثاني بعد السيرتيفيكا، وقالت المديرة لأمي أن تعلمها الخياطة، وهي التي أعطتها عنوان معمل المسيو خاتشيك، لكن نوال تقول عنها كذابة وإنها هي نفسها كانت تعرف معمل القمصان، لأن بنت أبي مكرم كانت تشتغل فيه يومي السبت والأحد قبل الظهر، ولكن بالسر لأنها «تحت السن».

عدت بعد أن وقفت عند باب الزاروب طويلاً، واتجهت نحو المدرسة. قررت ألا أرد على أي واحد يضحك ويقول لي «ممثلة»، ثم قررت أن أقول لهم «تفو عليكم». كيف عرفوا أني مثلت في التلفزيون؟ كانت مرتين فقط، الأولى مع مسيو غابي، ثم جاء بعد عدة أشهر إلى بيتنا مرة أخرى وقال لأمي «أبو ملحم بدو ياها». كانت أمي تحب تمثيليات «أبو ملحم»، وكل نساء الحي يحببن «أم ملحم» لأنها قبضاية وتدافع عن الحق، والرجال يحبون «أبو ملحم» لأنه يدافع عن الفقراء والأيتام. كانت أخذتني إلى التلفزيون لأقابله. هذه المرة رأيت نفسي في استوديو آخر تحت الأرض. نزلنا إليه بعد أن أمسك مسيو غابي يدي في العتمة. قالوا بعد ذلك إنها غرفة الملابس والماكياج للممثلين. كانت لمبات كثيرة مثل لمبة العرس وزينة الجامع في رمضان تلتف حول المرايا، وفي الزاوية يجلس الممثل الذي أخاف منه. اسمه «الياس رزق» وهو الشرير الذي يضرب ويسرق، لكن من تجلس أمامه وتضحك: امرأة شعرها طويل وأشقر وصدرها كبير، كما تقول نوال. كنت أحبها وتدهشني وهي تضحك وتسخر وتبكي وتتشاجر. اقتربت منها وقبلتها من دون أن أقول شيئاً، فأمسكت ذقني، وقالت: «إنت مين يا عيوني»؟ فقلت لها: «أنا سلمى». أخرجت من جيبي «الأوتوغراف» وقلت لها: «امضيلي». فضحكت وطلبت من الياس رزق قلماً وكتبت «إلى سلمى الأمورة. إنت حلوة وأمورة. التوقيع ليلى كرم». ثم جاءت ممثلة وجهها مريح مثل أمي، سمعتهم يقولون لها: «مرحبا عليا»، مسحت بكفها شعري وابتسمت.

أدخلني مسيو غابي غرفةً أخرى، ورأيت «أبو ملحم». قال له: «أستاذ أديب هذا هو سلمى اللي سألت عنه». عانقني الأستاذ أديب وقال لي إن مسيو غابي أخبره أني أحب التمثيل، ولكن مسيو غابي

ليس لديه أدوار للأطفال في تمثيلياته، أما هو فلديه تمثيلية فيها دور لولد. قلت له: «ولد! صبي يعني»؟ فهز برأسه وقبل أن يقول شيئاً أحسست بخوف، تخيلتهم سيقصون شعري. ضحك أبو ملحم كأنه قرأ أفكاري وقال إنهم سيغطون شعري بـ«قبوعة» صوف مثل التي يلبسها الياس رزق، وأن أحداً لن يعرف أني بنت. أعطاني عنوان بيتهم في ساقية الجنزير لأذهب إليهم يوم الجمعة ليُحفّظني الحوار ويدرّبني على الدور.

كنت بكيت بحرقة قبل ساعتين من عرض التمثيلية، وكانت على الهواء مثل تمثيلية «غزل البنات». لم أبك لأنهم ألبسوني بنطلوناً ممزقاً وكنزة بنية وسخة ومثقوبة ومشقوقة من ياقتها إلى نصف الصدر، بل لأنهم مسحوا خدي بفحم أسود، وأوصاني المخرج ألا أضع يدي على خدي. لم أكن أعرف اسمه، وكنت ظننت أن مسيو غابي هو المخرج لكنه أخبرني انه لا يخرج الآن تمثيليات بل سهرات تغني فيها سميرة توفيق، وسمورة، وجاكلين. لم أكن أعرف سمورة وجاكلين، بل سميرة توفيق فقط، بملابسها البدوية وعينيها الجميلتين.

تمنيت تلك اللحظة أن يكون مسيو غابي معي. تركوني وحدي، وصعدوا إلى الكافتيريا التي جلسنا فيها يوم تمثيلية «غزل البنات». جاء حسن مساعد مدير الاستوديو مسيو متري وأعطاني وصلاً صغيراً وقال: «قدميه لهم في الكافتيريا ليعطوك ساندويتشاً ومشروباً بلا أن تدفعي»، لكني ما إن دخلت من باب الكافتيريا حتى خفت. لم أعرف أحداً. كان رجال كثيرون ونساء يجلسون حول الطاولات يأكلون ويشربون. الياس رزق الذي أخاف منه يضحك ويقرمش الفستق، لا يسكر ولا «تنطعج» رقبته مثل أبي وأخي جميل. عيناه تبرقان، شعره أسود يلمع وهو ضخم مثل بطل الفيلم الإفرنجي. بحثت بعيني عن

الممثلة عليا التي تمنيت أن تكون أمي، لكني لم أجدها. ليلى كرم لا تراني لأنها تضحك وتأكل مع أم ملحم، وأم ملحم كانت تقدم لي في بيتهم، عندما نتدرب، ساندويتشاً باللبنة وورق النعناع، وتعطيني كنزة وبنطلوناً لأرتديهما. كنت أستحي منها كثيراً رغم أني في التمثيلية وأنا أمثل دور الصبي أرد عليها وأدافع عن نفسي بأني لن أهرب مرة أخرى.

كلهم منشغلون وأنا أقف عند باب كافتيريا التلفزيون أشعر بجوع وعطش وأريد أن أذهب إلى الحمام فأخاف. يمر مسيو بولس وينظر إليّ من خلف نظارتيه الكبيرتين: «شو بيعمل هون لو بوتي غارسون Le petit garçon يله فوت على المطبخ». يقول لي فأفاجأ وأقول له: أنا بنت مش صبي. أردد بالفرنسية التي أتعلمها بالمدرسة: je suis une fille non pas un petit garçon.

لكنه لا يسمعني لأنه يشير إلى الرجل الذي يقف خلف «البار»، وكنت عرفت أنه «بار» من مسيو غابي، ويقول له: «هيدا الولد بيشتغل معكم، ليش هو هون؟ لازم يكون بالمطبخ». يسألني الرجل مع من أشتغل؟ فأنفجر باكية وأخبره أني بنت واسمي سلمى وأني سأمثل اليوم مع «أبو ملحم».

يجلسونني أخيراً إلى طاولة بعد أن يضحكوا ويقولوا إن التمثيلية ستنجح جداً، فحتى مسيو بولس لم يستطع أن يعرف أني أرتدي ملابس التمثيل. تعانقني الممثلة علياء التي ستكون في التمثيلية أمي التي تموت، فأطمئن.

كان علي أن أردد أبياتاً من الشعر لأؤكد لأبي ملحم في التمثيلية أني صبي يتيم كنت في المدرسة ولست سارقاً، ولكن بعد وفاة أمي وأبي وسيطرة عمي الياس رزق على الميراث، يطردني فأتيه في

الشوارع، وتُجبرني الست ليلى التي يكون دورها تشغيل الأولاد الصغار على السرقة، لكنّ أبا ملحم وأم ملحم ينقذانني ويتعهدان بتربيتي وإعادتي إلى مدرستي.

كنت حفظت طوال الشهر السابق الدور جيداً، ورحت ألقي أبيات الشعر مثل معلمة العربي «ست صفية»، ولا أخطئ في القواعد ولا أنسى. غير أني فجأة نسيت، وقد أصبحنا داخل المشهد الذي يبث على الهواء وأنا أقف في المكان المخصص لي، عند علامة «إكس» وسط شرفة بيت أبي ملحم في الضيعة، أتطلع إلى الكاميرا وأرفع يدي مرددة القصيدة. طارت فجأة كل الكلمات من ذاكرتي ووجدت رأسي يصبح خفيفاً كأنه بالون منفوخ بالهواء. أشعر بنظرات أبي ملحم وأم ملحم من دون أن أتطلع اليهما. أشعر بشيء من الدوار فيزيد رعبي ونشيجي، يقول لي أبو ملحم كلمات ليست في التمثيلية: «معلايش يا بني معلايش يا كبدي»، وفي تلك اللحظة يصالحني رأسي وتعود الكلمات إلى لساني فأقول

إن الـفـتـى مـن يـقـول هـا أنـذا

ليس الفتى من يقول كان أبي.

بعد انتهاء التمثيلية وتصفيق الناس الذين كانوا في الاستوديو، قال أبو ملحم إني تصرفت جيداً وإنه عرف أني نسيت للحظة وإنهم كلهم ينسون ثم يتذكرون. قال بعدها «تعي عندي أول الشهر لأعطيك دور ثاني». وعندما خرجنا إلى باحة الاستقبال بعد أن خلعنا ملابس التمثيل وارتدينا ملابسنا ومسحت ليلى كرم كل الحمرة والبودرة وظلال العين فوق عينيها الجميلتين الخضراوين، أمسكت الست علياء نمري بيدي، وقالت لي: برافو يا شاطرة. ربت الأستاذ أديب على كتفي وهو يقول: إن التمثيلية أعجبت الناس كثيراً، والجميع

٦٦

اخذوا يسألون عن هذا الولد. لم يكونوا وضعوا اسمي في عناوين التمثيلية لأن أبا ملحم قال لنتركها مفاجأة.

غير أن المفاجأة الكبرى التي قالها لي ولم أصدقها: «أبكيت كل الناس يا سلمى . . . حتى رئيس الجمهورية».

* * *

قبل أن أذهب في أول الشهر الذي حل إلى بيت أبي ملحم، قالت أمي: «كفاية كده، المدرسة أنفع لك». لم أصدقها لأنهم أعطوني خمسا وسبعين ليرة ففرحت بها، لكني أنا أيضاً قلت لنفسي «كفاية كده»، فالناس في الشوارع التي نقطعها لنصل إلى المدرسة لا يحبون التمثيل. تشير إليّ إحدى البنات وتضحك، ويركض صبي صغير خلفي يمد رجله وهو يقول: صبي. . . صبي . . . ممثلة هاها. . . ويقول لي تلميذ في مدرسة الصبيان التي تقع خلف مدرستنا: كيفو أبو ملحم بيك؟ لم يقل لي أحد منهم «برافو أو أبكيت كل الناس»، كما قال أبو ملحم. أين هؤلاء الناس الذين يحبون التمثيل ويصفقون؟! لماذا لا يمشون في الشارع؟! ولماذا لا أراهم؟!

عندما وصلت إلى المدرسة في ذلك اليوم الذي انتظرت فيه بنت الدامرجي ولم تأت، قالت لي في فرصة الساعة العاشرة: «أنا لا أمشي مع ممثلات في التلفزيون!».

لم أصدق أن أمها منعتها من أن تمشي معي، ولم أصدق ما قالته أمي من أن أم مروان نفسها التي تعشق الأفلام وتشاهد أكثر من أربعة منها في الأسبوع قالت لها: «لا تفسدي ابنتك قبل أن تبلغ».

«بل صدقي»، تقول أمي وهي تمشطني وتأخذ مني وعداً بأن أنسى حكاية التمثيل هذه وأني عندما أكبر وآخذ شهادة البريفيه ستأخذني إلى الإسكندرية وهناك يمكنني أن أفعل ما أريد.

عندما حل يوم الجمعة في أول الشهر، ذهبت إلى بيت أبي ملحم. كان لهم بيت جميل، أطرق بلسان أسود من الحديد على بوابة كبيرة فتشد أم ملحم حبلا يمتد إلى شرفة مليئة بأصص الزنابق والقرنفل والأضاليا، وتطل على حديقة صغيرة نظيفة فيها بركة صغيرة ونافورة، عكس حديقة بيت عمتي المليئة بالأعشاب والنباتات اليابسة وبينها زهرات عباد الشمس. بكيت وشرّبتني أم ملحم الليموناضة وقلت لها: لن أمثل بعد اليوم، وعندما سأكبر ستأخذني أمي إلى الإسكندرية. قال أبو ملحم إن اهلي لهم الحق في الخوف علي، وسألني إذا كنت أحب أن يحكي معهم. هززت برأسي نافية وأنا خائفة أن يفعل، لا أريده أن يأتي إلى كوخنا مثل مسيو غابي. كنت واثقة من أن مسيو غابي لم يعد يطلبني في تمثيلياته، لأنه رأى أني أعيش في كوخ.

قال أبو ملحم: «أنا أحترم رغبتك يا ابنتي». كنت أسمع هذا الكلام لأول مرة في حياتي وأتعلمه. تعلمت منهم كلمات كثيرة وتصرفات لم أكن أعرفها. كان عالم التلفزيون والناس الذين أراهم هناك يختلفون عن أهل الحي وأهلي ومن أراهم في الشوارع في طريق المدرسة. أناس آخرون لطيفون، يحكون عن «اللقطة» و«الزوم» و«الكلوز الرائع» ومن «يأكل الكادر»، ثم عن «الدور» و«الشخصية» و«الإضاءة» و«النجاح». أناس نظيفون شعرهم يلمع، أحذيتهم تلمع، سياراتهم حلوة ونظيفة، مثل الفيات، والبيجو، والسبور الـ«إيزابيللا» كسيارة مسيو غابي، والفولكسهول وسيارة المرسيدس، مثل سيارة الست ليلى.

في السنوات القادمة جئت بهم أكثر من مرة تحت اللحاف وأخذتهم إلى حديقة بيت بنت «القادوم»، وكانت أصبحت صديقتي بعد أن تخلت عني بنت الدامرجي، بل أنا التي قاطعتها ورفضت

ذات يوم أن آكل «كدشة» من لوح الشوكولاته الذي تشتريه في فرصة الساعة العاشرة، لأنها قالت إنها لا تمشي مع ممثلات. أنا التي قاطعتها وقاطعت كل البنات اللواتي كن يضحكن ويقلن لي: «حسن صبي»، بعد أن أخبرتهن أني ظهرت في دور صبي مع أبي ملحم.

* * *

لم أكن شاطرة في صفوف «السوبريور» superieur كما كنت في الابتدائية. أصبحت أطلع الثامنة أو التاسعة بعد أن كنت الأولى أو الثانية أو الثالثة. لم أحب دروس «الماتيماتيك» و«الفيزيك»، وكانت بنت الدامرجي انتقلت إلى مدرسة أخرى وجاءت إلى مدرستنا بنات كثيرات أحببتهن أكثر منها ومن بنت النابلسي ونرمين وأختها اللتين تلبسان كلسات النايلون، وتجعلهما المعلمة تخلعانها قبل أن تدخلا الصف. تعرفت إلى صبيحة وهدى القادوم وكانت لهجتهما مختلفة قليلاً عن لهجتنا، ويعشن في بيت كبير في أول شارع بكار، فيه حديقة كبيرة. كنت أظنهما أختين، ثم عرفت أن صبيحة اسمها صبيحة صابر، وأن عائلتها تسكن في غرفة في البيت الكبير نفسه الذي تعيش فيه هدى القادوم مع أهلها في غرفة أخرى. كنت أذهب يوم الجمعة لألعب «الإكس» معهما في حديقة بيتهما. كنا نلعب وتتركنا هدى بين وقت وآخر لتسأل أمها: «أبوي حايجي؟». كانت تخاف لأن أباها يضربها ويطردنا كلما جاء ورآنا نلعب في الحديقة.

لم أخبرهما عن التمثيليات وتلفزيون تلة الخياط. وكنت كلما ترافقنا في طريق ذهابنا وعودتنا إلى المدرسة أخاف أن يشير إلي أحد بأنني «ممثلة»، حتى لا تقاطعاني. لا أدري لماذا كنت أحزن رغم ذلك الخوف... نسيني الناس ولم يعد بعض البنات ينظرن إليّ بغيرة تُشعرني بأنهن لسن أفضل مني لأنهن يعشن في بيوت لا في أكواخ. حتى المجلة التي أعطاني إياها أبو ملحم، وكانت فيها صورتي وأنا

صبي يلبس الطاقية العتيقة ويبكي وكلمات تقول إنه طفل أبكى رئيس الجمهورية، تمزقت بعد أن لفت أمي بأوراقها «كدوشات» المدرسة والمعمل لي ولأختي نوال. كنت قطعت الصفحة من المجلة وخبأتها تحت مخدتي لكنها عثرت عليها ولفت بها «الكدوشة».

لا شيء يُفرحني. حتى الصدرية الدانتيل التي اشترتها لي نوال عندما كبر صدري لم تُفرحني. أذهب وأعود وأدرس وأنجح أو أعيد امتحان بعض المواد في الإكمال، انتقل إلى الصف الثالث ولا يحدث شيء. تتهرب أمي من حديث الإسكندرية فأجعلها تحت اللحاف تعدني من جديد، ثم أركب وإياها باخرة بعد أن تصبح أماً أخرى تشبه مديحة يسري في فيلم «وفاء».

عندما بدأت أرافق أختي نوال إلى المعمل، أدركت أني سأصبح مثلها، وسأكره أمي مثلما كرهتها نوال. كانت تهمس إليّ بكلمات لا أفهمها؛ كلمات ناقصة. تقول إن أمي لا تحبها لان أبي يحبها أكثر، ثم تقول إن أبي يسكر دائماً ولا يعرف ماذا يفعل. تقول أحياناً إنه يبوسها بقوة وإن أمي تضربها لكنها لا تقول له شيئاً. بكت ذات يوم وقالت لي: «أوعي تخليه يجي حدك بالليل». أصبحتُ أخاف منه وخفت أن أسألها لماذا تركت فراشنا في تلك الليلة، من زمان؟ ولماذا رأيتها في الدار وكانت بالشلحة وهو بالكلسون القصير؟ لم أقل لها إني أحبها وأتضايق منها. كانت كلما تزعجني وتطلب مني أن أغسل الصحون والكبايات بعد أن تكون حفت الطناجر وصاج القلي، أفكر في أن أقول لها إنها تفعل العيب مع أبي، رغم أني لم أكن أفهم ما هو ذلك العيب.

* * *

لا أعرف متى قويت نوال على أمي وأصبحت المسؤولة عن

بيتنا، نعود إليها في كل كبيرة وصغيرة. هل حدث ذلك بعد أن أصبح أبي لا يأتي إلى البيت كل يوم؟ أم عندما رأيت نوال تحبس أخي في المرحاض وهو يطرق الباب بيديه وقدميه الكبيرتين ويصرخ ويبكي ويخاف منها رغم أنه أكبر وأضخم؟

جلستْ ذات يوم في الدار وأسندت ظهرها إلى المد الذي تفرش أمي فوقه البسط المحاكة من الثياب العتيقة، وراحت تعد الليرات وتطويها، ثم تجمع الأنصاف والأرباع الفضية والذهبية في علبة نايلون. عرفت أننا سننتقل من الكوخ ونسكن في بيت بغرفتين ودار ومطبخ في بناية في البسطة الفوقا. رحت أقفز وأرقص وأغني «معانا ريال... معانا ريال... ده مبلغ مال ما هوش بطال»، بينما ضحكت نوال وقامت تديرني من يدي مثلما يفعل فريد الأطرش وسامية جمال وتردد بصوتها الجميل:

«دقوا المزاهر ياهل البيت تعالوا
جمع ووفق والله وصدقوا اللي قالوا».
ثم تقول وهي تميل وتطلق صوتها الذي يفرحني ويبكيني:
«الليلة عيد... الليلة عالدنيا سعيد... الليلة».

تضحك أمي فأشعر بالراحة، وترقص نوال فأشع بالفرح ونبدأ بتكويم الصرر. يحمل لنا أخي جميل صندوقين من الكرتون فتقبله نوال، لكنها ترفض أن تعطيه ليرات ليشتري العرق، ثم نركب بعد أيام سيارة شحن صغيرة تعبر بنا زاروب العلية ثم تنعطف من شارع بكار لتصل إلى جامع الرمل، وتدخل في طريق أرى إلى يمينه بناية سينما عايدة. واسم عايدة الكبير في قطع من الزجاج الملون، تكون صورة كبيرة لهند رستم وهي ممدة فوق السرير بفستان ديكولتيه، وأقرأ تحت الصورة عنوان الفيلم: «بنات الليل». تقول أمي لنوال

وهي تشيح بنظرها «سلمى أختك مش حاتشوف الفيلم ده... فاهمة؟»، فتهز نوال برأسها. أستغرب قولها. فلم أكن فكرت بهذا الفيلم ولم تكن أمي تقول هذا من قبل، لكني أتذكر أن نوال أخبرتني بالسر أنها ذهبت مع رفيقتها في الشغل «جورجيت باكاريان» وشاهدتا فيلم «الرجال يحبون الشقراوات» الذي منعت الأمهات كل بناتهن من مشاهدته. كنت بدأت أسمع أن أفلام مارلين مونرو وبريجيت باردو وهند رستم هي أفلام «إغراء» وممنوعة على البنات، لكن هند رستم عندما مثلت لهن «الراهبة» و«امرأة على الهامش»، أحبتها الأمهات ولم يعدن يمنعن بناتهن من مشاهدة أفلامها. لم أشاهد فيلم «بنات الليل» إلا بعد سنوات، وبعد أن أصبحت ممثلة بحق وحقيق.

عندما وصلنا إلى البسطة الفوقا بعد أن عبرنا قهوة القزاز وشاهدنا على اليمين قصراً يشبه القلعة، قالوا إنه لرئيس وزراء هو صائب سلام، وإن المطربة نجاح سلام قريبة له: كانت أمي تتطلع إلى جانبي الطريق، ثم تشير إلى الجهة المقابلة للشارع الذي سلكه سائق الشاحنة، وتقول وهي تتمتم ثم تقرأ الفاتحة: رحمة يا ولاد على الأموات... هناك «الباشورة» وكلنا «حانندفن فيها في يوم من الأيام».

فكرت في تلك اللحظة: كيف تقول أمي هذا؟ ألم تعدني بأننا سنذهب للإسكندرية؟ وإذا ما ذهبنا إليها وبقينا كما وعدت فلماذا لا نموت ونُدفن هناك؟! هل سيأتون بنا بعد أن نموت ليدفنونا في «الباشورة»؟! أم أن أمي تكذب علي؟!

لم أفكر كثيراً في هذا الموضوع لأني نسيت ما إن وصلنا إلى البيت الجديد. صعدت لأول مرة درجات نظيفة وكبيرة في بناية صغيرة من ثلاثة طوابق. كان بيتنا في الطابق الثاني. جيراننا فلسطينيون رحبوا بنا وحملوا لنا ونحن نرتب العفش، صدراً مليئاً

بالأكل. أكلنا فاصوليا مع الأرز وسلطة وجبنة مقلية، قالت جارتنا إنها جبنة عكاوية.

أعطى مسيو خاتشيك أختي نوال سلفة عن عملها في معمله وضمنها عند محل الأثاث الذي اشترت لنا منه كنبات كبيرة وخشنة لونها أبيض وأسود. واشترت أيضاً ثلاجة إيديال صغيرة وطباخ غاز بثلاث عيون. لأول مرة صرت أنام على سرير برفاص وله رأس من الحديد الخفيف لونه بني موشح كأنه خشب. ألصقت نوال السريرين ووضعت سريراً ثالثاً بالعرض وراء الباب قالت إن أخي جميل سينام عليه، بينما رتبت أمي الغرفة الصغرى الأخرى، ورأيت فيها سريرين وليس سريراً كبيراً كسرير أمي وأبي في الكوخ. أصبحت عندنا خزانة في كل غرفة وطاولة زجاجية صغيرة أصغر من طاولة الزجاج في صالون بيت الدامرجي.

* * *

كذابة... كذابة... كذابة.

كنت أردد الكلمات وأنا أشهق بالبكاء، ونوال تقف مذهولة، لا تصدق أني أنظر إليها بعيني وأخرمش وجهي كما تفعل أمي. وراءنا حديقة كباريه النجوم. رجال يدخلون ويخرجون. أحدهم يترنح وصبي يحمل لوح العلكة والبونبون والسجائر ويعلقه بحمالة حول رقبته. أضرب الأرض بقدمي وأنا أقول كذابة لأني اكتشفت حقيقة الليرات التي تأتي بها، ولأن «مسيو خاتشيك» لم يعطها سلفة ولأنها تقول لأمي كل يوم إنها تسهر إلى الساعة العاشرة في المعمل لأنهم سيرسلون طلبية زيادة من القمصان إلى عمان. «كله كذب. يا الله كم تكذب!». كانت تظن أني سأفرح وهي تأخذني لأول مرة معها إلى كباريه النجوم. تقول إني كبرت وصرت أفهم. أقف الآن على

الرصيف بعد أن رأيت ما رأيت وأخاف أن أقول لها: «صرت أفهم وأعرف كم أنت كذابة ومحتالة!».

لكني لا أقول إلا «كذابة»، ثم أبكي، ثم أعانقها وأستعيد ما رأيته قبل ساعتين، منذ أن غادرنا معمل مسيو خاتشيك وبصحبتنا رفيقتها جورجيت. ركبت معهما إحدى سيارات السرفيس التي تقف أمام رصيف في ساحة البرج ونزلنا قرب شاطئ البحر. هذه إذاً منطقة الزيتونة، لكن فيها بيوتاً. ففي الجهة المقابلة لكباريه النجوم أرى فيلات وعمارات وأناساً يتمشون. رأيت أيضاً أطفالاً يلعبون قرب مدخل إحدى البنايات. ألا يخاف عليهم أهلهم؟ من أدخل برأسي أن منطقة الزيتونة ليس فيها إلا أرتيستات يمتصصن دم الرجل وجيبه، كما تقول أمي؟ وسكارى مثل أبي يترنحون في الليالي ولا يعرفون «كوعهم من بوعهم»؟

هل أصدق أن أختي نوال تعمل في الكاباريه؟ هل أصبحت «أرتيست»؟ لم أرها تغني. قالت لي: «خليكي واقفة هنا»، ثم أتتني رفيقتها جورجيت بكرسي صغير «واطي» مثل الكراسي التي يجلس عليها ماسحو الأحذية. كنت في ممر صغير إلى جانب باب المرحاض وهناك باب مفتوح على صالة كبيرة أرى جزءاً منها وأسمع أصوات ضجيج ودوزنة عود وكمان وطَرَقات قوية ثم خفيفة على «الدربكة». رأيت نوال مرتين أو ثلاثاً تتحرك بين الطاولات وظننت أنها تعمل «غارسونة» لأنها تضع كأساً فوق إحدى الطاولات وترفع كأسا أخرى عن طاولة أخرى. لم أفهم ما يحدث رغم أن نوال تقول إني أصبحت كبيرة. حاولت في ذلك اليوم أن أضيف إلى ما أراه في كاباريه النجوم ما رأيته في أحد الأفلام. كنت أفعل ذلك أحياناً كي أفهم، لكن كل المشاهد هربت من ذاكرتي وتركتني أتطلع لأرى الأشباح، وبينهم نوال ورفيقتها جورجيت، تجلس إحداهما مع

٧٤

الأشباح إلى طاولة ثم تأتي الأخرى، ثم تقومان وتضحكان وتتمايلان. نوال تكون مرتدية فستاناً أصفر ديكولتيه وفوق شعرها وردة كالتي شكّلتها على رأسها عند المصور غاربيت، وجورجيت تلبس تنورة كلوش سوداء موردة بوردات حمراء كبيرة وبلوزة سوداء بخط مستقيم عند الصدر وببروتيل رفيع عند الكتفين. هل تشربان العرق أم الويسكي؟ لم أعرف، لكن نوال تأتي لي بقطعة كاتوه ولا تكون سكرانة، ثم تركض إلى الصالة، وعندما تخرج بعد ساعتين تكون الموسيقى بدأت تلعلع والمذيع يقول «قنبلة الموسم وكل الموسم المنولوجست التي تعلو ولا يعلى عليها، مارلين مونرو الشرق الأوسط الشقراء الفاتنة جاكلين».

كذابة. أقول لنوال وأبكي وأكرهها وأكره نفسي لأني أكلت الكاتوه الذي أطعمتني إياه، ولا أصدق أنها ليست أرتيست. تقول لي وهي تغمرني، وجورجيت تقبلني من خدي وتمسح شعري: «نحنا مش أرتيستات، نحنا بس بنشتغل «أنغاجيه»، كنت أسمع هذه الكلمة لأول مرة في حياتي.

اليوم السادس

مساءً

From: Miss X
Sent: 27th December - 09:03m
To: Saad
Subject: Salma's Papers

أصبح لدينا تلفون أسود تضعه نوال في زاوية من الصالون فوق منضدة سوداء صغيرة مغطاة بمفرش مطرز بورود صفراء وحمراء، نجمات. تكويه أمي وتفرده فوق المنضدة فتأتي نوال وتديره لتتدلى أطرافه على شكل مثلث. عندما تكون في البيت لا أحد يرد على التلفون إلا هي. يُشعرني رنينه بأني داخل الأفلام، أسمعها تحكي وتضحك وتقول كلمات ألغاز مثل «منشوف» و«شو صار بهيداك الشي»؟ و«إنت متأكدة منه»؟

أصبح لها صديقات غير جورجيت وابنة جيراننا فدوى، كن يتلفن لها في غيابها، وعندما تأتي إلى البيت أتذكر أسماءهن: ميادة وعفّو وزيزي، لكن فدوى تبقى أقربهن إلي. كانت تماثل نوال في العمر، فارعة الطول مثلها، وشعرها كثيف وطويل بخصلات حمراء، وعيناها مكحلتان بكحل كثير وظلال خضراء فوق جفنيها؛ تقول أمي

إنها تنام وتصحو بالكحل والكعب العالي. كانت تعمل سكرتيرة في مكتب خدمات عقارية في شارع الحمراء، صاحبه ثري من الخليج. لا نعرف إذا كان كويتياً أو من البحرين. كان يترك لها شؤون المكتب لتتصرف كما تريد، ولديها كما تقول لنوال، شاب يرافق الزبائن ويسحب الأموال من البنك وينظف المكتب.

أراها كل يوم تذهب إلى المكتب بفستان ميني أو ماكسي، أو تلبس بنطلوناً ضيقاً لا يعجب أمي وأمها. لا يهمها تصفير الشباب بل ترد أحيانا عليهم بصفير مماثل.

منذ أن سكنا في هذا البيت أصبحت نوال صديقةً لفدوى. تأتي فدوى فتسهر عندنا وتذهب نوال يوم الأحد وتتغدى عندهم، ويوم السبت ترافقها إلى مكتبها في شارع الحمراء بعد أن أخبرت «مسيو خاتشيك» أنها لن تعمل يوم السبت لأنه لا يدفع لها الساعات الإضافية. علمتها فدوى كيف تطالب بحقها. وأصبحت أسمع نوال تحكي عن الأجور وظلم الناس، كما لم تعد تجلس معي كثيراً، لكني لم أكره فدوى ولم أعد أغار منها.

عندما تأتي إلى بيتنا، تقبل نوال أن أجلس معهما قليلاً. تقول إني أصبحت كبيرة وأفهم، وهي تثق بي. تذهب أمي إلى بيت الجيران فتدخل هي وفدوى الحمام وتغتسلان معاً وتضحكان، وفي الليل تخرجان. لم تعد أمي تسأل نوال أين تذهب ومتى تعود؟ وعندما تأتي بفساتين جديدة من محلات نخلة، وأحذية لماعة، تعلق أمي الثياب في الخزانة وتضع الأحذية في علب الكرتون وترصها قرب الخزانة. اشترت نوال أيضاً خزانة صغيرة «شوفينيريه» بأربعة أدراج، أخذت تضع فيها الشلحات والسوتيانات وقمصان النوم، بعضها يظل في كيس النايلون، فأفتح المجر وأتفرج عليها.

يوم الأحد تخرج نوال مع فدوى، وقد تأتي جورجيت بسيارتها «الفيات ١٢٥» وتزمر من تحت البناية، فتنزلان وهما تضحكان ولا يأخذنني. تقول نوال إنهن سيحضرن فيلماً أجنبياً لبول نيومن وفرانك سيناترا.

٭ ٭ ٭

قلت لأمي إني لن أذهب إلى المدرسة. أجد نفسي وحيدة ولا صديقة لي. أصبح بيت بنت القادوم وصبيحة بعيداً بعد انتقالنا، ولم أتعرف إلى أحد في هذا الحي. جيراننا الفلسطينيون بناتهم كبيرات، الكبرى متزوجة، والثانية تعيش في الأردن، والثالثة صديقة نوال. كان ابنهم الكبير موظفاً في إدارة الجامعة الأميركية. طويل، وشعره رمادي ويضع نظارات وابتسامته تذكرني بمسيو غابي. كان يجلس معي أحياناً ويقول لي: اقرئي كتباً ومجلات إنكليزية. فأقول له لم ندرس الإنكليزي في المدرسة. فيتعهد أن يعلمني ويفي بوعده عدة مرات، فأجلس في بيتهم إلى طاولة الطعام، أو يشرب القهوة مع أمي في صالون بيتنا، ثم يأتي لي بكتب مصورة عليها صور الأشياء وكلماتها بالإنجليزية، فأحملها وأدور في البيت وأنا أقرأ window، door، table، ثم أبدأ «الجعدنة» بالمحفوظات الفرنسية وأمثل أني أبكي وأضحك، وأمي تتأكد يوماً بعد يوم من جنوني. لكنها ضربتني عندما قلت لها إني لن أذهب إلى المدرسة. كنت أصبحت في صف «سوبريور تروا» (الثالث إعدادي).

سألتني وهي تشد على أسنانها: «قوليلي سبب واحد يخليكي ما تروحيش المدرسة وأنا أقول لك آه. والله العظيم حاقولك آه إذا قلت السبب». لا تعرف أني أخاف أن أقول لها السبب. ماذا أقول وأنا نفسي لا أعرف؟ كل ما أعرفه أني بدأت أخاف أن يقولوا لي «أخت الأرتيست والسكران».

هل تعرف أمي أن نوال تذهب مع جورجيت إلى كباريه النجوم؟ أحس أن كل الناس تعرف. أحس أنهم ينظرون إلينا في الحي الجديد ويشيحون بوجوههم. متى أحسست بهذا؟ الجيران في الطابق الثالث يقولون صباح الخير بسرعة، وأراهم يهربون من أمامنا. أخي جميل يأتي في منتصف الليل أو عند الفجر ويقع في أول الدرج أو عند الباب. يُحدث وقوعه صوتاً يوقظ الجيران. إنه يكبر وينتفخ كرشه. أصبح يخيفني، ويتقيأ أحياناً، فتمسح أمي الأثاث وهي تسب وتلعنه وتلعن الساعة التي تزوجت فيها بأبي. لم يعد أبي يأتي إلى هذا البيت. أعلم أنه بقي مع جميل في كوخ زاروب الفرن، وأن نوال تدفع لهما إيجار الكوخ، وهي تقول لأمي إن الجيران سيطردونه لأنه يسكر طوال الليل ويشتمهم جميعاً. كما أصبح لا ينزل إلى المرفأ كما من قبل. يقول إنه تعب وآن الأوان أن نساعده. نوال لا تقصر، تقول أمي، ولا تقول من أين تأتي نوال بكل «هذه المصاري»؟

في عطلة الصيف، عندما بدأت أقول لأمي إني لن أذهب إلى المدرسة، كنت أمضي الساعات أساعدها في تنظيف البيت، وأذهب معها إلى سوق الخضرة واللحم في البسطة التحتا، وأحياناً إلى منطقة رأس النبع، ثم أسمع الراديو وأتفرج على التلفزيون. في النهار أستمع إلى حديث الأطفال والأغاني والتمثيليات، وفي الليل نشاهد برامج تلفزيون تلة الخياط. أقرأ اسم مسيو غابي ومسيو متري ثم تعلو الموسيقى وتظهر سميرة توفيق تغني «بالله تصبو هالقهوة» و«أشقر»، ويقترب منها دقاق الطبل وهو يقع على ركبتيه ويتمايل، بينما تنظر هي إلى الكاميرا فيصورها مسيو غابي في «زوم» لتظهر عيناها الجميلتان وتملآن الشاشة، ويقول كل الناس بعد ذلك أحلى عيون، ثم يقول الناس، وتكتب بعض المجلات، إن مسيو غابي يحبها ويصورها بطريقة لا يصورها بها أي مخرج آخر.

عندما تغني «يمه ياه يمه»، تقول نوال إنها قرأت أن هناك مسؤولاً حكومياً كبيراً في بلد عربي يحبها وتحبه وإنها تغني له. كنا بدأنا نشتري المجلات ونقرأ أخبار الفنانين والفنانات، ونشاهد برامج تلفزيون جديد عرفنا أنه أصبح في الحازمية واسمه تلفزيون لبنان والمشرق، وأن هناك منافسة بين التلفزيونين.

لا أعرف كيف كنا نتداول أخبار البرامج والممثلين والأفلام. نقرأها في المجلات ثم تقول نوال إن جورجيت رأت، وتقول جورجيت إن ابنة جيرانهم عرفت. وتتدخل أمي أحياناً، فتذكر لنا حكايات وأخباراً عن الفنانين والفنانات في مصر. عندها فقط أراها تشبه ليلى مراد، وأصدق حكايتها أنها ابنة ناس أكابر في الإسكندرية، وأنها تاهت بعد أن غرقت الباخرة بهم بين الإسكندرية واللاذقية.

أصبح عمري ١٤ سنة، فلماذا لا تأخذني نوال لأشاهد معها ومع جورجيت الأفلام الأجنبية؟ كيف تأخذني إلى الكباريه ولا تأخذني إلى السينما؟ كنت عندما أغتاظ منها أفكر في أن أكون شريرة مثل «زوزو ماضي» و«زوزو حمدي الحكيم»، وأفتن عليها عند أمي. لكني أخاف أن تقاطعني فأخسر النزهات إلى البحر حيث بدأت تأخذنا لنأكل التبولة واللحم المشوي في مطعم اسمه «لاغروت أو بيجون». كنا نهبط في درج رفيع منتصب كالعصا، يخيفني، لنصل إلى قاعة زجاجية مليئة بالطاولات ذات المفارش الخضراء والبيضاء، وكان في آخر القاعة ممر طويل كاللسان يمتد داخل البحر، تقول نوال إنها طاولات العشاق.

✳ ✳ ✳

قالت جورجيت إن تلفزيون لبنان والمشرق سيعرض سهرة هذه

الليلة للصبوحة. كانت جورجيت تعشقها وتتصور عندما تغني في بيتنا، وتدق نوال بيديها على الطاولة، أن صوتها يشبه صوت صباح، تغني «عالندّى الندّى» و«الغاوي نقط بطاقيته» و«لأ... لأ»، وتضع يدها على فمي تسكتني عندما أقول لها أن لا أحد صوته مثل صوت صباح. وحتى عندما تأتي جورجيت وهي تلبس فستاناً مشدوداً على جسمها تسميه البنات موديل صباح، أهز برأسي ولا أقول إنه لا يليق بها رغم أنها طويلة وشعرها طويل ومجعد مثل شعر صباح.

قالت جورجيت إن البنات سيسهرن في بيتنا ويشاهدن الحفلة وقالت فدوى إن التلفزيونين يتصارعان: تلة الخياط يقولون عندهم سميرة توفيق، والحازمية يقولون عندهم صباح، وستكون المعركة الفاصلة اليوم. فمن سيتفرج على الشحرورة؟ ومن سيتفرج على البدوية؟

تمنيت لو كان عندنا تلفزيونان، فأنا أحب أن أتفرج على سميرة توفيق وعلى صباح معاً. أحب أن أرى كيف سيصورها مسيو غابي، وكيف سيصورون صباح، ومن سيصورها؟

في المساء، طلبت من نوال أن تسمح لي أن أشاهد «شوي» من حفلة سميرة توفيق، فصاحت جورجيت وفدوى وكانت معهما فتاتان هما «زيزي» وعفّو، وقلن جميعا «ما بيصير». اليوم الصبوحة ستغني أغنيتها الجديدة «هالي غالي» التي كتبها ولحنها لها الياس الرحباني. وعندما بدأت تغني والبنات والشباب حولها يرقصون ويدبكون، جنت البنات في بيتنا، ووقفن يتمايلن أمام الشاشة الصغيرة، وأمي تقف عند الباب تحمل صحن السلطة وتتمايل معهن. شدتني جورجيت من يدي وهي تصرخ «قومي إنت دودة صغيرة يله... هالي غالي يابا أوف!».

راحت تغني مع الصبوحة وتترنم بالفرنسية والعربية بينما كنت أحمل دفتري وأدون كلمات الأغنية:

s-tu jamais essaye
le Hali gali yaba auf
On la danse tout a fais
Comme le hali gali sauf
 Qu'il faut de l'entrain
Et tappez les mains
Et criez de tous les coins
Hali gali yaba auf

***

Hali gali est connu
Ches tous les occidentaux
Et la Dabki yaba off
Est conmue chez les orientaux
Presque le meme
Et tous le monde l'aime
Mais il faut crier je t'aime
Hali Gali yaba auf

***

عندما انتهت الأغنية، ضحكت صباح وانحنت بملابسها الذهبية
والفضية التي كانت عبارة عن بنطلون مشدود وبلوزة ديكولتيه، وعلا
التصفيق في الاستوديو وفي بيتنا وبيوت الجيران. أسمع تصفيراً
وصياحاً. وبعد لحظات تقدم مدير التلفزيون الذي كان بنفسه يقدم
السهرة ويقول إن مئات الاتصالات تطلب من الشحرورة أن تعيد
الأغنية... صرخت مأخوذة بما يحدث: ونحن كمان بدنا نتصل...
ورحت أعانق نوال أرجوها أن تدعني أحكي بالتلفون، قالت لي إنها
لا تعرف الرقم. ثم بدأن ينكتن ويتهامسن بينما كنت أرى
الإعلانات. تطلعنا بعد ذلك فرأينا مدير التلفزيون مستر حموي
يمسك بيد الصبوحة ويمشي بها إلى حيث يقف الدبّيكة في الساحة
المزينة بأقواس الورود ويقول:

«الصبوحة ستلبي رغبة الجماهير وتعيد لكم غناء هذه الأغنية».

٨٢

ثم قبّل يدها فضحكت والتفتت إلى الشباب والبنات خلفها انتظاراً لانطلاق الموسيقى من جديد.

هذا زوجها، قالت نوال وهي تشير لمسيو حموي. فقالت جورجيت إنها قرأت أيضاً في مجلة «زمن العجائب» أن مدير تلفزيون تلة الخياط متزوج بالسر من سميرة توفيق، ومدير تلفزيون لبنان والمشرق متزوج من صباح. ضحكن وهن يقلن «نيّالهن». أخذت أفكر إذا كان هذا سيجعل صباح وسميرة توفيق تظهران على التلفزيون كل يوم، ثم فكرت أي سعادة يعيشها من يتزوج فنانة تغني له ليل نهار؟ هل توقع له على الأوتوغراف؟ قالت فدوى إنها لا تصدق هذا الكلام، والمجلات تكتب هذا للدعاية.

فكرت في اليوم التالي إذا كان مدير التلفزيون تزوج سميرة توفيق فلماذا لا يتزوجني مسيو غابي وأمثل معه كما أحب؟ وعندما يلحقني الصبي ويمد رجله ويقول «ممثلة... ممثلة هاها»... سيضربه مسيو غابي لأنه زوجي فيخاف الصبي ويهرب!

أخذت هذه الفكرة تلح علي. لم أعد أكتفي باستعادة ما يخطر لي أو ما أتخيله تحت اللحاف. أدرك أني أكبر وأفهم. لكني ما زلت أخاف من أمي ومن نوال وكذلك من أخي جميل الذي عندما يأتي يسرق مني الليرات التي تعطيني إياها نوال. كنت أضعها في كتاب الجغرافيا، ولما اكتشفت ذلك لم أخبر أمي، لكني خبأتها في كتاب الإنكليزي المصور ووضعتها تحت المخدة.

قبل أن تفتح المدارس بشهر، فكرت ذات يوم في أن أذهب إلى مسيو غابي في تلفزيون تلة الخياط. لبست بلوزتي البيضاء وتنورتي الكحلية التي أرتديها بالمدرسة، قلت لأمي إني سأذهب إلى المدرسة الجديدة لنعرف متى يجب أن يسجل التلاميذ الجدد أسماءهم.

سألتني إذا كنت سأذهب وحدي، وعندما قلت «أجل»، قالت لماذا لا آخذ ابن الجيران الصغير معي، ألم ترجوني أمه أن أفعل لأريحها قليلاً؟ لم أقل لها إني لا أحب هذه الجارة، فهي طويلة ونحيلة و«شايفة حالها» ولا تحكي معي إلا عندما تريد أن تطلب أن احمل طفلها الصغير، أو أشتري لطفلها الثاني علكة، أو أساعدها على حمل الأكياس، أو السجادة لتنفضها على السطح. وذات يوم تركتني مع الولدين الصغيرين وخرجت، وجاء مفتش الكهرباء ورن الجرس، ولمّا فتحت له الباب سألني «وين معلمتك»؟ فقلت له «أنا مش خدامة».

تأففت من طلب أمي فلم أرد عليها وأغلقت الباب بعنف، فاهتز الزجاج المحجر الذي يغطي الدفتين العلويتين منه. زاد تأففي عندما غادرت الزقاق الصغير الذي تقع فيه البناية، وهو زقاق نظيف وليس مثل زقاقنا الذي كان في الزاروب. تذكرت أني نسيت أن أمسح حذائي الأسود، ونسيت أن آخذ معي أجرة السرفيس. وجدت عند مفرق الطريق الذي يتفرع منه شارع صائب سلام ورقة فحملتها ومسحت حذائي، ثم مشيت وأنا أفكر في أن تلفزيون تلة الخياط يقع بين كوخنا القديم وبيتنا الآن في البسطة الفوقا. رحت أدخل في شوارع وأخرج منها وأنا أتذكر الجهات الأربع في كتاب الجغرافيا فأجد نفسي وقد عدت إلى اتجاه بيتنا وليس إلى الاتجاه المعاكس. وجدت نفسي أخيراً في تلة الخياط، فأخذت أركض وأنا أشعر بأن مسيو غابي ينتظرني عند الباب. ثم جفلت: ماذا إذا لم يكن موجودا في المحطة؟

عندما وصلت، فرحت أني رأيت سيارته الزرقاء الـ«إيزابيللا» عند باب المبنى. دخلت وأنا أشعر بثقة وأرى نفسي واحدة من الذين يعملون هنا. معلوم. ألم أمثل مع «أبو ملحم» وأدير دولاب برنامج

اليانصيب الوطني؟ تذكرت أن هذا حدث بعد أن حصلت على شهادة «السرتيفيكا»، أي قبل ثلاث سنوات، فهل يذكرونني يا ترى؟

لم أنتبه إلى أن طرف بلوزتي البيضاء كان قد خرج من حزام التنورة إلا عندما رأيت الشاب الطويل الأشقر الذي تذكرته ولم يتذكرني وهو يسألني عمّا أريد؟ «بدي شوف مسيو غابي». «بس مسيو غابي منو موجود»؟ «كيف؟ سيارته بره»، قلت كأني كشفت كذبة الشاب الأشقر. لا يريدني أن أراه. فهمت. يريد «برطيلاً» مثلما أرى في الأفلام، لكني نسيت أن آخذ الليرات من كتاب الإنكليزي. ماذا أفعل الآن؟ أقف وأنا أتطلع اليه وأبحلق ولا أقول شيئاً.

«شو بك يا مدموزيل؟ قلت لك مسيو غابي مش هون il n'est pas venu aujound'hui». كررها وهو يضغط على الكلمات الفرنسية كأنه يطردني. لماذا يكرهني؟ هل لأني مبهدلة بالتنورة والبلوزة؟ ألا يعرفني؟ لماذا لا يتذكرني؟ هل أقول له «أنا اللي كتبوا عني أني أبكيت رئيس الجمهورية»؟ يا الله ماذا أفعل؟!

راح يهز برأسه كأنه يعلن أنه يقف أمام فتاة بلهاء ثم انحنى عند الطاولة بمرفقيه، وقال هامساً: «قربي شوي»، فاقتربت وإذا به يهمس لي: «مسيو غابي تعبان، إجتو كريزة ربو أخذوه عالمستشفى». «أي مستشفى»؟ نطقتها مثل فاتن حمامة في فيلم «بين الأطلال»، فقال: «أوتيل ديو». نظرت حولي بذهول. أردت أن أسأله متى حدثت له الكريزة؟ ما هو عنوان المستشفى؟ هل يمكنني أن أذهب إليه؟ لكني خفت، وخفت أكثر عندما نظر إلي مؤنباً بعد أن دخل أشخاص كثيرون وكان عليه أن يرشدهم إلى المكاتب أو الاستوديو.

ابتعدت خارجة إلى مدخل البناية. وجدتني أجلس على طرف الدرجات القليلة، أبكي، وأنا أتمنى أن أكون فتاة أخرى، فتاة ثرية أو

لديها سيارة وتعرف أن تذهب الآن إلى مسيو غابي وتحمل له الزهور وتجلس في غرفته في المستشفى، وتقول لمن يتصل به: «شكراً».

«آه مسيو غابي هل تعلم قد إيه بفكر فيك وإنت ناسيني؟».

عدت إلى البيت وأنا أشعر بالجوع والعطش لتسألني أمي عن المدرسة الجديدة، فقلت لها: لم أجد أحداً، وسأذهب بعد يومين.

لم أنس هذه المرة الليرات، ولم أنس أن أمسح حذائي، لكني أقدمت على ما أقدمت عليه فاتن حمامة في فيلم «لا أنام»، فتحت القميص الأبيض والتنورة الكحلية، ارتديت فستاني الأزرق المنقط بالأبيض. وكانت له عند صدره شريطة بيضاء معقودة مثل الفراشة يتدلى منها شريطان أحدهما أطول من الآخر. كنت أفرح بها وأشعر بمتعة وأنا أتحسس قماشها الساتان الناعم كيدي أمي.

في طريقي إلى لقاء مسيو غابي هذه المرة، صعدت في السرفيس وتساءت أين يمكنني أن أخلع التنورة والقميص؟ وكيف أحمل الليرات الملفوفة في المحرمة؟ ولماذا لم أحمل حقيبة أختي نوال؟ هل «يشتلق» السائق إذا سحبت التنورة «شوي شوي من تحت»؟ وهل أقول «أوف شوب» وأنا أفتح كبسولات القميص؟ تنهدت أخيراً لأن السرفيس سيقف عند أول تلة الخياط ليستمر في خط سيره حتى شارع الحمراء، كما كنت أعرف من فدوى بنت الجيران، وقلت في سري سأنزع التنورة والقميص في الطريق، بعد أن أهبط من السرفيس. عندها قلت للسائق «عندك بتعمل معروف». توقف أمام الطلعة فهبطت وأعطيته نصف ليرة فقال: «بعد ربع». فأعطيته الربع ومضيت في طريقي، وأنا أعرف أني لم أكن ذكية مثل فاتن حمامة في فيلم «لا أنام»، التي كانت تحمل معها شنطة كبيرة وحمرة وبودرة استعملتهما في مصعد العمارة.

٨٦

لففت القميص والتنورة ووضعتها تحت إبطيَ ومشيت فرحة بفستاني المنقط. تمنيت لو أن مسيو غابي كان يشبه نزار قباني لأني كنت ألّفت أغنية عن الفستان وعنه عندما كنت أحبه قبل سنة بعد أن رأيته في التلفزيون وقرأت ديوانه: «حبلى بالسر مع بنات الصف». لكننا لم نفهم كيف تصبح الواحدة منا حبلى. رحت أردد الأبيات التي ألفتها ولحنتها، وأنا أصعد بخطوات مهرولة في تلة الخياط، ويتداخل في ذهني وبين عيني وجها مسيو غابي ونزار قباني:

أزرق فستاني كزراق عينيك
بيضاء نقاطه كبياض فوديك
بحثت عنه في كل دربٍ وصوبٍ
واخترته من بين ألف ثوبِ.

لم يكن ذلك صحيحاً، فقماش فستاني كان «فضلة» من فستان أخت جورجيت اشترته نوال بنصف الثمن، وفصلته فتاة شاطرة تعمل معهم في معمل خاتشيك، وساعدتها أختي نوال في خياطته، ثم ركبت أمي شريطة الفراشة التي أحبها.

- أين مسيو غابي؟ كنت أخفي دمعتي لأني توقعت أن يقولوا غير موجود. فسيارته ليست أمام الباب كالمرة السابقة. قال الشاب الأشقر وهو يغص مثلي بالبكاء وأحسب أنه حزن لحزني: «مسيو غابي تعبان كثير وهو في بيتهم في سوق الغرب. «وين»؟ صحت به، ولم أكن سمعت بهذا الاسم قبل ذلك.

* * *

عندما أقول إن الصدف لعبت أدواراً مهمة في حياتي، فإني أراها هي البطلة ولست أنا. كلما تذكرت ما حدث أتذكره وأخبئه أو أكتبه لك. وكذلك ما حرص عليه مدحت - الله يرحمه - وما ظل

يؤكده لي، يجعلني أحس بعمق أنكما كنتما على حق. أنت لقيّتي الجديدة أو الجديدة/القديمة، وهو كنز حياتي الكبير. تريدينني أن أتذكر وأسجل حتى لو لم يتم المشروع الذي تحدثنا عنه ولم ير النور؟ المهم كما تقولين خلاص النفس وغسل الروح. كلما أحاول أن أتذكر تهبط الصدف أمام عيني. والصدفة الأولى كانت تلك التي رأيتها تنتظرني في مدخل تلفزيون الخياط عندما كان عمري ١٤ سنة أبكي لأن مسيو غابي غير موجود وهو مريض في بيتهم في سوق الغرب. الدنيا كانت سوداء وقلبي يمطر بكاءً؛ وإذ بالمسيو متري يخرج ويراني. كم فرحت ولم أصدق نفسي أنه يتذكرني. قفزت أعانقه لتصل قبلتي إلى ذقنه. «على فكرة»، «فكرة البوس دي» لا أدري من أين تعلمتها وكيف؟ كانت تسبقني لتعبر عني وأختصر الكلام. بعدها صار مدحت يقول لي إن الناس تفهمها خطأً. لكني لم أستطع تصحيحها، وكنت أنزعج جداً خاصة في مصر عندما أبوس أحداً، فيهمس مدحت بأذني «ذيل الكلب...»، ثم يقول «والبقية تأتي».

بعد أن قبّلت مسيو متري راح يسألني عن أحوالي وأين اختفيت؟ ويقول إني كبرت وإنه في اللحظة الأولى لم يعرفني تماماً. لكني حمدت الله أنه يتذكرني ويتذكر التمثيلية وحتى دولاب اليانصيب. قلت له إني جئت لمقابلة مسيو غابي، وعرفت أنه «تعبان كتير» فقال لي: «أنا رايح عنده. بدك تجي معي؟».

لم أفكر بشيء. كأني وُلدت في هذه اللحظة. لا عائلة لي، ولا بيت لنا في البسطة الفوقا، ولا أم ستسأل عني، ولا أعرف إلى أين أذهب، وفي أي منطقة يقع شارع سوق الغرب هذا، ومتى سأعود وكيف سأعود؟ كل ما فكرت فيه أني أحمل الليرات وأني مهما حصل سأستطيع أن «آخذ السرفيس» وأعود إلى بيتنا.

ركبت إلى جانب مسيو متري في سيارته الستروين البيضاء. تطلعت إليه بطرف عيني. ما زال طويلاً ولا يزال شعره مجعداً، لكني لا أحفظ ملامحه مثلما حفظت ملامح مسيو غابي ونزار قباني. أنا أحفظ ملامح الذين أحبهم ويخطر لي أنهم ربما يتزوجونني ذات يوم، أما الآخرون فأتذكرهم بأشياء وأشياء.

أتذكر مسيو متري بطوله وشعره المجعد، ولا أنتبه للون عينيه أو شاربيه. أتذكر شقيق بنت جيراننا فدوى بشعره الرمادي ونظارته. سألني مسيو متري هل سبق أن طلعت على سوق الغرب؟ فهززت برأسي وانتبهت إلى أنه قال «طلعت»، فهذا يعني أن هناك طلعة. لكني لم أعرف أننا سنطلع الجبل إلا عندما بدأ يسرع ليقول إن من الأفضل لنا أن نقطع طلعة عاريا قبل ازدحام السير، فاليوم السبت وكل الناس تصعد إلى الجبل.

كنت ما زلت أتأبط تنورتي وقميصي عندما قال مسيو متري: جايبة معك كنزة؟ خايفة تبردي؟ حطيها ورا. ثم قال إن سوق الغرب ليست باردة مثل عاليه وبحمدون ورويسات صوفر وصوفر، لأنها تقع في نزلة الوادي.

تمنيت لو كنت أجلس قرب مسيو غابي كما كنت عندما أوصلني تلك المرة إلى بناية الدامرجي. كانت لحظات، لكن قلبي فيها كان يفرح كل لحظة. سألني مسيو متري إذا كنت جائعة فسكت. كنت جائعة وخفت أن أحس بأني «مزروكة» ولا أعرف ماذا أقول. لم أقل شيئاً لأنه علمني بدون كلمات كيف أتصرف. كان يحكي ويقول «بردون» و«سيلفو بليه»، ثم يسألني إذا كنت أحب أن يفتح الراديو أو يفتح أو يغلق شباك السيارة. وفي طلعة عاريا التي رأيتها لأول مرة كنت أتشبث بظهر المقعد وأنا أتمتم بأعماقي «يا لطيف ألطف!» كما تقول أمي. بعدها توقف في طريق جانبي وقال: عن إذنك مدموزيل

سلمى. فلم أفهم. ولما ابتعد خطوات عاد وسألني إذا كنت أحب أن أذهب للتواليت، فهنا مقهى صغير وفيه... أشار بيده مبتسماً، ثم قال: «يعني نغسَل ونتبودر شوي». تبعته وأنا أتمنى أن يكون قريباً لنا، خالي أو عمي أو خال أمي أو أبي.

أكلنا في المطعم سجقاً وبطاطا مقلية، وتعلمت كيف أستخدم الكاتشاب والخردل. لم يعرف أني أخذت أقلده بكل ما يفعله، فقد كان منشرحاً ومتحمساً وهو يحكي لي عن بيروت وحفلات التلفزيون، وكان أشار إلي عندما عبرنا الحازمية بأن تلفزيون لبنان والمشرق لن يستطيع أن ينافس تلفزيون تلة الخياط. فهمت منه أن تلفزيون التلة حكومي، وتلفزيون الحازمية شركة خاصة أصحابها أثرياء كبار ومتنفذون.

بعد أن أكلنا وشرب مسيو متري البيرة وأنا «سفن آب»، ذهبنا إلى التواليت ومغصتني بطني قليلاً. عدنا إلى السيارة وعدت أنظر إليه مأخوذة وهو يحكي لي عن مدينتي التي لا أعرفها.

* * *

لم أعرف كم ظللت في سيارة مسيو متري إلى أن وصلنا إلى سوق الغرب. كنت في كل لحظة أشرد فيها ولا أسمع ما يقول، أفكر إذا كان سيسألني ماذا أريد من مسيو غابي؟ ولماذا أذهب إليه في بيته؟ لكنه علمني من دون أن يقول لي إن علينا ألا نسأل الناس في ما يخصهم. هكذا كان أيضاً مسيو غابي، فهو ومسيو متري علّماني الصمت والأسرار، وكيف نحكي بموضوعات عامة. في ذلك اليوم، فتح لي ليس باب سيارته ولا الشباك الذي كان يُدخل إلينا نسمات أخذت تبرد كلما صعدنا التلال والجبال، بل رفع لي الستار لأرى «فيلماً» أعيش فيه ولا أعرفه. أخبرني عن بيروت، كأنه حملني

من عائشة بكار وزاروب الفرن والبسطا الفوقا إلى فوق. . . فوق. كان يعرف أكثر من بنت الدامرجي بمليون مرة. حكى لي عن التمثيل، والإخراج، واستوديو بعلبك، والمناظر الخارجية التي يصورونها في الأفلام في لبنان. أتذكرها ولم أكن أنتبه لها. يقول إن تكاليف التصوير في لبنان أرخص، لأنهم يصورون في الطبيعة ولا يضطرون لاستئجار الاستوديوهات. يقول إن أفضل استوديو في مصر هو «استوديو ناصيبيان». وهو ذهب إلى مصر من زمان وتدرب مع مخرجين. يذكر لي أسماء لا أذكرها لأنها قديمة جداً، ثم يقول إن الأفلام في لبنان قليلة وليس عندنا إلا جورج قاعي. وعندما يذكر فيلم «ورود حمراء»، أتذكر أن نوال وأمي ذهبتا وشاهدتا هذا الفيلم، وسمعت نوال تردد: زهور بيضاء، زهور بيضاء، ثم زهور حمراء، وهي الكلمات التي كان يقولها بطل الفيلم قبل أن يموت. أقول له إني أتذكر بطل الفيلم وكنت رأيت صورته في المجلة واسمه إحسان صادق فيقول: لا، بطل الفيلم هو جورج قاعي نفسه، ثم يخبرني أن إحسان صادق يعمل معهم الآن في التلفزيون وهو يقدم برنامجاً غنائياً مع زوجته نزهة يونس وشقيقتها هيام يونس. ثم يقول لي: هل تعلمين أن هيام يونس كانت أيضاً صغيرة لما بدأت بالتمثيل والغناء وسافرت إلى مصر؟

– وهل بقيت هناك؟ قبل أن يجيبني أتذكر أني رأيتها في حفلة، لكن تلفزيوننا القديم كان يتوقف في كل لحظة. يحكي لي عن الإذاعة والممثلين الذين أصبح أكثرهم يعمل في التلفزيون والمسرح وخاصة مسرح شوشو. ثم يقول: «الآن فيه شغل كتير، برامج وتمثيليات ومصاري، بس الله يسترنا من الأوضاع».

يفتح عينيَّ إلى ما يخيفني. أشعر من كلماته بأن العالم صعب وشرير، وأنه لا يتعلم من الدروس. أتذكر قبل سنوات عندما كنت

في الثامنة كيف اختبأنا في البيت، وقالوا لا احد يخرج «لأنه في قواص». لكني كنت نسيت هذا الموضوع عن الثورة بين المسلمين والمسيحيين. قال لي مسيو متري: «يا سلمى، الثورة لم تكن بين المسلمين والمسيحيين»، بل كانت بين السياسيين. أتذكر شيئاً فأقول: تذكرت... تذكرت كانوا يغنون لا غالب ولا مغلوب. وأحكي له أن اختي نوال غنت معهم في حزب النجادة أغنية «يما القمر عالباب» بعد أن حولوها إلى أغنية سياسية. وقبل أن أغنيها له كان يقول: «السياسة مصيبة، أوعي يا سلمى تعملي مثل ما عملت أختك». فأطمئنه وأحكي له كيف رفضت نوال أن تغني بعد ذلك، وأنها قالت للشباب في المكتب الذي عملوه إذاعة «بكره بيتصالحو ونحنا منطلع بسواد الوش»، وكانت تعلمت هذه الكلمة كما قالت من مسيو خاتشيك الذي كان يعتبرها مثل ابنته.

كم رأيت بيروت جميلة من دون أن أراها. كان مسيو متري يحكي، وأنا أرى البنايات والكازينوهات والممثلين. وعندما قال إنهم سيقدمون برنامجاً ضخماً سيخرجه مسيو غابي، ويصورون فيه كل الاستعراضات والمنولوجات التي تقدم في ملاهي بيروت وكباريهات الزيتونة، أحسست بالخوف ووجدتني أرى أختي نوال وكل الناس تراها تجلس «أنغاجيه»، وتمنيت لو أنها تغني وتبقى تغني طوال الليل ولا تعمل «أنغاجيه».

قال المسيو متري إني ما زلت صغيرة، وعلي أن أدرس وأنجح في دروسي. لكني قلت له إني أريد أن أمثل. ألم يخبرني أن هيام يونس مثلت وغنت وهي صغيرة؟ فقال إنه لا يعرف شيئا عن دراستها، لكنها تغني قصائد بالفصيح. سألني إذا كنت شاطرة بالعربي، وأنه سيقول لمسيو غابي أن أكون معهم إذا كنت أقرأ الشعر بشكل جيد، فرحت أذكره بالقصيدة التي قرأتها في برنامج «أبو

٩٢

ملحم»، ثم قرأت له ما درسنا في المدرسة: «أراك عصيَّ الدمع» لأبي فراس الحمداني، و«للحرية الحمراء باب» لأحمد شوقي.

سكتنا بعد ذلك، وظللت مأخوذة برؤية بيوت الحجر والشرفات والغابات التي كانت تبدو كأنها تتعانق. الدنيا جميلة وفيها الأغاني والفنانون، والتصوير، والتمثيليات، والبرامج الثقافية التي حكى لي عنها وأوصاني أن أتفرج عليها لأني سأتعلم منها الكثير، وقال إن أقوى برنامج عندهم هو «دفاتر الزمن» الذي تقدمه المذيعة ليلى أحمد، وكانت مشهورة جداً في مصر ثم جاءت لتعيش في لبنان بسبب السياسة.

تمنيت أن أتعرف إليها. لم يهمني في تلك اللحظة البرنامج ولا ماذا تقدم. كنت فقط أفكر في ما إذا كانت أمي أيضاً جاءت إلى لبنان بسبب السياسة وهي تخفي الأمر وتقول إنها اشتغلت «أرتيست». تكبر بيروت وأسئلتي كلما صعدنا ربوة وهبطنا إلى منحدر. يقول مسيو متري إن بيت أهله في عاليه وسوف يمر عليهم أثناء عودتنا من زيارة مسيو غابي. أخاف وأفكر إذا كان سيتركني هناك، لكنه يطمئنني بأنه سيبقى نصف ساعة فقط ثم نعود إلى التلفزيون. قال أخيراً: «ما تخافي يا سلمى أنا بوصلك على بيتكم». كنا وصلنا قرب بيت مسيو غابي في سوق الغرب، وكنت قد أصبحت أعرف أن مسيو متري ليس أرمنياً، وأنه كان انتسب إلى أحد الأحزاب ثم ترك.

نزلنا من السيارة ولم ندخل زقاقاً أو نصعد في بناية، فبيت مسيو غابي كان يقع إلى جانب ذلك الطريق العريض، فوق ربوة تطل على الوادي. هبّت نسمة باردة فتمنيت أن ألبس قميصي الأبيض الذي تركته في السيارة. كنا نصعد درجات قليلة ومسيو متري يفتح بوابة نصف مغلقة، فنمشي في ممر إلى يمينه حديقة فيها أشجار ضخمة

منها شجرتا توت وجوز، عرفت ذلك من الأوراق المتساقطة وحبات الجوز الخضراء التي ستظل في ذاكرتي طويلاً.

ظهر مسيو غابي عندما استقبلنا في الصالون الكبير البارد ذي السقف العالي، واقفاً ومن خلفه كنبات مجوَّفة بأرجل عالية لم أكن رأيت مثلها من قبل. كأنه صغُر وقصر. يرتدي الروب الكحلي، وذقنه طويلة ووجهه أكثر بياضاً وشعره مزيت، ينظر إليّ وينظر إلى مسيو متري ثم يشير إليّ بحيرة كأنه يتساءل ويضحك ولا يقول شيئاً. شعرت في تلك اللحظة كم أني أفكر دائماً بعد فوات الأوان. ففي تلك اللحظة تذكرت كيف يجب أن نحمل للمريض باقة ورد أو علبة حلوى. لمّا أعطاه مسيو متري علبة صغيرة شعرت بأنه سيظن أني بخيلة، لكني نسيت ذلك وأخذت أتطلع إليه ولا أقول شيئاً، ثم أشار إليّ كي اجلس وكان مسيو متري قد جلس ومد ساقيه، ثم رفع يديه وراح يشد ظهره ليشعر بالراحة.

كانت امرأة رأتنا من آخر الصالون الكبير المفتوح على غرفة أخرى، لكنها لم تأت وتسلم علينا، بل جاءت بعد قليل وقدمت لنا فناجين القهوة ومسيو غابي يقول لها: «هادا سلمى» . . . ثم يضحك ويقول «الصبي مع أبو ملحم تذكرته»؟ يحكي معها بعد ذلك بالأرمنية فتضحك، وتقول لي: «بعدك صغيرة على شرب القهوة سأجيب لك كوكا كولا».

لم يسألني مسيو غابي عن سبب مجيئي. لو يعرف أني في كل لحظة كنت أريد أن أعانقه وأقول له أعلم أنك تحبني وأني – إذا تزوجنا – سأرعاك من المرض. خطر لي أنه يعرف ذلك وإلا لسألني لماذا أتيت؟ إنه يتطلع إلي فقط ويضحك. أتذكر أنهم قالوا إنه يحب سميرة توفيق، فأسأله كي أستكشف الأمر بنفسي، أقول له «بكره إن شاء الله بتصير أحسن وبترجع تصوّر سميرة توفيق». يقهقه مسيو متري

٩٤

ويجاريه مسيو غابي، فأشعر بأنهما يضحكان علي. لكني أشرب بعد
ذلك الكوكا وأسكت وهما يتحدثان، وغابي يقول إن الكريزة كانت
هذه المرة حادة، ثم يبخ من آلة صغيرة بيده شيئاً في فمه ويسكت
لحظة، وهو يبلع ريقه.

سألني قبل أن يقف مسيو متري لنعود إلى بيروت: ماذا عملت
في هذه المدة؟ ولماذا لم آت إلى مكتبه عندما ترك لي خبراً مع أخي
جميل؟ فهمت أنه مر إلى بيتنا ورأى جميل في الزاروب وهو الذي
أخبره أننا لسنا في البيت.

رفعت رأسي وأنا فخورة ببيتنا الجديد في البسطا الفوقا، وقلت
له: إننا انتقلنا وصار عندنا تلفون، وأعطيته الرقم متأكدة من أنه لا بد
من أن يتصل بي غداً، بل ربما اليوم، بعد أن عرف ما أردته أن
يعرف من دون أن أخبره.

اليوم السابع

مساءً

From: Miss X
Sent: 28th December 2004 - 9:03 pm
To: Saad
Subject: Salma's Papers

مضى وقت على زيارتي إلى بيت مسيو غابي في سوق الغرب. ومنذ ذلك اليوم وأنا أنتظر كل يوم أن يقول لي إنه سيتزوجني. أنسى أني سلمى وبيتنا في البسطة الفوقا وأبي يسكر كل يوم ولا نراه، وأخي جميل اسمه «حاج أكل»، وأختي تعمل «أنغاجيه»، وتذهب مع البنات والشباب إلى عاليه وبحمدون.

أنسى أنه مخرج وأنه أرمني، وعمره كما قالت نوال فوق الثلاثين (يمكن ثلاثة وثلاثين). تظل تقول لي: «قد أبوكي يعني». لا أعرف كم عمر أبي حتى أقارن بينهما. أما أمي فتقول إنه يعاملني «مثل ابنته». ولا تعرف أن مسيو غابي لا يعاملني مثل ابنته. أنا أعرف تماماً كيف ينظر إلي عندما يوصلني بسيارته الإيزابيللا إلى بيتنا، حتى عندما لا أكون أشتغل معه يوصلني. يقول لي: «انطريني سلمى»، فأجلس في كافيتيريا التلفزيون وأنتظره، أو أقف عند مدخل

المبنى فيمر مسيو متري ويسألني إذا كنت أريد أن أذهب إلى مكان ليوصلني. كلهم يعرضون علي أن يوصلوني، وكلهم في السيارة يقولون إني حلوة وإني كبرت وإن عينيّ وركبتيّ جميلة. أصبحوا كثيرين بعد أن بدأت أسجل الدوبلاج لأصوات أفلام الكرتون. كنا نجلس في الطابق الثاني من التلفزيون في غرفة صغيرة، ونضع على آذاننا سماعات ثم نرى من خلف الزجاج فيلم الكرتون، وكلما حرك الدب شفتيه أو قفز الأرنب ثم صاح، نصرخ أو نضحك أو نبكي. ثم لمّا نخطئ في توقيت الكلام، تقول فتاة معي اسمها أمل، ويقول صبي اسمه ميشيل، إني أغلط فأنرفز وأرد بأنهما يغلطان، حتى قال لنا مسيو متري ذات يوم إنه سيغير طريقة الدوبلاج لأنه لا يعقل أن يسمع الناس أصواتنا بعد أن يقفل الدب فمه. كان كل ما نفعله يبث على الهواء... أشعر أن قلبي يقفز ويصل إلى بلعومي، تصبح يداي باردتين، وتثلج أصابع قدمي ولا أخبر أحداً بما يحدث لي.

كنا نجلس في غرفة صغيرة معتمة، وضوء صغير على الطاولة يضيء الأوراق أمامنا، ثم قال مسيو متري إننا سنقرأ الشرح فقط ولن نمثل. درّبنا كيف يقرأ كل شخص الفقرة بينما يكون الدب أو الأرنب أو الفراشة تتحرك. وكنت لما يضيء الضوء أقول «وبعدين ركض الدب حتى يلحق بابنه الصغير». أخذت أذهب إلى التلفزيون كل يوم من أجل هذا العمل وأنتظر دوراً في تمثيليات مسيو غابي، وهو يقول لي إنه طلب من المؤلف أن يفكر بدور يناسب عمري، وقد أصبحت لا كبيرة ولا صغيرة.

عندما ننتهي من الدوبلاج، كنت أجلس مع مسيو متري أو مسيو غابي في الكافيتيريا، فتأتي فتاة نحيلة، يقولون إنها «ماكييرة»، وهي التي كانت حمرتنا وبودرتنا يوم الدبكة واليانصيب، وعندما مثلنا «غزل البنات».

كنت أرى في ركن من الكافيتيريا المذيعة المصرية الشهيرة تجلس إلى طاولة وأمامها ملفات كثيرة وأوراق تقلبها. تكون جميلة جداً، شعرها قصير «ألا غارسون» فأتمنى أن أقص شعري مثلها. تلبس «تايوراً» بتنورة قصيرة ضيقة وبلوزة «قبة بحرية» حافتها مخططة بالأبيض والكحلي. يجلس إلى جانبها ثلاثة أو أربعة رجال وأسمع المصورين يتهامسون أن أحد الذين يجلسون معها وزير أو رئيس مجلس النواب. كثيرون في الكافيتيريا لا يرونني ولا يأبهون لي. كنت أحياناً أتمنى أن أحكي لهم أني سلمى، وأني أحب التمثيل، وأني مثلت مع مسيو غابي وأبي ملحم وأبكيت رئيس الجمهورية!

* * *

صاح بي مسيو غابي ذات ليلة وأنا في سيارته: أنت شو بدك سلمى؟ بدك يمثل بتقول لأ. بدك ترقص؟ بتقول لأ. بدك تغني بتقول لأ. جننتني شو بدك! إنت مش مبسوط مع الدوبلاج مع مسيو متري؟ أقول له إني أريد أن أغني. أردد متأكدة من نفسي: «أي. أي. بدي غني». وأقول إني أصبحت كبيرة وأستطيع أن أغني، فيتأفف ويقول إنه يجب أن أعرف ما أريد، وأن ما أحكيه له بعد أن حكى لي عن دور جديد عن الحي والناس، وخوفي من الأولاد الذين يضحكون ويقولون إني ممثلة، لا يشتريه «بقشرة بصلة». ينفعل وهو يطرق المقود بحافة يده «يا سلمى، يا سلمى، المهم يعرف إنسان شو بدو».

كان يضعني أمام سؤال كبير. أخاف وأهرب منه ربما قبل أن يخطر لي. وعندما أوصلني في ذلك اليوم أمام البيت سعل وأخرج البخاخ وراح يبخ دواء الربو في فمه. نزلت، ولوحت له، ولم أجد ما أفعله إلا أن أبكي، كعادتي.

* * *

هل أحبه؟ هل أحبه؟

تتردد كلمات أختي نوال في أذني وأحلّفها ألا تقول لأحد، وهي بدلاً من أن تنصحني، تتركني منشغلة بصديقاتها اللواتي يكثرن يوما بعد يوم، وتتركني لأمي التي لم تعد تسألني عن المدرسة لأني قلت لها إني سجلت اسمي في مدرسة البسطة التحتا، ولم أكن أكذب لأني فعلت ذلك متأثرة بكلمات مسيو متري التي حمستني، ثم ندمت.

ثم أصبح مسيو غابي منشغلاً، فهو يستعد لإخراج فيلمه الأول. يقول لي إن التلفزيون لم يعد يكفيه، والتمثيليات مثل الهواء تخلص وتطير ولا يتذكرها الناس. السينما هي الباقية، وبيروت أصبحت تنافس مصر. فالممثلون والممثلات يأتون ويصوّرون، وهناك أفلام مشتركة بين مصر ولبنان، وأهمها فيلم «بياع الخواتم»، الذي جاء يوسف شاهين من مصر ليُخرجه لفيروز والأخوين رحباني، وفيلم هنري بركات الذي ستمثله فاتن حمامة وفريد الأطرش ونيازي مصطفى... وغيرهم... يخبرني أن شوشو أيضاً سيمثل فيلماً مع نيللي، وأن الكثير من هذه الأفلام بدأ تصويرها بين استوديو بعلبك في فرن الشباك، واستوديو هارون الجديد في الكسليك. يقول لي إنهم طلبوه ليشتغل مع يوسف شاهين كمساعد في الإخراج، لكنه فكر في أنه إذا اشتغل مساعد مخرج في السينما فسوف يبقى كل عمره مساعد مخرج. ينظر إلي بحنان وهو يلف بسيارته إلى شارع فردان في اتجاه طريق الروشة، بدلاً من التوجه إلى طريق بيتنا في البسطة: «اسمعي سلمى، إذا بدك يكون ناجح ومشهور لازم تبدا كبير... كبير... بتعرف شو يعني» أقول وقلبي يزغرد بالفرح: «يعني متلك»!

يأخذ يدي ويشد عليها. أشعر بأنه سيقول لي بعد لحظة واحدة بالتمام والكمال «تعا سلمى نتزوج ونصير أنا وإنت كبير كتير». لكنه لا يقول، بل يحكي لي عن سيناريو فيلمه الذي يكتبه بنفسه، ويقول

٩٩

إنه سيعرّفني إلى مساعده الجديد في الفيلم واسمه عصام جريدي، وهو شاب أشقر حلو، ويقول: هذا يمكن يكون كويس إلك سلمى. أهز رأسي منفعلة وأنا أفهم قصده وأردد: لا. لا. لكني لا أقول له إنه هو المناسب لي. لا أحب أن أقول، بل أتمنى أن يقولها هو، مثلما قالها عماد حمدي لشادية في «المرأة المجهولة»، ومثلما قالها يحيى شاهين لهند رستم في «امرأتان». مشاهد كثيرة تتداخل في رأسي وكنت أراها في الأفلام. البطل والبطلة في السيارة وهو يطلبها للزواج، وهي تسكت وتبتسم فيعرف أنها موافقة. يا الله! متى يقولها مسيو غابي لي. متى؟ متى؟ اليوم هو أنسب يوم، يأخذني معه في السيارة والدنيا ليل ونحن على طريق البحر ولا أحد معنا غير الموسيقى التي يحبها، وهي أغنية أرمنية حزينة أستحي أن أسأله عنها. يكون صوت المغنية خافتاً جداً وهو يحكي لي عن الفيلم وعصام جريدي والممثلين الذين سيكونون معه، ويقول إنه يفكر بممثلة مصرية تكون صغيرة وعفريتة مثل نيللي أو سعاد حسني، لكنه يضحك ويقول «هيدا نجوم بدو مصاري كتير». أحزن لأنه لا يقول لي أن أشترك بفيلمه. لماذا ينساني؟ كيف ينساني وأنا أجلس إلى جانبه في السيارة، وهو يحكي لي عن كل شيء إلا عن سلمى التي تموت شوقاً لتصبح زوجته وتمثل معه؟

في اليوم التالي عندما سألني لماذا نزلت من السيارة – وأنا زعلانة امبارح ووجهي عابس «مثل الفلن» – سألته ما معنى «الفلن»؟ فقال لي إنه من يلعب دور الشرير في الأفلام والتمثيليات. قال: يعني مثل الياس رزق، فهززت برأسي وكرجت له أسماء محمود المليجي واستفان روستي وزكي رستم وفريد شوقي ورشدي أباظة، وكدت أقول الكثير عن أفلامهم وأدوارهم، إلا أنه أسكتني وقال «مظبوط»، ثم قال إنه لا يشاهد الكثير من الأفلام العربية، وكرر ما تقوله فدوى

وما أخذت تردده معها نوال وجورجيت بأن الأفلام العربية مفبركة، وكثير منها مسروق من الأجنبي ومشوّه. سكتُّ لأني لا أستطيع مواجهته مثلما لم أستطع مواجهة فدوى وجورجيت، لكني حزنت. أحسست أنه يقتل أحلامي وكلَّ الذين كنت معهم في الشاشة وكانوا معي تحت اللحاف وفي البيت والحدائق، فيفتتهم ويرميهم بعيداً. لكني أحبه. حتى لو رماهم كلهم من الشباك. فكرت أيضاً في أنه لو كان يشاهد الأفلام العربية ويفكر فيها مثلي لكان فهم نظراتي إليه وسكوتي وتطلعي إلى شفتيه عساهما تنطقان بالكلمة التي أتحرق إليها: «هل تتزوجيني يا سلمى»؟

نسيت عبسة أمس ولم يأخذني كلامه عن «الفلن» وحديثنا وأفكاري إلا لتُعيدني إلى الناعورة التي أدور بها: حبي له وزواجي منه. وهذه كما فكرت في الأمس قضيتي الكبيرة. أما قضية أنه نسيني ولم يتذكرني في فيلمه، فهي قضية صغيرة ويمكن حلها عندما نتزوج. ظننت لحظتها أنه أحس بما أفكر به عندما أمسك ذقني، لكنه اتجه بسيارته إلى طريق بيتنا وليس إلى البحر مثل أمس وقال: «أنا فكرت فيك سلمى... يعني منشان الفيلم، بس إنت لسه صغير، يعني مش معقول يكون بطلة وكمان ما بدي تبدي صغير... مثل ما فهمتك هيداك المرة...بس فيه أمل ... كومبرانتو»؟ أضحك وأنا أهز برأسي وأبتلع دمعتي، ويخطر لي أن الحل الأفضل لما أعيشه من مآس هو الانتحار. تستولي علي الفكرة وأنا أصعد درجات البيت. ثم لمّا أصل وأتعشى أكلة ورق العنب بالزيت التي أحبها، يخطر لي لو أني أنتحر، ثم ينقذونني في اللحظة الأخيرة كما يحدث في الأفلام. نعم، هذا ما أريده. ألم يقل مسيو غابي «الإنسان لازم يعرف شو بدو»؟

استيقظنا فجأة على صوت لم نعرف إذا كان صوت رجل أو امرأة، لأنه كان رفيعاً وحاداً. سمعنا الصياح وكلمات: «انزلي يا شرموطة... يله انزلي يا بنت الهيك وهيك. أبوكي عكروت وأمك...». هلعت أمي وهي تنظر من الشرفة الصغيرة في الصالة وتتطلع أسفل العمارة ثم تصيح لأختي نوال بعد أن سمعت صاحب الصوت يهدد: «والله اذا ما نزلت لـ... اللي خلفوها».

ركضت نوال بثوب النوم والروب. نزلت درجات السلم حافية أتبعها وأمي مذهولتين، وهي تشير إلينا أن نسكت وننتظر. رأيناها تقف أمام الباب وتحاول تهدئة الشاب. كان شاباً طويلاً جداً ونحيلاً وهو يتحرك بخطوات عرفنا منها أنه سكران. لا نعرف ماذا تقول له وماذا يقول لها، لكن أمي تتمتم: «أنا عارفة إن دي آخرتها». تعود نوال بعد قليل وتطلب منا أن نصعد بسرعة، فالساعة تشير إلى الثالثة فجراً، وهي لا تريد أن يشعر أحد من الجيران بما حدث.

ماذا حدث؟ سؤالي الصغير كان قد أصبح على لسان أمي، ظهر اليوم التالي سلسلة من الاتهامات الموجهة إلى نوال. ونوال بدلاً من أن تعبس أو تخاف، تهز كتفيها وهي تضع طلاء الأظافر العنابي بدقة على أظافر قدميها. تكور بكفها قطع القطن وتحشرها بين الأصابع وتستمع إلى أمي بإهمال ولا ترد بأكثر من كلمة أو كلمتين باقتضاب. «مين حضرته»؟ «واحد ما عطيته وش». «وكيف عرف البيت»؟ «شو يعني كيف عرف البيت؟ مش قصة». «كيف مش قصة... شو في بينك وبينو»؟ تصرخ نوال: «كان بدو يخطبني... انبسطتي»؟

أفكر كيف تنبسط أمي والشاب يقول عنا «شراميط»، أولاد «العكروت»؟ ثم أفكر هل يعرف أن اسم أبي هو هذا بالفعل؟ كلما أردت أن أركز أفكاري وأنتبه إلى شجار أمي ونوال تأخذني الأفكار وأشرد بها لتوصلني إلى حقيقة تختمر في رأسي، وهي انه إذا تزوجت

مسيو غابي ستُحَل كل المشاكل. صاحت أمي: «وشو جاب دلوقت مسيو غابي بتاعك»؟ كنت أقول لها إن نوال لو ذهبت إلى مسيو غابي وأخبرته عن صوتها وموهبتها، فهو مؤكد سيجعلها بطلة لفيلمه. هي جميلة وصوتها حلو وليس هناك من داع لتذهب إلى... إلى... ولم أقل الكلمة، ولكنها فهمت ما أقصد، ثم ضربت كفاً بكف، وأنا أقول: «ومنخلص كلنا ومنرتاح».

إلا أني فهمت بعد عدة أيام الحكاية، فنوال أصبحت تخاف حقاً ذلك الشاب الذي أتى إلى مدخل العمارة وصاح يشتمها ويشتمنا. ومن وشوشاتها مع فدوى وجورجيت عرفت أنه لم يكن يريد أن يخطبها، فهو «قواد». كنت أسمع هذه الكلمة لأول مرة. يعرّف البنات إلى الشبان فيخرجون معاً ويرقصون، والبنات يعطينه بعد ذلك ليرات مما يعطيه الشباب لهن أو يعيد هدية الخاتم والحلق إلى الجوهرجي ويستعيد ثمنها الذي كان الشاب دفعه. لكن فدوى استطاعت أن تتعرف إلى شاب يعمل في أحد فنادق شارع الحمراء، وهو أصبح يعطيها أرقام الشبان الذين يريدون الخروج معهن، كما أعطته رقم المكتب الذي تعمل به لتحديد تلك المواعيد. وما إن عرف صاحب نوال الأول القصة ولم تعد البنات يعطينه الليرات جاء إلى بيتنا يهددها.

لم أُصدم بما تقوم به نوال. كنت فقط أكره ما تفعله ولا أحبه. لكني لم أكن أفعل كما تفعل فاتن حمامة في فيلم «الطريق المسدود» فأغلق باب غرفتي عندما يجيء الشبان ويسهرون عندنا. فأنا لم تكن لدي غرفة، وبيتنا لم يكن أكثر من ذلك الصالون الصغير وغرفتنا أنا ونوال وجميل. وأمي لم تكن مثل زوزو ماضي، ونوال ليست سميحة توفيق أو كريمان، بل هي نوال التي تجلس على الأرض بعد أن يشربوا الويسكي ويمزمزوا صحون الهندباء والفول المدمس، وتغني

١٠٣

بصوتها الشجي «أنا اللي أستاهل كل اللي يجرالي»، وتشهق وتبكي، وتُبكي البنات، بينما يقول أحد الشبان: «يله بعد ما فشيتو خلقكن قوموا لآخذكم على الكاف دو روا».

أخذوني ذات يوم معهم وكنا في عز الشتاء فلبست معطفي الفرو الاصطناعي الأبيض المبقع بمشحات سوداء، وقبعتي الفرو البيضاء وبوطي الأبيض، وكانت نوال أكملت لي ما بقي من ثمنها بعد أن دفعت ثلاثة أرباع الثمن من أجري في دوبلاج أفلام «الماريونيت». وعندما هبطنا من درج «الكاف دو روا» حيث الإضاءة التي تضاء وتنطفئ وظلال حمراء وخضراء على الجدران، سألني الشاب الذي يأخذ المعاطف ويعلقها: أنت سعاد حسني؟ فضحكت نوال وقالت: «أختها الصغيرة». . . فبحلق بي وقال: «يي شو بتشبهها».

كنت بدأت أعرف «الكاف دو روا» والفاندوم وكازينو أوتيل فينيسيا وأماكن كثيرة يأخذني اليها مسيو غابي ومسيو متري وأصدقاؤه في التلفزيون وخارجه، لم أكن اعرف اسمها، وتختلف عن كباريه النجوم الذي أخذتني اليه نوال وجورجيت قبل سنوات. هذه الملاهي الجديدة، أراها أنيقة، نظيفة، جميلة. أضواء وظلال وعبق عطور السيدات والرجال. نستمع إلى الموسيقى الأجنبية. تضاء الأنوار وتطفأ وتبرق مع أغنيات الروك والتشا تشا شا، ورقصات الجيرك والتويست التي يعلمني إياها، ويحكي لي عنها مسيو متري. ثم تحل العتمة وتنساب خيوط رفيعة من الضوء. أتعرف إلى اغنيات توم جونز وشارل أزنافور وآدامو. . . أما في ملاهي الزيتونة «الأوبرج» و«النجوم» وملهى «بديعة»، فتتصاعد دقات الطبلة وعزف العود والقانون وتختلط بالصياح. نرى صور المغنيات اللواتي يسميهن الناس «أرتيستات»، ويسميهن مسيو غابي ومسيو متري «منولوجيست». أمام كل كاباريه نرى صورة «الأرتيست» وقد وضعت

على قاعدة كبيرة في المدخل وحولها شرائط من اللمبات، بينما تلعلع أغنية «قوم طفي اللمبة، قوم نرقص سمبا»، ويتمايل الشبان عند باب الملهى مرددين: يا حبيبي بدي منك... بوسة تفقع مثل البومبا»، أو نسمع أحد المنولوجيست الرجال يغني:

يا ويلي يا ويلي مرمر... مرمرة
أكلي وشربي مرمر... مرمرة
مسكين يلي ما إلو مرا
بينام بالفرشة مدعبل... دعبلي
يا هويدا هويدا لك... يا هويدا هويدا لي.

في تلك السنوات كشفت لي أختي نوال ذلك العالم، كأنها تفرك قنديل علاء الدين فيخرج المارد من القمقم ويتحول هو نفسه إلى فضاء من الكباريهات والنوادي والكازينوهات في بيروت. أستعيد مشاهدنا برفقة شبان لا أعرفهم، ورجال لطيفين يضع أحدهم يده خلف ظهر جورجيت كأنه خطيبها، وقد أرى أحداً آخر يشبك يده بيد فدوى في أحد الشوارع المتفرعة من شارع الحمراء عندما أكون ونوال نتسوق أو نكون عائدتين من السينما، فأشير إلى فدوى فرحة وأهم بمناداتها، فتشدني نوال من يدي وتقول لي ألا أفعل، ثم تسحبني لنتجه إلى طريق آخر وأنا أحسب أنها غاضبة منها أو هما متشاجرتان، ثم أفهم!

* * *

لم أعد أفكر كثيراً في الأفلام العربية بعد أن وعيت بما يحدث حولي. لسنا مثل الأفلام حتى وإن تشابهت ظروفنا مع ظروف أبطال الفيلم أو القصص.

أتلفت في بيتنا فأجد أكداس قصص إحسان عبد القدوس

ورواياته أمام سرير أختي نوال. مجلات «الموعد» و«الشبكة» و«زمن العجائب» و«الكواكب». «ريديرز دايجست» وعليها رسوم لفتاة وشاب يجلسان أمام طاولة عليها شمعة، أو شاب يقبل فتاة. تخبئ نوال مجلات كانت وجدتها تحت قميص أخي جميل وأعثر عليها أحياناً تحت السرير فأرى فيها فتيات عاريات، وصدوراً، وأعضاء رجال، فأنفر منها ولا أعود أفتحها. أتذكر أفلاماً كثيرة شاهدتُها حتى الآن ولم أفهمها تماماً: «جسر نهر كواي»، «ثلوج كليمانجرو»، «حكاية راهبة»، «جيجي». أفلام كثيرة طلب مني مسيو متري ومسيو غاري أن أشاهدها. بعضها ذهبت معهما لنشاهدها لكننا لم نكن وحدنا. ولم أشعر بالعيب ولا بأي شيء عندما يكون البطل والبطلة شبه عاريين أو يتباوسان.

كأنهم أشخاص من كوكب آخر. وعندما ينتهي الفيلم أجلس مع مسيو غابي ومسيو متري في مقهى لاروندا، أراهما يدخنان كثيراً وتحرقني عيناي ولا يشبعان من الحديث عن الكلوز والشاريو والباك غراوند والفورغراوند والبلاي باك. يحمل مسيو غابي معه الكثير من الأوراق، وأرى لأول مرة كيف يكتبون السيناريو. أتطلع إلى الأوراق، أرى خطه بالكلمات الفرنسية في العناوين: داخلي. خارجي. صباحاً. مساءً. قطع. ثم الحوار باللغة العربية. وأمام اللقطة أرقام وإشارات أعرف في ما بعد أنها معلومات عن سرعة الصورة، وفتحة العدسة، وحجم اللقطة، ووضعية الكاميرا، وزاوية المشهد. تخطر لي عشرات الأفكار كي أكون معه وأظل معه في الفيلم. أفكر في أن أكون سكرتيرته، وأنا لا أعرف الضرب على الآلة الكاتبة، أو أكون مساعدته وانا أقرأ لأول مرة في حياتي عن اللقطة والعدسة والمشهد والراكور. لم أعد أعرف ماذا أريد أن أكون؟ ويوماً بعد يوم ينتابني شعور بأني دخيلة على هذه الأجواء،

ودخيلة على أجواء بيتنا، وأن مسيو غابي لو أراد أن يتزوجني لنطقها، فماذا أنتظر؟

أرتدي أكثر الأيام الفساتين والتنانير، وتكون أحياناً ميني جوب وأحيانا ماكسي. أرافق مسيو غابي وأصدقاءه أو مسيو متري وأشخاصاً أعرفهم وآخرين وسيدات وأزواجهم إلى الفاندوم أو بار السان جورج. يعاملني الرجال كأني مدموزيل كبيرة ويطلبون أن أرقص معهم. يضحك مسيو غابي وهو يشبّهني بالحمامة التي يحملها النسر بمنقاره. لا أعرف لماذا أسهر معهم، وماذا أريد؟ يضحكون كثيراً كلما تحدثت أو تذكرت شيئاً. وأسمع كلمات «مهضومة»، وعندما لا أذهب يتصلون بي بالتلفون أو ترد أمي فيقولون لها أن أتلفن لهم.

لم يكن أصدقائي كثيرين مثل أصدقاء أختي نوال، فقد ظل مسيو غابي ومسيو متري أقرب الأشخاص إلي، ثم لما تعرفت إلى مساعد مسيو غابي، أصبح عصام جريدي يتصل بي وأخرج معه لأننا نستعد لتصوير أغنيات.

كنت بدأت أذهب إلى المدرسة الجديدة. كانت مدرسة صغيرة في البسطة التحتا، والتلميذات فقيرات، والمعلمات يغبن كثيراً. لم أصادق تلميذة معينة وكنت أتهرب من الحديث عن بيتنا. كلما أذهب في الصباح لا أفكر في الدروس بل في ما سأقوله إذا عرفت إحداهن شيئاً عن أختي نوال، أو حتى إذا عرفت أني مثلت ذات يوم، وأني سأغني، رغم أن مسيو غابي وعصام أكدا لي أن هذه الأغنيات الجديدة ستصوَّر ويشتريها موزع لعرضها في التلفزيونات في البلدان العربية، ولن يراها أحد في بيروت، لأن التلفزيون لن يشتريها، ولأن تلك البلدان بعيدة، كما أن البرامج لا تصل إلى تلفزيوننا. أتذكر أننا في الصيف نحاول أن نلتقط برامج تلفزيون القاهرة، وأن الناس تضع صحناً من الألمنيوم على «الأنتين» فنرى بعض مشاهد التمثيلية أو

مسرحية ماري منيب، ثم تغبش الصورة ونسمع صوت خشخشة كحفيف ورق الشجر. وتُمضي أمي السهرة آملة بمتابعة المسلسل بينما أنام أنا، وتتمدد نوال في سريرها تقرأ روايات إحسان عبد القدوس، وقد بدأت تسمح لي بقراءتها، أو تتحدث في التلفون، فتهمس وتضحك.

كنت أفضل أن أقرأ المجلات بدلاً من القصص والروايات. وكنت أهيم بما تكتبه «الشبكة» و«الموعد» و«الكواكب» عن الممثلات: ليلى طاهر «قارورة العسل» تزوجت من الممثل يوسف شعبان؛ «شمس الشموس» صباح، ترفع دعوى ضد طليقها أنور منسى، لحضانة ابنتها «هويدا»؛ «سفيرتنا إلى النجوم» فيروز تصبح نجمة سينمائية مع يوسف شاهين؛ «سيدة الشاشة» فاتن حمامة توافق أن تصبح ابنتها نادية سكرتيرة لعمر الشريف؛ «دلوعة الشاشة» شادية ستتزوج علي أمين؛ «خضراء العينين» ليلى فوزي في عش الزوجية مع جلال معوض؛ «أنجريد برجمان الشرق» ناديا لطفي ستلبس النظارة السوداء؛ «مفتول العضلات» رشدي أباظة يعود إلى «حافية القدمين» سامية جمال؛ بطل «الترسو» فريد شوقي: «وشرف أمي بحب هدى سلطان»؛ «وحش الشاشة» محمود المليجي، لم يعد وحشاً؛ «قيثارة الشرق» فريد الأطرش ونغم جديد في حياته؛ «العندليب الأسمر» عبد الحليم حافظ يغني لمن لا يصدق مرضه: «ظلموه»؛ «البدوية الفاتنة» سميرة توفيق وزيارة سرية إلى روما. أقرأ عن حياتهم وأفلامهم ومشاريعهم وخلافاتهم وطلاقهم وزواجهم، وتتحمس نوال للحديث فترة ثم تملّ وتقول لي بأني سأفعل مثلها عندما أكبر وأعرف الفن على حقيقته خصوصاً بعد أن اشترت «فونغراف» وبدأت تدير كل يوم أسطوانات إديث بياف وميراي ماتيو وفرانك سيناترا.

* * *

كم كانت أكثر وعياً مني، وكم أنها لم تعرف كم أحبها، وكم ندمتُ في ما بعد لأني لم أصغِ إلى كلماتها وظللت أتهمها هي وجورجيت بأنهما تحبان الأفلامَ الأجنبية لأنهما تحبان «السكس» ولأنهما لم تعودا تعرفان الحب والرومانسية منذ ان أصبحتا بنات «أنغاجيه» في الزيتونة.

كم سخرت فدوى من بكائي ودفاعي عن فاتن حمامة في فيلم «نهر الحب» و«شيء في حياتي». كانت ترمي بوجهي القصص الإنكليزية التي تقرأها في سلسلة «ريدرز دايجيست» وتقول: «اقرأي... اقرأي... الناس هنا من لحم ودم، يحبون ويكرهون ويتشاجرون ويمارسون «السكس». يعترفون ويتصارحون ويخطئون. روحي شوفي أفلامهم لتعرفي الواقع على حقيقته». أصرخ وأقول لها ان فاتن حمامة بريئة وفاضلة، ولا يمكن أن تمثل فيلماً فيه «سكس» فتصرخ: إنت بتعرفي بالأول شو يعني «سكس»؟

أرى نفسي أفكر في القبلات، ثم في فترة قادمة يخطر لي ما بدأ يفعله مسيو غابي لي في السيارة، لكني لا أعرف ماذا أقول لها. تظل في ذهني صورة فاتن حمامة وهي تنام مع عمر الشريف في الأوتيل، كل منهما في غرفة، وهي ترفع يدها محذرة له حتى لا «يبوسها»... عندما تغطيه وتذهب إلى فراشها.

تقول فدوى: الأفلام العربية ليست من واقع الحياة. ثم عندما نرغمها لتذهب معنا لنشاهد فيلم «شيء في حياتي»، فإن ضحكتها تفرقع بينما نكون أنا وأمي نبكي لأن فاتن فوجئت بأن إيهاب نافع يأخذها إلى شقة صديقه. ترى نفسها، وهي الزوجة التي لا تحب زوجها الكبير الكريه عدلي كاسب، وتلاقي إيهاب نافع وتحبه، أنها ستصبح زوجة خائنة بالفعل إذا دخلت معه الشقة.

تهز فدوى برأسها وهي تردد: نو... نو... impossible. بعد أن نخرج من السينما، نأكل معها الشوكولا في مقهى الستراند أو الويمبي في شارع الحمراء، بينما تردد «معقول يا نوال»؟ بتوصل عالباب وما بتضعف؟

ثم تهمس لنوال من دون أن تسمعها أمي «وبعدين شو هالحب اللي بدون بوس، كأنهم ولاد صغار بعدهم بالمدرسة؟».

تصر فدوى وجورجيت على أن الأفلام العربية كلها دَجَل وصغر عقل. ولما بدأتا تسحبان نوال إلى صفهما كنت أصبحت وحيدة، أذهب مع أمي لمشاهدة تلك الأفلام في سينما «ريفولي» و«متروبول»، نشاهد «شفيقة القبطية» و«الساحرة الصغيرة» و«الليلة الأخيرة» و«هارب من الحياة» و«الراهبة»، ولا أجد لدى أمي رغبة لنحكي عن الفيلم، كما كنا نفعل أنا ونوال، فأشعر بالحزن، لكني أعود فأفرح لأن نوال وجورجيت وفدوى يحببن الحديث عن الممثلات، لا عن الأفلام. تتشاجر نوال وفدوى لأن إحداهما تقول إن فاتن حمامة مثلت مع إيهاب نافع زوج ماجدة لأن ماجدة كانت أغاظتها قبل سنوات وهي تمثل لها مع زوجها عمر الشريف، وتباوسا في فيلم «شاطئ الأسرار». كنت ظللت سنوات أصدق ما قالته بنت الدامرجي من أن الممثلين والممثلات في الافلام لا يتباوسون كما يحدث في الحقيقة، بل يضع المخرج قطعة من ورق النايلون تفصل شفاههما وتتم البوسة من غير أن تلتصق الشفاه، لكننا نحن لا نراها.

كم أضحك الآن حين أتذكر حجم العطب الذي يصيب نفوسنا ونحن نمثل. لا يعرف أحد كم يتسرب الوهم ليجعلنا نخلط الواقع بالخيال. الناس تشاهد الفيلم يا عزيزتي ولا تعرف أننا خلف الفيلم نمثل فيلماً آخر. هذا ما تريدني أن أحكيه وأعترف به، أليس كذلك؟

كم بوسة؟ وكم لمسة؟ وكم سراً لوحت له بعد ثلاث سنوات من فوق سطح باخرة «كاميليا»؟ كنت أودّع تاريخي الذي لم ينته وأتوجه إلى تاريخي الذي لم يبدأ. أصدق الكلام وألحق الأوهام وأتسلح بهذا الذي علمته لي الأيام ومشاوير التلفزيون والكباريهات وحكايات النجوم الحقيقية، لا المصورة، وأهمها: الوعود والحذر والتحايل على الوعود والتفنن بالحذر.

هي الدروس الأولى التي بدأتُ أُتقنها وأحاول أن أطبقها في علاقتي بعصام جريدي، وهو يفتح أمامي أفقاً يأخذني إلى أبعد مما كنت أتصور.

الفصل الثاني

من رسائل سلمى
إلى Miss X
ومن Miss X
إلى سعد

اليوم السابع

ليـلاً

From: Miss X
Sent: 28th December 11:03pm
To: Mr. Saad
Subject: Salma's Papers

من كان يصورنا في ذلك اليوم من أواخر صيف عام ١٩٦٦ عندما وقفت أسند يدي إلى الحاجز الحديدي عند سطح الباخرة «كاميليا» التي ستغادر بعد قليل ميناء بيروت متوجهة إلى الإسكندرية؟

هل كان عصام جريدي، وهو يحمل كاميرته على كتفه يعد نفسه بأنه سيوظف هذه اللقطات في أغنيات أخرى سنصورها معاً في المستقبل «إن شاء الله»، كما قال؟ أم كانت جورجيت أم فدوى أم زيزي، صديقات نوال اللواتي يقفن وراءه في مواجهة الباخرة في الميناء، يحملن كاميرات فوتوغرافية صغيرة؟

كان عصام جريدي ما زال يحلم بأني لن أكون إلا له، وأنا تفتحت على يديه، وهو أول من قال عني «سلمى وان». لم يكن يعرف أن مسيو غابي سبقه قبل أن أصبح سلمى، وقبل أن يُخرج لي تلك الأغاني التي حفظها الناس رغم أن الإذاعة رفضت إذاعتها.

ثلاث سنوات كانت مضت مثل الحلم الذي أراه كل ليلة. لا أصدق نفسي أني أقف مع أمي ونوال، نلوح لعصام وجورجيت وفدوى، وتبكي كل منا لسبب مختلف. أمي، ربما لأنها تواجه سراً في حياتها لا نعرفه؛ ونوال لأنها اضطرت إلى تقبل موقف فيصل الذي رضخ لأهله وأعلن تخليه عنها، بعد أن تواعدا على الخطبة والزواج؛ وأنا التي أحمل أهلي عنوة وأقرر مصيرهم ولم أتجاوز السادسة عشرة من عمري. «فاجرة وقادرة»؟ قالتها لي أمي كأنها تسدل الستار على عامين كنت أخاف فيهما منها وأرتجف. ومسيو غابي يعيدني إلى البيت بعد أن أكون قد أنهيت تصوير مشاهد من الأغنية مع عصام، أو أنهينا «دوبلاج» أفلام الكرتون في التلفزيون.

جاءت صورة هند رستم تنبهني إلى الطريقة الصحيحة في التلويح لعصام جريدي، حلق مشهدها حولي وأصبح عصام، يحيى شاهين، فأخرجت منديلي من حقيبة القش الضخمة ومسحت عيني. لم أكن أبكي مثلها، وحقيبتي لم تكن ناعمة وبيضاء كحقيبتها. كنت أيضاً أرتدي بنطلون الشارلستون وبلوزة من التفتا الخضراء ترويبز، وأضع قبعة كالتي تضعها دائماً في أفلامها. لم يأت مسيو غابي لوداعي، هل كشف أسراري؟ هل يعرف أني لن أهاجر حقاً؟ بل سأكون ضيفة على الشاعر المليونير؟

* * *

اقتربت نوال مني عند حاجز سطح الباخرة. عيناها حمراوان، أنفها يقطر. وقفت أمي خلفها ويدها على كتفيها. أشعرها تطوقها بحنانها فأزداد إصراراً على أني من سيقرر لهما حياتهما.

لوحت نوال لجورجيت وفدوى، ورأيت جورجيت من بعيد تخبئ وجهها فوق كتف فدوى كأنها لا تستطيع فراق نوال. لماذا

ليس لي صديقة مثلها؟ لماذا لم يأت لوداعي إلا عصام جريدي، وأنا
أعلم أنه أتى لأنه يحبني ويتمنى أن يتزوجني؟ كيف أكتشف حبه؟
وكيف أصدقه؟ أليس غريباً أن يقول لي مسيو غابي نفسه، غابي
الذي. . . . والذي. . . . أن عصام هو الشاب الذي يناسبني؟ وهو
مخرج سيكون له مستقبل كبير، وسوف أنجح وأشتهر معه؟

لماذا يناسبني عصام ولا يناسبني مسيو غابي؟ عصام أيضاً كبير.
غابي يقول إنه أصغر منه، وعصام يخبرني أن عمره ست وعشرون
سنة. يقول أيضاً إنه «كبير علي» ومع ذلك يحبني. «كل الناس تحبك
يا سلمى»، يغمزني ولا أجرؤ على أن أسأله إذا كان مسيو غابي
بينهم. أضحك حين أتذكر كيف قدّمني مسيو غابي له في مدخل مبنى
التلفزيون، وكيف نظر إلي فاغراً فاه وهمس: الخالق الناطق «مزيج
من فتيات أحلامي»، ثم كيف اعترف لي بأنه الحب من أول نظرة.
أهداني اسطوانة Love at first sight، فأدرتها في «فونغراف» نوال،
واستمعت إليها. أحببت الموسيقى ولم أفهم الكلام. وفي اليوم
التالي عندما سألني إذا كانت الرسالة وصلت، ويعني الأغنية، هززت
برأسي كأني أخجل من أن أبوح له.

أحسست بقرصة في ساعدي، وأيقظني صوت نوال: «صحيح ما
عندك إحساس. . . وماما عندها حق». أمي أيضاً بحلقت بي وهي
تراني أضحك وما زلت ألوح لعصام وجورجيت وفدوى.

From: Miss X
Sent: 28th December 9:20pm
To: Saad
Subject: Salma's Papers about Gaby & Isam

«سوسو» الحبيبة...

فهمت من رسالتك أنك لم تفهمي كيف تشابكت علاقتي بكل من غابي وعصام والمليونير و... و... أعلم أنه يصعب عليك ربما تفهم الكثير من دهاليز لا يمكنني الدخول إليها من جديد. مع ذلك، سأحاول أن أفكّ بعض الخيوط لأني أريد حقاً أن أكون وفية لأول مرة في حياتي لإنسان واحد هو أنت. تريدين أن تعرفي أكثر عن عصام، كما أخبرتني في رسالتك، كي تستطيعي توظيف شخصيته في فيلمك. هل أصدقك؟ لماذا يخطر لي أن لديك رغبة شرهة لتعرفي عني كل شيء، كل شيء، لا لشيء إلا لتحددي في أعماقك موقفك مني، وتكتشفي شعوراً صافياً حقيقياً، وليس التباساً كما نفعل جميعاً، وكما فعلت طوال حياتي؟ يخطر لي أيضاً أنك تريدين تعريتي لتلتقطي بنفسك جيناتنا المشتركة، وتُصالحي نفسك بعد اكتشافها. على كل حال، أجد نفسي وقد قطعت لك هذا العهد متوجسة قليلاً، تجتاحني غبطة للحظة، ثم تغمرني عاصفة من حزن لا أفهمه. هذا ما يجعلني أريد أن أفهم ما يحدث لي، وما حدث قبل أن أُفهمك إياه. هذا يا عزيزتي ما أجد نفسي عليه، وهو ضريبة علاقاتي بهؤلاء الوحوش، هؤلاء الذين خربوا حالي، منذ الشاعر المليونير في بداياتي، إلى مدحت الفنان في نهاياتي! هؤلاء الذين رفعوا اللحاف عن رأسي وجسمي وروحي، ونثروا كل الحكايات الجميلة وأطلقوني في أفلام ومسلسلات الرعب، بعيداً عن كل الذين كنت أمثل وأغني معهم، منذ أيام «أبو علي» و«عالكورنيش». أنتِ لم تعيشي ذلك

الزمن، ولا تعني لك أغنياتي تلك أي شيء، فقد ماتت، لكن بإمكانك تجديدها، وأرجوك أن تفعلي.

أعدك بأن أكتب لك كل شيء، كل لحظة وخفقة وكلمة أغنية. أريدك حقاً أن تعودي معي إلى تحت لحافي، وتري الصورة الحقيقية لحياتي كما عشتها وكما أحببتها. نبهني سؤالك لي عن أول حب في حياتي إلى مسيو غابي، هل كان حقاً أول حب؟ للوهلة الأولى يبدو جوابي نعم. كنت أفكر فيه كل لحظة، وأحلم بالزواج منه كل ليلة. لكني سأعترف لك الآن، هل لو كان حلاقاً أو بائع خضار أو أستاذ مدرسة، كنت سأحبه على ذلك النحو الذي كنت عليه؟ هل كنت أحلم بأن يهمس لي: أحبك؟ أو يغار علي مثل عمر الشريف في «أيامنا الحلوة»؟ أم أني كنت أتطلع اليه بعيني فاتن حمامة الولهتين، وتكتيك كاريمان، لاصطياد عريس لقطة؟ نعم، نعم، نعم، كنت أحبه على هذا النحو. أتعلق وأغضب وأغار وأتمنى أن أسحبه إلى داخل البلاتوه ليكتفي بتصويري، وتصويري، وتصويري، إلى ما لانهاية. أصبح بطلة أفلامه وأيامه، وأعطيه مقابل هذا كلَّ شيء. لكنه وقف مستنداً إلى سيارته الإيزابيللا أمام مبنى التلفزيون، يلف بساعده كتف عصام جريدي الذي أوقف سيارته «الفيات ١٢٥» البيضاء بشكل أعوج مضحك، وقال لي إنه يمكن أن يكون فتى أحلامي وأفلامي.

بعد يومين، كنت في المقعد الأمامي في سيارة عصام جريدي، وكان أتى إلى بيتنا في البسطة وشرب معنا القهوة بسرعة وقالت أمي إنه لطيف ومؤدب. وذهبت معه إلى استوديو بعلبك ليجري لي «التيست» قبل أن يدربني على أغنية «أبو علي». قال إنه سيعرض لقطات «التيست» على المنتج ويحصل على موافقته النهائية ويحددان أجري، ثم نبدأ التصوير بأسرع وقت.

أوقف عصام سيارته في الساحة الترابية الكبيرة أمام الاستوديو، ثم مشينا ودخلنا إلى ما يشبه الكراج الهائل. كان الاستوديو أكبر من استوديو تلفزيون تلة الخياط بعشرة أضعاف. أضواء ضخمة بأحجامها وأشكالها المختلفة، تتدلى من السقف كأنها ستقع فوق رؤوسنا. ألواح القصدير التي تعكس الضوء، يرفعها عمال مثل لافتات بيضاء براقة؛ كاميرات فوق سكك طويلة ورفيعة مثل سكة القطار الحديدي، يصيح المخرج: «شاريو»، فتسير الكاميرا فوق السكة والمصور يعانقها كأنه فارس فوق حصان؛ رجال ونساء وعمال يتحركون منشغلين بأشياء لا أدركها؛ حبال ضخمة على الأرض تعثرت بأحدها فأمسك بيدي عصام جريدي وضحك، همس لي أن المخرج نيازي مصطفى يصور أحد أفلامه، وهو الآن يشرف على إعداد البلاتوه. قلت قاصدة أن أصحح له: هذا اسمه استوديو، فقال لي: هذا المبنى كله يسمى استوديو وهو يشمل هذا «البلاتوه» حيث مكان التصوير، ومعامل لغسل الأفلام وتحميضها، وغرفاً كثيرة أخرى للمونتاج والمكساج. هززت برأسي محاولة أن ألتقط معاني تلك الكلمات، ومعاهدة نفسي أن أجعله يُفهمني كل شيء ويعلمني من غير أن يعلم. قال لي: تعالي أعرِّفُك إلى أستاذ نيازي. فاقتربت وجلة، وسلمت على رجل طاعن يمشي ببطء ويتحدث بهمس... تطلع إلي بود، ثم عاد يتحدث مع عصام جريدي.

وقفت على بعد منهما أراقبهما. أردت أن أتذكر أفلام نيازي مصطفى فلم أستطع. كنت أعرف مخرجين مثل عز الدين ذو الفقار وأنور وجدي وبركات ويوسف شاهين وكمال الشيخ وصلاح أبو سيف و... تذكرت فجأة فيلم «عنتر وعبلة» لأني لمحت من بعيد ممثلة تشبه «كوكا» وهي تجلس على كنبة تتحدث مع شاب يحمل دفتراً وقلماً. وجدتني أقلد أختي نوال وهي تغني «عنتر يا حاميها...

هاي. . . يا زين أراضيها. . . هاي» . . . وأتمايل وأدور وأهمس لنفسي بينما كان عصام جريدي مستغرقاً في حديثه مع نيازي مصطفى. فجأة جاء مسرعا وهو يقول لي: حظك من السما. . . هل تريدين أن تمثلي في السينما؟ وقبل أن أتنبه إلى ذهولي ودهشتي كان ثلاثة من مساعدي المخرج نيازي مصطفى يقفون حولي وهم يتناقشون مع عصام جريدي. أحدهم يقول: أعتقد من الأفضل أن تكون أكبر. . . ويقول آخر: لا تنسَ أن الأم سمراء ومش معقول يعني تكون بنتها زي الفل كده. . . فهمت في النهاية أنهم ما زالوا يبحثون عن فتاة تؤدي دور بطلة الفيلم عندما تكون صغيرة، لكنهم يريدونها أكبر مني قليلاً وأن تكون سمراء. صحت من دون أن أنتبه لمقاطعتهم: عندي أخت أكبر مني وسمرا.

وفي اليوم التالي جاءت نوال معي وأجروا لها «التيست» بينما كنت أجري «تيستاً» آخر في حديقة الاستوديو حيث أدار عصام من مسجلة وضعها خلف الكاميرا أغنية صباح «عالندّى». جعلني أحرك شفتي وهو يصورني، كأني أنا التي تغني الأغنية، وقال لي: ما فعلته الآن اسمه «بلاي باك». في تلك الليلة أمضيت وأختي نوال أجمل أوقاتنا، كنا نرقص وندبك ونغني، ثم تدير نوال أسطوانات الأغاني الأجنبية التي أخذت تحبها، فتتمايل وهي ترافق داليدا أو ميراي ماتيو، وأنا «أجعدن» كعادتي، لكني كنت أحس برعشة ما بصوتها، ثم أرى عينيها تغيبان ولا أدري بماذا تسرح أو تفكر. أليست سعيدة أنها ستصبح ممثلة؟ ألا يمكن أن يكون هذا الدور بداية تطلق من خلالها صوتها الجميل؟ قالت لي وهي تكتم غيظها: هذا الدور ليس فيه أغاني يا مدموزيل. المفروض أن يكون لك، أنت التي تريدين أن تكوني ممثلة ويكون «تيست» الأغنيات لي. . . أنا صاحبة الصوت الجميل كما تقولين. هل غرت منها؟ لا أدري. تمنيت تلك اللحظة

لو أني الممثلة والمغنية معاً، أما هي فلتبقَ في «الأنغاجيه». لتبقَ مع جورجيت وفدوى وزيزي وعفّو، يتلقين مكالمات من الشبان ويسهرن معهم، ثم يذهبن إلى كباريهات الزيتونة، ويؤلفن القصص للسكارى، ويروين النكات... هل هذه هي الحياة التي تريدها نوال؟!

لم أكن أعرف في ذلك اليوم أن حكايتها مع فيصل فيصل بدأت، وأن قلقها كان حول موقف فيصل من اشتراكها في التمثيل في الفيلم. لكنني عرفت الحكاية بعد ثلاثة أيام؛ إذ رفضت نوال أن ترافقني إلى استوديو بعلبك، وأخبرتني أنها حكت مع عصام جريدي في الهاتف وأبلغته أنها لن تمثل في الفيلم، ولم تهتم إذا كانت نجحت في «تيست» التصوير أم لا.

***

وقفت بعد ثلاثة أيام، بعد انتهائنا من تصوير مشاهد للأغنية، كالتمثال أمام سيارة عصام في باحة استوديو بعلبك الترابية، قال لي: هيا اصعدي، نظرت اليه كالبلهاء وأنا أخاف أن أقول له «لا»، رغم أني سأقولها بعد لحظة. لا أريد أن أقول له إني اتفقت مع مسيو غابي ليأتي ويصطحبني من الاستوديو بعد أن ينهي عمله. لا أريد أن أصدمه. في الأمس راح يحكي لي عن أحلامه الكبيرة. توجه بسيارته مثلما كان يفعل مسيو غابي، ومضى بنا إلى كورنيش الروشة. خفف السرعة، وفتح النافذة، وأدار الراديو. كانت نجاح سلام تغني «غزالي». مسح حبات عرق فوق صدغه. كنت أرى البحر من بعيد ومن أمواجه تنهض أطياف أركّب عليها وجوهاً وأجنحة. أرى وجهي في كل صورة، ثم أرى وجه أمي ونوال، بعدها يحلق مسيو غابي مثل نسر ثم يحطّ فوق الموج ويحملني، فأجلس كالعصفورة الصغيرة فوق جناحه العريض المريح. لكن صوت عصام أيقظني ودحرجني إلى السيارة وهو يذكرني بكلمات الأغنية التي بدأت أحفظها. قال

لي: هل تعرفين مغنية تظهر على التلفزيون اسمها ميادة؟ هززت برأسي، وأنا نصف مأخوذة بالأغنيات وأحلامي وأحاسيسي نحو مسيو غابي.

- هذه الأغنية التي تتدربين عليها كانت ستغنيها ميادة.
- ولماذا لم تغنها؟
- لا أعرف، المؤلف قال إن لديها أغاني كثيرة وإنها بعد أن أخذتها منه أرجعتها له. ألحّ علي عصام أن أرددها معه في السيارة بعد أن أقفل الراديو، فرحنا نغني وهو يصحح لي اللحن:

علي وأبو علي
حبوا الهالي غالي
رقصة بتغلي غلي
نغمة بتجلي جلي
علي وأبو علي.

سألني بعدها: بشرفك مش أحلى من أغنية صباح؟ نظرت اليه وأنا أكاد أبكي. لا أعرف أن أقول له إنها ليست أحلى، أشعر بأننا قزمان وأني لن أكون ما أحلم. لم أقل له ليس هذا ما أحلم به. لم أكن أعرف أني لا أحلم بهذا، لا أعرف بماذا أحلم. أرمي نفسي وسط هذه الظلمة، أتمنى للحظة أن أغرق في البحر، وينقذني مسيو غابي.

تنهدتُ وأنا أسمع نتفاً من كلامه، فأجده هو الكلام نفسه أمس وأول من أمس، منذ أن التقيته أول مرة، وقال إنه وقع في غرامي من أول مرة. رغم أني صغيرة، هو يريد الزواج. يقول بحماسة إن الزواج يساعده على أن يدربني بسرعة ويختصر الزمن لنجاحي. يذكّرني بأن كل الفنانات لم ينجحن ويشتهرن إلا بعد زواجهن من

مخرج أو منتج: انظري. . . ها هو نيازي مصطفى وكوكا أمام عينيك الآن. فاتن حمامة التي تعشقينها تزوجت عز الدين ذو الفقار. فأهمس لنفسي: ثم أحبت عمر الشريف. يقول: مريم فخر الدين تزوجت من محمود ذو الفقار. أتذكر مجلة «الموعد» وحكاية طلاقهما وصراعهما على ابنتهما إيمان. «مين بعد يا عصوم»؟ يخبط جبينه بكفه مذكراً نفسه بأسماء أخرى تنبهني وتشجعني: آ. . . تذكرت. ويكرج لائحة أخرى. . . ليلى فوزي وأنور وجدي، سميرة أحمد وإلفيزي أورفانيللي، زبيدة ثروت وصبحي فرحات، لبنى عبد العزيز ورمسيس نجيب. ثم يضحك: وأخيراً سلمى حسن وعصام جريدي. أشطب بسرعة اسمه ويكتب رأسي: سلمى حسن وغابي كارادوسيان.

يُخرجني من رأسي في تلك اللحظة. أجد نفسي ما زلت أقف أمام سيارته في ساحة استوديو بعلبك، يكون غضبه قد تصاعد وهو يسمعني أقول له إني لن أعود معه اليوم في سيارته لأني سأنتظر مسيو غابي ليوصلني، فهو يريدني في شغل.

هل يعرف عصام ما يفعله لي مسيو غابي في السيارة، وما لا يجرؤ هو حتى على التفكير فيه؟ كان همس لي أنه لا يسمح لنفسه بأن يفكر أو حتى يحلم بأنه يقبلني. فأنا بالنسبة إليه كالقرنفلة الصغيرة أو عصفورة ناعمة الريش، ويجب أن أوضع إما في مزهرية كريستال أو في قفص من ذهب. كان يأتي بكلمات تدهشني، لكني لا أحبها. أما مسيو غابي فلا يهديني إلا الصمت. كأن المشاوير معه كلها لحظة حَبْس أنفاس بعد أن يقول «سكوت» أو «سيلانس»، وقبل أن يبدأ التصوير. في سيارته لا يكون إلا السكوت، يمضي بي في سكوت متواصل، ويده تمتد إلى ياقة بلوزتي المفتوحة ثم تهبط إلى صدري. أول مرة قال هامساً: «ليش يا سلمى السوتيان. . . بعده صغير».

فاستحيت وسكت. ضحك وسكت ثم ظلت أصابعه تحكي. كنت أصمت، لا أعرف إذا كنت فرحة أو حزينة. لا أعرف إذا كان يحبني أو يكرهني. لا أعرف إذا كنت أريده أن يفعل هذا أو لا يفعل. لا أعرف إلا ذلك الإحساس الذي لا أفهمه، أني معه في السيارة وهو قربي. قريب قريب ولن يذهب. يتوقف الزمن بعد السكوت، وفي السكوت، ولا يكون هناك تصوير ولا شيء غير جانب وجهه الذي تضيئه خيوط الضوء الناعسة المتسللة من أعمدة الكهرباء على جانبي الكورنيش، أو ومضات أضواء السيارات التي تتجاوز سيارته مسرعة أو متلكئة.

كنت أفكر في أنه لا بد من أنه يحبني، ولكنه لا يحب الكلام. ولا بد من أننا سنتزوج ذات يوم لأنه يجب أن يكون معي. ألاحظ أنه يحب أن أكون معه في أكثر الأيام. لا أذكر المرة الأولى التي امتدت فيها أصابعه إلى صدري، لكني أذكر عندما أمسك بيدي ذات ليلة وكنا تأخرنا في مشوار البحر ووضعها في حضنه. همس بصوت بلا صوت «سيلفو بليه سلمى. خليكي»؟ تحدث بالفرنسية فوجدت نفسي كالتمثال. يدي ثقيلة لا تتحرك ولا تتراجع. لم يقبلني. لم يقل لي أحبك. لم يطلب مني الزواج. اختار يده ويدي والصمت. أكاد أُجَن لأدرك ما كنت أشعره. أجد أحاسيسي تتواطأ مع الانتظار لاصطياد حاجته الدائمة إلي. لا أجرؤ على أن أقول له: تزوجني. ولا أعرف تماماً، كيف يكون الزواج، وأفكر لماذا لا أرفض؟ لماذا لا أتضايق؟ ماذا أريد منه إذا لم يكن الزواج؟ ولماذا أنفر من كلمات عصام جريدي الواعدة مع أن يده لا ترتفع عن مقود السيارة إلا كي تضرب ضربات إيقاع خفيفة وهو يرافقني في الغناء؟ لا ينظر إلى صدري، ولا إلى ركبتي. يراقب الطريق أمامه أثناء السواقة، يحذر الاقتراب من السيارات. يحكي ويحكي ويحكي عن أحلامنا وزواجنا

ونجاحنا فأضيق به. ومع ذلك أرافقه في سيارته عندما يكون مسيو غابي منشغلاً أو زعلاناً، لأني رفضت أن أهبط معه إلى الاستوديو الصغير الذي يمتلكه في فرن الشباك.

***

في ذلك اليوم، صعد عصام جريدي إلى سيارته وقد أصبح وجهه كتفاحة حمراء. رأيت فكيه يرتجفان وهو يكز على أسنانه. توقعت انه سيكتفي بنفخة أو تنهيدة قوية ثم يمضي، لكنه ما إن أغلق باب السيارة بعنف حتى عاد يفتحه، وهو يشير إلي أن أقترب وأنا مترددة أقف كتلميذة معاقَبة. هبط بسرعة واقترب مني مثل أمي كأنه سيهاجمني بصفعة. أمسك يدي بشدة وقال إني أريد أن أرمي نفسي في البحر وإني أختار الورقة الخاسرة. هناك من يريد أن يأخذني إلى المستقبل وأنا أتراجع إلى الماضي. كاد يصرخ، وهو يقول لي: «ولك إفهمي وما تكوني حمارة يا سلمى»، ثم يقول: مسيو غابي أستاذي، لكنه سيفلس. هذا الفيلم الذي يريد أن ينتجه ويخرجه ويكتب قصته بنفسه، سيكون نهايته الرسمية. إنه يورط نفسه بديون، وإمكانياته في التلفزيون لا تؤهله ليشتغل في السينما. يصرخ بي: «ولك افهمي»، غابي كاردوسيان مخرج منوعات، وإذا كان وعدك بأنه سيجعل منك بطلة فلا تصدقي. لن أقول لك إنه كذاب، ولكنه مرتهن للمنتج، والمنتج يريد أن تكون البطلة صاحبته، وهو يفرضها الآن على مسيو غابي. لا تمتلك أي موهبة، فقط عيناها خضراوان وكانت تعمل «بارميد» في «الليدو»، وحاولت أن تصبح مذيعة وراقصة لكنها لم تنجح...

أخذ عصام يقول ويقول وصوته يتلاشى مثل الغبار الذي يتناثر عندما تقلّع السيارات من باحة الاستوديو الترابية. لم أرد أن أسمع بعدُ، ولا أدري إذا كان أحس بهذا، لكنه مضى من دون أن نتفق

كالمعتاد متى سيمر غداً أو بعد غد تحت بنايتنا في البسطة الفوقا.

في ذلك اليوم، جاء مسيو غابي وسألني ما الذي يُحزنني؟ فقلت: لا شيء. كنت على نحوٍ ما أخاف منه. لا أجرؤ على أن أسأله عن الفيلم أو المنتج أو تلك البطلة التي قال عصام إن المنتج اختار لها اسماً فنياً هو «أمولي». صعدت إلى جانبه فأدار محرك السيارة وهو ينظر إليّ ويبتسم. رأيت فتاتين في مدخل الاستوديو تتطلعان إلينا وتبتسمان. أحسست أني أغيظهما. فكرت في أن أضع غداً محبساً في بنصري وأقول لهما إنه خطيبي. فعلت نوال هذا منذ أن عاهدت نفسها على الوفاء لفيصل. أخبرتني الحكاية وأرتني المحبس، وقالت إن فيصل لم يضع محبساً بعدُ في إصبعه، وإن فتيات كثيرات يفعلن ذلك ليؤكدن إخلاصهن ويمنعن الشبان من التحرش بهن، لأنهم سيعرفون من المحابس أنهن مخطوبات. غداً سألبس المحبس. سأسأل نوال من أين اشترت محبسها وأفعل مثلها. وإذا سألني مسيو غابي بعد غد، سأقول له إني مخطوبة له، ولا أظن أنه سيرفض. إنه لا يحب أن يُزعلني. عندما أزعل يصالحني بسرعة ويقول إنه مستعد لأن يفعل أي شيء لأرضى. فكرت بعد أن رأيته يتجه بسيارته نحو فرن الشباك، في أن أُفهمه أني زعلانة، وأني زعلانة منه، وعندما سيصل إلى الاستوديو الصغير الذي يملكه، سأرفض أن أنزل معه إلا بعد أن يعدني بالخطوبة والزواج. لماذا لا يحدثني إلا عن فيلمه الجديد والمشاهد التي يسهر كل ليلة حتى الثانية أو الثالثة صباحا ليكتبها؟ خطر لي أنه ربما يكون منزعجاً لأن عصام جريدي يوصلني. إذاً، سأقول له إني لن أركب سيارة عصام جريدي بعد اليوم. ما أغباني. كيف أنسى أنه هو الذي قدم لي عصام جريدي كعريس؟ إنه لا يغار منه. بل هو يغار! وأظن أنه قام بهذه الحركة ليتأكد من عواطفي نحوه. سأخبره اليوم، سيكون اعترافنا

عهداً جديداً نبدأ فيه الذهاب إلى معمله في فرن الشباك.

أوقف السيارة. نظر إلي. ابتسم. أردت أن أحكي وأحكي فذهب الكلام، كأنه مد كفه إلى صدري ثم رفعها إلى شعري وأزاح كل الأفكار. أشعل سيجارته «الغولواز»، امتص نَفَساً منها، ثم قدمها لي. كان يحبني أن أدخن معه أو أرتشف البيرة من كأسه. همست له مثل أم كبيرة: «معك ربو ما بيسوى انك تدخن». لم يقل شيئاً. داعب شعري الذي قال لي ذات يوم إنه عندما يطول يكون أحلى. ثم قال كلمة واحدة: ننزل؟ أردت أن أقول له إني سمعت في مبنى التلفزيون أنه يأخذ بنات إلى الاستوديو الذي يملكه. أردت أن أقول له إني سمعت أن البنات يلاحقنه ليأخذهن في سيارته ويقبّلهن. أردت أن أقول له ما قاله لي عصام جريدي اليوم عن فيلمه والمنتج وعن قدراته وأوهامه. لكني لم أقل شيئاً. نزلنا، وكانت العتمة تخفينا وتخفي السيارة. وجدت نفسي أمام مبنىً صغير من طابق واحد. أمسك مسيو غابي بيدي وصعدت خلفه الدرجات القليلة أتلمس خطاي بضوء ولاّعته الذي كان يضيء وينطفئ. فتح الباب وأدخلني. لم يشعل ضوء الغرفة أو الولاعة بل أمسك بيدي وقادني وسط العتمة. لمحت هياكل آلات لم أرها من قبل. لم أر كاميرات. كانت صالة صغيرة وفي نهايتها غرفة ضيقة أصبحنا داخلها. لم أجد شيئاً حولي غير شبح طاولة وكرسي. أجلسني على الكرسي ثم ركع أمامي. وجدت نفسي أمسك وجهه، أحس بنعومته وخشونة منبت الشعر عند ذقنه وشاربيه. لا أدرك شعوري. في رأسي بحر يتلاطم من الأحاسيس والمخاوف. لا يضيء الضوء ويبتعد قليلاً ليصبح مثل عماد حمدي أمام شادية، أو يحيى شاهين أمام ماجدة، بل يختفي في العتمة تماماً، ولا يبقى سوى وجهه المدفون في حجري وكفيه الحائمتين تحت بلوزتي وتنورتي. همس فجأة: «ما تخاف سلمى. .

أنا ما بضرك». فكرت للحظة في أنه قد يكون يصوّرني الآن. كنت بدأت أسمع عن تصوير أفلام العيب. لم أكن أعرف أن اسمها «بورنو». كانت نوال ورفيقاتها يقلن «الأفلام الخلاعية»، كذلك كانت المجلات الفنية تكتب عنها. أحدهم همس في التلفزيون ذات يوم أن مسيو غابي يصور بعض هذه الأفلام، ولكن بالسر، لم أصدقه ولم أجرؤ على أن أسأل مسيو غابي. ظللت أهابه، أخافه مثلما كنت أخاف أبي رغم أني لم أره يثمل. لا أدري تماماً ما إذا كان خوفاً أو رهبة أو سحراً. لكن شيئاً أدركته وتلمسته تماماً في تلك الليلة، إذ للحظة وبينما هو غائب في حضني تراءت لي أختي نوال وهي تبتعد مع أبي تحت خيوط الضوء الناعسة وهما عاريان.

رفع مسيو غابي وجهه وفاجأني سؤاله: مش معقول سلمى... بشو يحس؟ قول... قوليلي je t'en pris. ثم قال: «البنات بهذا العمر يشعرن بسرعة. أنت سلمى... ما بحب»؟

أنا أحبه. متى يفهم هذا الغبي؟ كيف أقولها له؟ كيف أخبره أني أسكت وأحبس أنفاسي في انتظار أن يقول لي: سنتزوج؟ معركتي الفاصلة هي زواجي منه، وكل شيء لأجله يهون.

غادرنا الاستوديو بعد ساعة من دون أن يقولها ومن دون أن أقول شيئاً. فكرت في أن أستدرج نوال لتحكي لي عن هذه الأمور. في اليوم التالي لم يتصل بي عصام جريدي ولم يتصل بي مسيو غابي. جلست في البيت واجمة، رأيت كتبي على طرف الطاولة في غرفة النوم، فلشتها قليلاً وفكرت في أن أذهب غداً إلى المدرسة وليكن ما يكون. لكني لم أذهب. أصبحت لا أستطيع أن أركز في درس أو في أي أمر، والمرات القليلة التي كنت أذهب فيها إلى المدرسة كنت أملّ. أجد بعض البنات يسألنني عن تسجيل صوتي في أفلام الكرتون، ولا أجد من تصادقني، كما أني كنت أتصنّع

الانشغال فأنظر إلى الساعة الثمينة التي أهداها إلي الشاعر المليونير بينما تكون المعلمة تحدثنا عن شعراء العصر العباسي، وأقف مقاطعة إياها قائلة بهمس خجول: «باردون مدموزيل عندي تسجيل بالتلفزيون»، ولا أترك لها فرصة إبداء رد فعلها بنظرة عاتبة أو تنبيه لأني أسرع وأغادر الصف كمن ينجو بنفسه من حريق.

لا أعرف إذا كان مسيو غابي اكتشف مشواري مع عصام جريدي إلى قصر فريد الأطرش في الحازمية، وعرف أني تعرفت هناك إلى المليونير كميل أنغلوس وعرفت أنه مهندس وشاعر. ولا أعرف إذا كان بعد مشوارنا إلى الاستوديو في فرن الشباك قد غير رأيه بي واكتشف أني لا أصلح أن أكون زوجته لأني لا أحس ولا أشعر، كما فهمت من كلماته المتناثرة.

❋ ❋ ❋

بعد ثلاثة أيام من يوم الشجار في استوديو بعلبك مع عصام جريدي، وليلة الصمت والزعل مع مسيو غابي، جاء عصام يصحبني للقاء المنتج. تلفن غابي يطلب مني أن أنتظره لأن لديه مفاجأة لي. قلت بلهفة: هل ستخطبني؟ هل أقول لماما؟ سمعت صمته ونهدة خافتة فانتظرت. أحسست أني انتظر طويلاً إلى أن قال: سلمى... بس شوفك منحكي.

وجدت نفسي أقول له إني لا أقدر، فقال: إنت ما بيقدر أو ما بدك؟ سكتّ. فقال فجأة: طيب سلمى... منحكي بعدين. وأقفل الخط.

بدوت في ذلك اليوم أميرةَ الجمال الحزين كما قال الشاعر المليونير في قصر فريد الأطرش، ولكن قبل ذلك جلست قرب عصام جريدي في السيارة، أشعر بأن وزني مئة كيلو لكن رأسي خاو مثل

١٣٠

البالون. كنت ارتديت فستاني البنفسجي الميني، وكان شريطاً عريضاً من الدانتيل الأبيض يمتد من تقويرة الرقبة إلى ما تحت الخصر، كما أضافت شقيقة جورجيت إلى الكمين المنتهيين بقصة كلوش شريطاً رفيعاً آخر من الدانتيل الأبيض. وتحت الثوب كنت أرتدي «كمبليزون جرسيه» تنتهي حافته بدانتيل تظهر أطرافه تحت حافة الفستان. لبست بوطي الأبيض الذي يصل إلى ما قبل ركبتي، فقال لي عصام جريدي ضاحكاً: هكذا ستتركز نظرات المنتج على عينيك وركبتيك، ومن المؤكد ستنجحين في الامتحان بعد أن نجحت في امتحان «التيست».

هبطنا بالسيارة إلى نزلة البسطا التحتا، ثم دار عصام بسيارته خلف زقاق البلاط، وهبط في شارع ضيق يؤدي إلى الطرف الغربي من المعرض. بحث عن موقف للسيارات، وأوقف سيارته بشكل أعوج مضحك كعادته، ثم أمسك بيدي لنقطع الشارع ونتجه خلف سينما كابيتول حيث مكتب المنتج طاهر عوام، أو «أبو الرز» كما يسمونه. علت ضحكة عصام وهو يذكّرني بأن أصدقاء المنتج أطلقوا عليه هذا اللقب لأنه يفت المصاري على «أرتيستات» الزيتونة وينثر الليرات مثل حبات الأرز فوق نهود الراقصات وخصورهن. مرة أخرى، خطر لي إذا كان رأى أختي نوال هناك.

عندما دخلنا مكتبه صافحني وطبع قبلة على يدي ثم خدي، وتطلع كما توقع عصام تماماً إلى عيني وركبتي. فكرت لو أنه يعجب بي ويموّل فيلم مسيو غابي ويفرضني عليه ويسميني «سمولي» على وزن «أمولي»؟ لكني أبعدت الفكرة عن رأسي لأني تذكرت أني زعلانة كثيراً من مسيو غابي، وأنه لا يستحق كل هذا الذي أفكره له، وأن لديّ الآن كل الفرص لأصبح مثل صباح وشادية وسميرة توفيق وطروب.

أدار عصام جريدي آلة العرض الصغيرة في مكتب المنتج «أبو

الرز»، فظهرت صورتي على شاشة صغيرة معلقة على الحائط، فهز المنتج «أبو الرز» رأسه وراح يقول: لا، لا، لا يا عصام، المدموزيل أحلى بكتير . . . هيك ظلمتها . . . فكرت في أن هذا يعني أني لست «فوتوجنيك»، وأن هذه الكلمات مقدمات كي يعتذر عن توقيع العقد معي، لكن عصام كان يعلم شيئاً فغمزني وهز يده بمعنى ألا أهتم، فلففت ساقي ما جعل المنتج يعود للنظر الي من جديد ويقول: ما شاء الله!

* * *

لا أصدق أني في طريقي إلى منزل فريد الأطرش، بل إلى قصره الذي رأيت صوره في مجلة «الموعد»، مثلما رأيت عندما كنت صغيرة، صور فيلته في القاهرة في عمارة يعقوبيان تنشرها مجلة «الكواكب». كذلك رأيت صور إسطبل الخيل الذي يملكه. إنه الأمير. الكل يقول له «مون برنس». وأنا سأقولها اليوم وسأثني ركبتي عندما أتقدم منه قبل أن أصافحه، كما أرى الناس يفعلون أمام الأمراء والملوك في الأفلام.

فتح عصام شباك سيارته الفيات. لم أعد أرى الزجاج المبقع والوسخ، ولم أعد أقارن سيارته البشعة بسيارة مسيو غابي الإيزابيللا الجميلة. كبرت بيروت ودخلت من شباك السيارة وحطت بين رأسي وعيني. أرى المطاعم والمحلات الأنيقة والعمارات الضخمة في المعرض، بنايات فرن الشباك وشوارعها الواسعة، منطقة الحرش بغاباتها الكثيفة، ثم الطرق التي تتسع وتتلوى، تطل من ربواتها معارض الأثاث الفخمة والبنايات التي في طور البناء، أشجار الصنوبر القصيرة والضخمة، حواف الطرق التي تخترق حجارتها قضبان الحمّيضة وأزهار النرجس. أحس بالربيع ينفض عنه عواصف التراب والجفاف، ويصفو. تكبر المدينة، وصوت عصام جريدي

يحكي لي حكاية جديدة عنها مثلما حكى لي عنها مسيو متري ذات يوم. يحكي لي عن مكاتب المنتجين والموزعين في المعرض والبرج، وبعضهم بدأ يستأجر مكاتب في شارع الحمراء الذي أصبح يمتد ليصل إلى رأس بيروت. يقول لي إن حركة الإنتاج المشترك، خاصة بين لبنان ومصر، بدأت تنتعش. ويخبرني عصام أن هناك ممثلين كثيرين يأتون الآن من مصر ويريدون العيش في لبنان.

يقول «عندنا حرية أكثر»، ويقول «كثيرون يهربون من تحكم القطاع العام ومن المخابرات». «إياك والسياسة... السياسة مقبرة الفنان يا سلمى».

كنا اقتربنا من أعلى هضبة في الحازمية، وأصبح تلفزيون لبنان والمشرق إلى يسارنا، وبعده بأمتار انعطفنا يميناً ثم دلفنا في طريق زراعي عريض يلتف في مفرقين إلى اليمين واليسار، ثم ينتهي بباحة هادئة فوق ربوة أخرى ينهض عند طرفها قصر صغير.

* * *

هذه الصالونات التي يفتح أحدها على الآخر، كأني أراها في الأفلام أو تحت اللحاف. ليس هناك ثريا ضخمة مثل الثريا التي كنت أراها في صالون عمتي في زقاق البلاط. هنا ثريات عديدة، لكن الإضاءة تنعكس في ظلال على الجدران والكنبات، وفوق الوجوه، فأحس بها ولا أراها. حواف الكنبات ذهبية. الستائر ضخمة تمتد من الحائط إلى الحائط. تماثيل وتحفيات في الأركان. صالون أصفر. صالون أخضر. أين فريد الأطرش؟ ومن هؤلاء الناس الذين يجلسون في الصالونات كأنهم في بيوتهم؟ ضحكت فتاة ناعمة، شعرها أسود قصير، وهي تستقبلنا عند مدخل الصالون الثاني وتقبل عصام من وجنتيه، وتقرصه قائلة: «شو بحب خدودك يا

عصوم». همس لي إنها سكرتيرة فريد الأطرش، واسمها دوريس، وهي المسؤولة عن كل ما يتعلق به. أحببتها وقلت في نفسي «نيالها». لكني لم أتمنَّ أن أكون مثلها، تمنيت فقط أن تحبني وتقبل أن أجلس قرب فريد الأطرش.

رأيت سيدات لم أراهن في حياتي، لا في البسطة، ولا في زقاق البلاط، ولا حتى في شارع الحمراء أو الأفلام: رقيقات، هادئات، يضعن مجوهرات تشع. عطورهن تخترق أنفي.

سمعت ضربات بيانو خفيفة من بعيد، فتخيلته يحيينا ويذكّرنا بمشهده الرائع في فيلمه «رسالة من امرأة مجهولة». كان يجلس إلى البيانو، يعزف ويغني: «قلبي ومفتاحه». ولبنى عبد العزيز تتطلع من شباك بيتها في مواجهة بيته وهي تذوب شوقاً إليه. كانت جارته. آه، لو أني جارته الآن. لكنه الآن لا يسكن في شقة، بل في قصر.

مضى وقت طويل قبل أن يظهر. كان الجميع يتحادثون وينكتون كأنهم لا يهتمون بغيابه أو حضوره. قال لي عصام إن له أصدقاء كثيرين، وراح يشير إلى سيدات وأزواجهن يجلسون في الصالون الآخر: «هذا خضر الحموي ومدامته... ومن يجلس قربه شخص معروف يعني وجيه... اسمه... اسمه... أبو بدر أو... فقلت له ضاحكة: أو «أبو الرز»؟ فرقعت ضحكته وقال: «يقصف عمرك يا سلمى شو مهضومة»، وإذ بصوت يقول: ضحكونا معكم. كانت هذه الكلمة بداية معرفتي بالشاعر المليونير كميل أنغلوس، وبداية أزمة تلك الليلة مع عصام جريدي.

* * *

عندما التفتنا إلى الوراء، حيث كانت كنبة في الظل قرب واجهة زجاجية عريضة، وأمامها منضدة صغيرة، كان كميل أنغلوس يجلس مديراً ظهره لنا. رأيت كتلة من الشعر الرمادي وكتفين عريضين،

فوقهما سترة رصاصية، وطرف شال حريري فستقي اللون. قلت:
«إحم... أحم»... فالتفت لأرى وجهاً أبيض مريحاً، وجبيناً يندفع
إلى الأمام، وحاجبين كثيفين كسيفين يمتدان فوق عينين عسليتين،
وأقول في سري:. ما أجمله يشبه... يشبه. لم أعرف في تلك
اللحظة من يشبه. تطلع إلينا ضاحكاً، نظر إلي ورد التحية:
«إحم... إحم...». ضحكت، فقهقه عصام ووجدتني ذاهبة في
اللعبة: «إحم إحم إحم»... فردها لي: «إحم إحم إحم...». ولما
حاولت الاستمرار كنا ننفجر ثلاثتنا ضاحكين وهو يشير إلينا أن
نتفضل إلى ركنه. كأنه لاحظ ترددي، فقال بسرعة: يفترض أن نأتي
نحن إلى جانب أميرة الجمال الحزين... ولكن للأسف الأماكن
كلها محجوزة، فيا حبذا لو قبلتم دعوتنا المتواضعة.

كدت أضحك ساخرة وأنا أراه يتحدث مثل معلمة الأدب العربي
في الصف، خاصة عندما تنسجم وهي تحكي عن أبي فراس
الحمداني وأحزانه، إلا أن مداعبته أعجبتني فقمت بسرعة وعصام
جريدي يلحق بي مأخوذاً ويسمعني أردد: «مولاي مولاي... أميرة
الجمال الحزين بين يديك... فافعل ما يجعلها تصبح أميرة الجمال
السعيد... أيها الملك السعيد». وجدتني من دون أن أفكر أو أخطط
أقلد زوزو نبيل، التي تمثل دور شهرزاد في «إذاعة مصر»، فتقول كل
ليلة: «بلغني أيها الملك السعيد، ذو الرأي الرشيد...»، ثم تقول
في نهاية الحكاية «وهكذا أدرك شهرزادَ الصباح فسكتت عن الكلام
المباح». كنت أتباري وأختي نوال في تقليدها، وكنت مأخوذة
بإلقائها، لكني كنت أشرد أثناء سماعنا الحكاية ولا آبه للعجوز
الحكيم، أو الفتى الذي يبحث عن الكنز.

كانت كنبة صغيرة واطئة قرب كنبته العريضة، التي تواجه
الواجهة الزجاجية وتطل على بيروت. بدت أضواء المدينة البعيدة

خلف الستارة الشفافة مثل سماء مزركشة بالنجوم. سحب عصام جريدي إحدى الطنافس الموزعة في الأركان وجلس. أحسست فجأة كأن هذا الغريب الذي تحرش بنا ودعانا قد ندم، فقد أغمض عينيه وصمت طويلاً، وأنا أتطلع إلى عصام وهو يبادلني نظرة الدهشة. بعدها فتح عينيه وقال بهدوء: ماذا تشرب أميرة الجمال الحزين؟ إنها ضيفتي. كأنه أدرك حيرتي فوقف لتبدو قامته الفارعة الضخمة وقال: مؤكد أنك لا تقربين الكحول؛ إذ علينا نحن أن نقربها يا آنستي لنقدر على الثبات.

لم أفهم ما يقصد، رأيته يذهب ثم يعود لي بكأس من عصير البرتقال، وكان عصام إلى جانبه يحمل كأساً من الويسكي وصحناً صغيراً من الفستق واللوز المملّح.

عاد يغمض عينيه، ثم يفتحهما ويقول لي: يشرفني أن أقدم نفسي. أسير الجمال الأميري الحزين كميل أنغلوس. وما إن لفظ اسمه حتى شهق عصام جريدي ووقف مثل اسماعيل ياسين مبجلاً إياه بخطاب يقول إن اسمه أشهر من نار على علم، وإنه أمسك المجد من أطرافه، فهو المليونير الشهير، ورجل الأعمال العالمي، والأديب الذي تستضيفه أهم الصحف والمجلات. فجأة، وضعني عصام أمام كنز كنت أحسب أنه مغارة خاوية، رغم أني أُعجبت للوهلة الأولى بحاجبيه الكثيفين، وعينيه العسليتين الدافئتين، وشيبه الذي أشعرني بالاطمئنان. لكن وجهه مليء بالخطوط الكثيرة الدقيقة، ويديه ترتجفان قليلا وهو يمسك كأسه. صوته أيضاً يرتجف، فكيف يُسيّر كل هذه الأمور؟ الثروة والأعمال والأدب و...؟

ما إن شربت العصير، حتى أطل فريد الأطرش فهرعنا جميعاً نتحلق حوله. بدا صغيراً وقصير القامة، يقف وسط حلقتنا مثل طفل سعيد خجول. يتلفت ويطمئن على هذا وذاك، ويمازح ويطري أناقة

السيدات. لا يراني وأنا أرفع قدمي وأريد أن أحييه. انتظرت أن يأخذني عصام جريدي من يدي ويقدمني له، لكن من فعل كانت كف الشاعر المليونير، اللدنة العريضة، التي أطبقت على زندي ودفعتني لأصبح فجأة وسط الحلقة وصوت يرتجف قائلا: «مون برنس... أقدم لـك la princesse de la beauteute melancolique، ثـم قـال: أقدم لك أميرة الجمال الحزين. فقال فريد الأطرش على الفور: «الأميرة للأمير، ومش عايزين الجمال الحزين». فصفق البعض وردد آخرون: «حلوة دي يا فري»... كنت أسـمع اسـم الدلع لفريد الأطرش لأول مرة. تعرّف عصام جريدي إلى فريد الأطرش عندما كان يتدرب في فرنسا على التصوير والإخراج في معهد شابرول، وهو معهد خاص صغير أنشأه التلفزيون الفرنسي لتدريب الفنيين، وكان عصام حصل على بعثة من إدارة تلفزيون تلة الخياط للتدريب في ذلك المعهد.

زاره في المستشفى عندما كان يخضع لفحوصات القلب التي يجريها له البروفسور مايكل دبغي قبل إجراء العملية الجراحية، وعمل مع فريق صغير من التلفزيون الفرنسي لتصوير فيلم تسجيلي قصير عنه وعن موسيقاه. ومنذ ذلك اليوم أصبح من المقربين منه. كان يترجم للفريق ويأتيه بالمجلات ويقرأ له ما يُنشر عنه ويحتفظ له بالأعداد. كان يحبه من قلبه، كما قال لي عصام، وقد أحبه أكثر عندما عرفه عن قرب. وهو الآن يتوقع أن يكون معه في فيلمه الجديد المقبل.

أجلسني فريد الأطرش إلى يمينه، بعد أن تصدَّر المائدة. وجلس قربي كميل أنغلوس بينما أصبح عصام جريدي في نهاية المائدة، فكنت أنظر اليه كأني أنا التي تصحبه إلى هذا المكان وتريد الاطمئنان عليه كل لحظة.

سألني عن أحلامي وعما أريد أن أكون وماذا أفعل الآن، وكان

يهز رأسه وأنا أخبره عن «التيست»، ونجاحي فيه، وأغنية «أبو علي» التي لا أعرف ملحنها.

فرقعت ضحكته، وربّت كميل أنغلوس على كتفي. أحسست أنهما يسخران مني، لكنهما راحا يقدمان لي الستيك والبطاطا، ويتذكر فريد أمامي حبه للفاصولياء الحمراء، وكيف تمنعها عنه دوريس، خصوصاً في العشاء. قلت له إني أحب هذه الأكلة كثيراً فقال: «خلاص حاخلي دودو تتصل بيكي وتعالي كليها معايا». شعرت بجناحين يرفرفان حول كتفي. تلفتُّ كأني أريد أن أذكّر دوريس بهذه الدعوة وأعطيها رقم تلفوننا، وسمعت كميل أنغلوس يقول: أنا بالطبع مدعو معها سيدي الأمير، فأنا منذ هذه اللحظة حارسها الأمين...

بعد العشاء اقتربت مني دوريس، وهي تحمل مفكرة صغيرة وسجلت رقم هاتفي. كان كميل أنغلوس ما زال يقف قرب البار يراقبني. تلفتُّ أبحث عن عصام جريدي، فرأيته قادما من الممر المؤدي للحمام وهو يفرك يديه ويبتسم لي، وقبل أن يصل إلي رأيت كميل أنغلوس يصبح قربي بخطوة واحدة، يأخذني من يدي ويديرني كي يصبح عصام خلف ظهري يقول لي بسرعة: قولي له إني سأوصلك إلى بيتكم. همسته كأنها أمر. هل أنا جاريته؟ هل أشتغل عنده؟ لكن نبرته طيبة، هادئة، حلوة.

يريد أن يقول لي إنه مهتم بي. ألم يقل لفريد الأطرش إنه حارسي الأمين؟

عاد إلى مكانه قرب البار، ولما اقترب عصام مني وسألني: «شو؟ منروح»؟ تلكأت قليلاً ثم وجدتني أقول له:

فريد الأطرش قال لي أن أبقى... وهم سيوصلونني إلى البيت.

قال وقد شعر فجأة بأني أدفعه بعيداً: من هم؟ يعني فريد الأطرش ودوريس سيوصلانك إلى البيت؟ هززت بكتفي وقلت: ما بعرف . . . بس هو قال . . . فسكت وراح يهز يديه ثم يحرك قدميه بسرعة. قال لي بعدها بصوت يرتجف بقوة: بس إنت مسؤولة مني يا سلمى . فاجأتني عبارته فقلت، وقد بدأت أتضايق: كيف يعني مسؤولة منك؟ قال بسرعة: «يعني متل ما جبتك . . . أنا برجعك». رددت وقد شعرت بأنه يحاصرني مثل أمي: «يعني أنا شنطة أو كيس»؟ «أنا ما بقصد هيك»، قال ثم سكت، ثم ابتعد إلى البار وصب كأساً من الويسكي، وعاد يقف أمامي صامتاً ينظر إلي مثل طفل ينتظر من يصالحه .

From: Miss X
Sent: 28th December 12:03pm
To: Saad
Subject: Salma's Papers

أدرت المفتاح في قفل الباب مرتين ثم دخلت بهدوء وأغلقت دفته. كانت الساعة تشير إلى الواحدة والنصف بعد منتصف الليل. لم تعد أمي تأبه كثيراً لتأخري في العودة. كانت تطمئن على عودتي أو عودة نوال بكلمة أو بحركة، نفهم منها أنها عرفت بعودتنا، رغم أن نوال لم تعد تتأخر خارج البيت بعد أن تعرفت إلى فيصل. تريد أن تغير حياتها كما قالت لي. تعرف أني أريد أن أغير حياتي أيضاً، ولكن في اتجاه آخر.

دخلت غرفتنا. رأيتُها تشعل ذلك الضوء الخافت الذي ينتهي بلسانين يطبقان على الكتاب وينيران الصفحات فقط. وضعت الكتاب جانباً، ولم تغلق الضوء فانساب تاركاً بقعة على الحائط إلى جوار سريرها. تمددت بملابسي أحاول أن أسترجع احتدام هذه الليلة. كلمات فريد الأطرش، دعوته، تلفوني في مفكرته، كميل أنغلوس، حنانه، اعترافه المذهل بحاجته إلي. هل أصدقه؟ كيف! كيف؟ لم يلمسني. لم تمتد يده ولا حامت نظرته. راح يحكي لي عن الجمال المصفّى، عن حاجة الإنسان إلى وسادة من طمأنينة. عن الروح. التقاء الأرواح. التعبد بمحراب الجمال. كلمات أكبر مني كانت تحيّرني، وكلمات تدعوني للتجربة. جربي أيتها الأميرة الحزينة. جربيني ولن تخسري. من يدري؟ من يدري. كيف أجربه، وبماذا أجربه؟

ترك لي بطاقته ودعوة، وسجل رقماً أستطيع أن أكلمه فيه بعد أن

تنام الدنيا ويصحو شوق الحنين، كما قال. حاولت أن أقول له إني لست حزينة، وإنه مخطئ، لكني لم أستطع. كانت كلماته أقوى مني وأكبر. أسكتتني، ولكن ليس كمثل ذلك السكوت مع مسيو غابي. شيء معه كان يدفعني للبكاء. أحس للحظة أن أضع رأسي على كتفه ولا يقول لي شيئاً، ولا يفعل لي أي شيء، ثم أسأله لماذا وُلدت هكذا؟ ويخبرني ماذا أريد، وكيف أستطيع أن أعرف ما لا أعرف؟

كأن نوال ابتسمت لي بحنان. رأيت شبح ابتسامتها وسط ضوء خفيف يتأرجح في الظل: «انبسطت بالسهرة؟ حلو فريد الأطرش؟». سألتني بصوت شجي كسول. أخبرتها عن ذلك العالم، خجلت أن أقول لها إني أصبحت أشعر بأن ذلك العالم هو عالمي، وأني لا أعود في نهاية اليوم أو المطاف إلى هذا البيت، بل آتي إلى هنا لأعود إلى هناك. أخبرتها عن الكوكب الآخر والعوالم الأخرى. تحدثوا عن آلك غنيس ورائعته «جسر نهر كواي». كان كميل يناقش أداء آلك غنيس، وأنا لم يكن في رأسي إلا الصفير الذي كان يردده الشبان في الحي لموسيقى المارش العسكري، عندما كان الجنود يقطعون الجسر. كان عمري عشر سنوات عندما شاهدته في سينما بلازا، ولا أذكر منه إلا صوراً متقطعة، وتبقى الموسيقى فقط. أكاد أجهش وأنا أرى نفسي وسطهم، مذهولة بكلمات وأسماء ونقاش كأنه شجار، ثم ضحكات تُنهيه فأشعر كأنهم يمثلون. فريد الأطرش حكى عن فضيحة هوليوود بسبب جولي أندروز. يقول كان من المفروض أن تلعب دور إليزا دوليتل في فيلم «سيدتي الجميلة»، لكنهم جاؤوا بأودري هيبورن. اختار المنتج أودري هيبورن (لم أقل لهم إن هناك منتجاً اختار أمولي... لفيلم مسيو غابي). يقول كميل: إن جولي مع ذلك أخذت الأوسكار عن فيلم «صوت الموسيقى». ويعدني بعد ذلك هامساً بأن يصحبني لنشاهده. يتحدثون عن فيتوريو

دي سيكا وديفيد نيفن وسوزان هايوارث، ثم يحكون عن ريتشارد بيرتون. أسمع مجموعة أخرى يتناقشون كأنهم يتشاجرون، ويتحدثون عن مصر وسوريا والانفصال. كما أعرف أن كمال جنبلاط تلفن يهنئ الأمير فريد الأطرش بقدوم العيد بعد يومين، لأنه سيسافر قبل العيد. أخبر نوال أن فريد الأطرش دعاني للغداء إلى مائدته في العيد، وقال إن دوريس ستؤكد الموعد، وسينتظر كميل أنغلوس أن أتلفن له غداً، وعصام جريدي ذهب وتركني لأن لديه موعداً. لا أدري لماذا أكذب قليلاً على نوال. لا أستطيع أن أقول لها كل الحقيقة. لا أريد أن أعترف بما يُدينني. أهرب من محاسبة نفسي على الكذب. فهل تفعل ذلك نوال أيضا؟!

في تلك الليلة، بعد عودتي من منزل فريد الأطرش، اكتشفت أنها لا تفعل. اكتشفت أنها الأقوى، والأصدق، والأنبل. حدثتني عن فيصل، واسمه الكامل فيصل فيصل. شاب وسيم لكنه قصير القامة. قالت، تخرَّج من الجامعة الأميركية. بدأ عمله الجديد في إحدى شركات والده المصرفية في شارع الحمراء. لدى أبيه سلسلة من شركات السفر والسياحة والعملات. كان قد درس إدارة الأعمال في الجامعة، وتعرفت نوال إليه في مطعم فيصل. كانت جملة «فيصل فيصل في فيصل» بداية التعارف بينهما. حكت له الكثير عن حياتها. لم تتوقع في البداية أن تصل الحكاية إلى تفكير في الخطوبة والزواج، لكن صدقها وبساطتها كما أخبرها، كانا جواز المرور إلى قلبه. كان مصدوماً بالفتيات اللواتي أسماهن صيادات المال والجاه. أخبرته أنها لم تفرط بنفسها، وأن كل السهرات والخروج مع الشبان والهدايا تبدأ وتنتهي بمداعبات خارجية وقبلات. لكنها كما اعترفت له، فهي تريد أن تغسل نفسها الآن من كل «تلك الغبرة»، وتعد نفسها بأن تكون له. تخبرني أنه يحبها بصدق،

وبقوة. يتصل بها أكثر من مرة في اليوم. يستشيرها في اختيار قمصانه وربطات عنقه. يأخذها إلى المطاعم والسينما. عرّفها إلى أصدقائه. دبّر لها أن تصبح سكرتيرة في أحد مكاتب شارع الحمراء. مكتب لاستيراد الأدوات الكهربائية يقع قرب المكتب الذي تعمل فيه جورجيت. سيخبر أهله ويقنعهم كما أكد لها . . . وهي ما زالت تنتظر، لكنها خائفة.

تتنهد ثم ترفع خصلة شعرها الأسود الناعم وتقول، كأنها تحادث نفسها: «ما بعرف . . . أحس أن شيئا ما بدّو يصير». لم يُخفِ عنها فيصل موقف أهله. صارحها بكل شيء. أخبرها أن الحكاية ليست علاقته بها، بل اختياره. هو شيوعي، يؤكد لهم كل يوم أن دوام هذه الحال من المحال، وسوف تنتصر الطبقة العاملة المغلوبة على أمرها. كلما حكى لهم عن أفكاره، قالوا له «بلا أكل هوا». لكنه يصبر ولا يقاطعهم. تخبرني نوال كيف حكى لها عن ابنة فلان . . . وفلان . . . تتحمس وهي تعدّل قامتها وتسند ظهرها إلى السرير: تصوري، كنت لا أصدقه إلا حين رأيت بعيني. يتحدثون عن الشرف وبيوت العائلات، وإحداهن تقفز من شاليه إلى شاليه. يسافرن مع فلان وعلان إلى نيس وكان في رحلات حب وغرام. يتصرفن «أضرب» من «الأرتيستات». إحداهن ضبطها زوجها في شاليه رسام مشهور، فأسكتته بصفقة. تنازلت عن مزرعة من أملاكها. تصوري؟ تتنهد نوال وتقول لي كيف يراها فيصل جميلة ومظلومة. تصبح بين عينيَّ فاتن حمامة في «سيدة القصر». أراها وفيصل أو عمر الشريف يقبلها، ثم يتآمر عليها أصدقاؤه كي يطلقها ويبيع العزبة، ويغشونه بثمنها ويقبضون الفلوس. أسألها: هل لدى فيصل أصدقاء سُوء؟ فتقول إنهم كلهم يحبونها ويحترمونها. فأسأل بإلحاح: هل لديه صديق يأتمنه ويمكن أن يساعدها؟ يعني مثل عمر الحريري؟

صاحت بي مؤنبة: «دلوقت أنا أحكيلك عن الواقع، وإنت عايزة توديني في داهية الأفلام بتاعتك»؟ تنبهني: «يا سلمى يا حبيبتي إصحي... إصحي. حياتنا هنا مش سيما... مش سيما؟ فيصل مش عمر الشريف، وأنا مش فاتن حمامة، وإنت مش سعاد حسني، ومسيو غابي بتاعك مش حسن الإمام».

في تلك الليلة، أخذتني حبيبتك نوال يا سوسو الغالية إلى الواقع، إلى واقعنا. رأيت مدينتنا على حقيقتها. التلفزيون والبرامج والأغاني الهزيلة، التي كانوا يضحكون عليها في بيت فريد الأطرش. غابي كارادوسيان الذي يشحذ المال لينتج ويخرج فيلماً أكتع وأعور، يجلس في مقهى روكسي، حيث ينحشر ممثلون يظنون أنهم عباقرة، يحلمون بالمجد والشهرة بين الأحياء البائسة التي لا تملك غير الفرجة على التلفزيون.

يستجدي أحدهم دوراً أو مشهداً، ويحلم آخر بأن يلتقي بأحد القادمين من مصر، مخرج أو منتج أو ممثل معروف، فيدبر له الحشيشة ويساومه على دَوْر. وفي دائرة أخرى، عالية مثل عرش لا يمكن الوصول اليه، فريد الأطرش وأمجاده، وعائلات بيروت النظيفة والمرتبة، وأحاديث جميلة مثل الكلام على الأفلام والأغنيات، ودائرة نوال ورفيقاتها اللواتي يلعبن دور الكومبارس في كباريهات الزيتونة، وقد تفكر إحداهن في أن تصبح مونولوجست ثم تتراجع. تبوح لي نوال في تلك الليلة عن رعبها من تلك الدائرة؛ عن شبكات الصفقات مع أثرياء البلدان العربية، تُطلَب «الأرتيستات» مثل بضاعة، فتعدّ الواحدة منهن نفسها، والفساتين التي يحبها الثري أو يفضلها وتسافر في أسبوع استجمام. وتكتب المجلات أنها في رحلة تسوّق بين باريس ولندن. تخبرني كيف تُحوَّل الشيكات إلى حسابها فوراً، أو توضع كدسات الليرات أو الدنانير فوق طاولة الزينة في

١٤٤

غرفتها، في الكباريه أو البيت. تخبرني كيف اعترفت لها إحدى المونولوجستات في لحظة سُكْر حزينة، قائلة: «لما بتشوفي كومات الليرات فوق طاولتك، كومة فوق كومة فوق كومة... وإنت حق عشا ما معك... هل فيك ساعتها تقولي لأ...»؟

الفصل الثالث

البث المباشر
برنامج آخر كلام
(من الحلقات الخاصة عن الفنانة الراحلة سلمى حسن)

اليوم الأول

صباحاً

حائط سميك يفصل بين مكتب ضياء راشد، مسؤولة قسم برامج المنوعات في إذاعة BBC العربية، ومكتب المذيع سعد سعد المعدّ والمقدِّم لبعض البرامج، وبرغم ذلك بإمكان كل منهما أن يستمع إلى صوت الآخر وهو يتسلل إليه. يبتسم سعد ويهز رأسه إعجاباً بكلماتها الساخرة اللاذعة، وهي تعاود سماع برامج أذيعت لتعدّ ملاحظاتها عليها، وهي تكتم ضحكتها عندما يبدأ عزف مكالمته اليومية العاطفية لصديقته الاسكتلندية، تفلت منه كلمات غاضبة أو محذرة في شجار عاطفي، ثم يتلاشى صوته فتدرك ضياء أنهما تصالحا.

هما نقيضان في كل شيء تقريباً، باستثناء تفاهمهما وانسجامهما المهني. وعندما يسيران بين ممرات الطابق الثالث، حيث مكتباهما في آخر أحد الممرات المفضية إلى قاعة الإعداد الرحبة، يمكن ملاحظة قامتها الفارعة، وقامته المائلة للقصر؛ بشرتها الحنطية، وبشرته البيضاء؛ شعرها الأسود وتسريحتها الدائمة التي يسميها «نفرتيتي»، وشعره الأجعد الأحمر. تسبقه إلى مكتبه، ويلحق بها عندما يحاول إقناعها بأمر مهم، ويسبقها إلى مكتبها وتلحق به عندما تخبره تفاصيل مفاجأة غير متوقعة، أو خبطة إذاعية، كسلسلة الأحاديث التي أجرتها مع الفنانة سلمى حسن قبل وفاتها بعام واحد.

اقترحت عليه قبل شهرين، وهي تحرك كرسيها الهزاز خلف مكتبها، أن يخصص حلقات في برنامج «آخر كلام» في فترة البث المباشر للفنانة سلمى حسن. الجديد في القضية أن مجموعة من أصدقاء الفنانة وبعض أقاربها، كما يبدو، يطالبون بإعادة فتح ملف التحقيق حول وفاتها، ويمكن الاتصال بهم ليتحدثوا عن دوافعهم، كما يمكن الاتصال بعدد كبير من المستمعين المهتمين بالموضوع، إذ يتلقى القسم كل أسبوع رسائل عديدة، واتصالات تود مناقشة قضية انتحار الفنانة المعروفة أو مقتلها.

بدأ فريق البرنامج يعدّ ملفات كثيرة منذ اللحظة التي تقرر فيها موعد بدء بث الحلقات. سجل سعد أسعد إعلانات كثيرة تدعو المستمعين للاتصال، ووجه الفريق المؤلف من المخرجة ومساعدتين دعوة لأقارب وأصدقاء النجمة الراحلة، وتم الاتفاق مع بعضهم على مواعيد اتصال. وأعدوا مجموعة من أغنياتها وفقرات من أحاديث مسؤولة القسم ضياء راشد معها.

فكر سعد أسعد في كل هذا، هذا الصباح. وهو يعبر صالة الاستقبال في مبنى الإذاعة الضخم في «بوش هاوس»، وفي رأسه لقطات مبتورة من كل تلك الاستعدادات للبث. مرر بطاقته الممغنطة أمام القرص الالكتروني عند باب الدخول الزجاجي الدوار، وعبر بخفة متجهاً إلى باحة المصاعد، إلا أنه غيّر رأيه واتجاهه ومضى يقفز درجات السلم العريض، متوجهاً إلى الطابق الثالث. كانت العاصفة قوية في الخارج لذعت أنفه وعينيه ببرد قارس قبل وصوله إلى المبنى. أحس الآن أنه يُطل عليها من بعيد، يحسها كأنها تصفع الأشجار الضخمة التي تطل من خلف واجهات الزجاج في باحات سلالم الطوابق.

وصل إلى الطابق الثالث عبر باحة المصاعد الفسيحة حيث

الرخام البني يسطع تحت الأقدام، ودلف من باب زجاجي سميك إلى باحة أصغر تُفضي إلى ممرات المكاتب. توجه يميناً ثم يساراً، وسار إلى نهاية الممر. فتح باب مكتبه ودخل ليجد ملف حلقة اليوم بانتظاره. كانت هناك كدسة من رسائل البريد الإلكتروني طُبعت على أوراق، ولائحة بأسماء المستمعين المتوقع الاتصال بهم. عاد وقرأ اسمي الضيفين اللذين سيحضران إلى المبنى ومعلومات عنهما، أحدهما صحافي مخضرم، كان على علاقة خاصة بالفنانة سلمى، كما أكد له أكثر من مرة وأومأ بكلمات غامضة تشي بعلاقة حب ربطته بها. والضيف الثاني: سيدة عاشت معها في باريس، وكانت كما أكدت له بمثابة الأخت والمرافقة وكاتمة الأسرار.

تطلع إلى ساعته، تأكد من أنه جاء مبكراً عن عادته. فتح الكمبيوتر وراجع بريده الإلكتروني. خطر له للحظة أن تكون هناك رسالة عابرة أو قصيرة من تلك المستمعة التي تطلق على نفسها Miss X. كان تلقى منها رسالتين قصيرتين خلال الأيام الماضية، منذ أن اقترب موعد بث الحلقات. لم يجد إشارة منها، بل رأى لائحة ضخمة من الرسائل سوف تطبعها له المساعدة عند وصولها في الظهيرة.

غادر مكتبه متوجهاً إلى باحة المصاعد في الطابق، وهبط بأحدها إلى الطابق تحت الأرضي حيث نادي الموظفين. أمامه ساعتان قبل بدء البث، ولديه الوقت الكافي ليراجع لائحة متصلي اليوم وإشارات قسم الاتصالات، الذي يسجل له أمام كل اسم عبارات تلخص له الموضوع الذي اختاره المستمع ويرغب في مناقشته أثناء البث المباشر.

كان يحمل أيضاً رسائل مشاركات، وأسئلة تلقاها عبر بريده الإلكتروني منذ الإعلان عن هذه الحلقات.

الساعة الثالثة بعد الظهر

في الطابق السابع، وعلى امتداد الممرات، توزعت مكاتب كثيرة، بينها ثلاث قاعات تطل إحداها على الأخرى عبر واجهات زجاجية عريضة.

جلست في القاعة الصغيرة الأولى مذيعة نشرة الأخبار، التي تبث في هذه اللحظة موجزاً للنشرة، بينما كانت ثلاث سيدات يتوزعن في أماكن مختلفة من القاعة الوسطى الكبيرة. المخرجة ومساعدتها، جلستا إلى الجهة اليمنى أمام جهازي كمبيوتر فوق طاولة ضيقة معززة بأقراص الاتصال والمايكروفونات المتحركة. جهازا الالتقاط بالسماعات فوق رأسيهما، بينما جلست مهندسة الصوت وسط هلال من أجهزة الكترونية وكمبيوتر بشاشة ضخمة، فبدت مثل قائد طائرة، أو قبطان سفينة وسط حدوة من آلات القيادة والإبحار.

جلس سعد أسعد في القاعة الثالثة الصغرى مطلاً عبر واجهة الزجاج على قاعة الإخراج. جهاز الالتقاط والسماعة فوق رأسه، يواجهه ضيفاه إلى الجهة المقابلة من طاولة الخشب في الاستوديو الصغير. يعدّلان من وضع جهازي الإنصات والسماعات، بينما يسمع الجميع صوت مذيعة نشرة الأخبار يتردد عبر القاعات.

كانت الاتصالات قد بدأت قبل دقائق، وأضيئت على شاشة الكمبيوتر أمام المخرجة ومساعدتها ومهندسة الصوت وسعد أسعد ثلاثة أسماء لمستمعين ينتظرون إحالة مكالماتهم على الاستوديو عندما يبدأ البث المباشر.

تحدثت المخرجة مع المستمعة الأولى. طلبت منها أن تبقى على الخط، فأضيء اسمها بالأحمر على شاشة الكمبيوتر، وبدأت إشارة التوقيت في الجهاز تشير إلى عدد الثواني والدقائق التي تقضيها

المستمعة في الانتظار ريثما يتم إيصالها بسعد أسعد مباشرة، بينما استمرت المساعدة تتلقى الاتصالات، في مركز الاتصال الرئيسي لتعد لائحة أخرى.

سأل سعد ضيفه بود وأدب: ماذا تحب أن أقدمك؟ فقال الضيف وهو يمسد كرشاً يصطدم بحافة الطاولة:

– مثلما تحبّ يا عزيزي، ولو أني أفضل لقب الدكتور ورئيس اتحاد الصحافة المهاجرة سابقاً ورئيس جمعية الكتابة للكتابة سابقا أيضاً والمسؤول الإداري لنادي التاريخ العربي حين كان لنا تاريخ... ها... ها...

قال سعد بلباقة تدرب عليها:

– سأقدمك إذاً باسم الدكتور والناشط الإعلامي.

هز الضيف رأسه راضيا وتنهد بزفرة حركت أطراف كدسة من الأوراق بين يدي سعد، ثم قال مؤكداً:

– صدقني يا أستاذ سعد أنه لولا مودتي العميقة لك لما وافقت على المشاركة في برنامجك... أنت يا أخي تفتح جروحاً لم تندمل!

ضحك سعد، فقالت الضيفة، وهي تمسح أنفها بمنديل مطرز: أي جروح لا تندمل يا أستاذ بعد خمسين سنة!!

كانت تبدو بنحولها الشديد وشعرها الأشقر المصبوغ مثل ناظرة مدرسة، تجلس قرب مدير بينها وبينه عداوة وسوء تفاهم متواصلان. وفي إشارتها المتوترة أرادت أن تذكّره بالقصة العابرة القديمة التي ما زال يرددها حول علاقته بالفنانة سلمى قبل أكثر من ثلاثين عاماً. هذا ما شعر به سعد وهو يراقب درجة الانسجام بينهما؛ فيجدها شبه منعدمة.

قالت الضيفة سلمى لسعد أسعد: أرجو أن تقدمني كباحثة فنية وأعز صديقات النجمة سلمى.

الثالثة والربع

هتفت الضيفة بصوت نصف مبتلع ونصف مبحوح فاجأ سعد، بعد سؤاله لها، كما فاجأ الضيف الآخر:

ماذا؟ آه، ماذا وماذا وماذا أقول؟ فأنا سلمى... نعم... حتى اسمي يذكرني بها. كانت تناديني «سلمى تو» أي سلمى رقم اتنين، أي والله... كم كان صوتها جميلاً وهي تغني لي وتقول «أنا سلمى وأنا وإنت سلمى تو... يا حبيبتي تو... نعم، تقولها بالإنكليزية. كانت ما شاء الله عليها تعرف الإنكليزية والفرنسية أيضاً. أذكر أنها كانت عندما تتشاجر مع المخرج الشهير دانيال جبران تقول له: «ديسكاستنغ»، وكان يقول لها: إنت اللي ديسكاستنغ... إنت ونص أهلك. هل تعرفين معنى هذه الكلمة؟ طبعاً تعرف... صدقني يا أستاذ سعد...

لم يجد سعد بداً من مقاطعتها فقال بسرعة:

- جميل، أشكرك على هذا الإيضاح. ولكن ما رأيك الآن لو تحدّثينا عن آخر يوم في حياة الفنانة الراحلة؟ هل كنت معها؟ هناك أقوال متضاربة، بعضها يقول إنها توفيت، أو حاولت الانتحار هنا في لندن، لكنها أنقذت لتعيد الكرّة في باريس، وبعضها يقول بل هي توفيت في شقتها في فرنسا.

صاحت الضيفة بعنف كأنها نسيت صوتها الأول المبحوح والضعيف، ما جعل مهندسة الصوت في قاعة الإخراج تسرع بخفض

١٥٤

درجة البث، بينما أطلقت كلماتها كأنها تطلق رصاصاً بالهواء:

- أريد الآن، الآن حالاً، أن أعلن من إذاعتكم الموقرة أن «سلمى وان» لم تمت، وأنها قُتلت، وأنا مصرّة على هذا القول وسأقوله حتى آخر لحظة من عمري.

عادت تشهق بينما أعلن سعد قائلاً: في كل حال، نحن نعرف أن التحقيق أُغلق قبل سنة. وذكر ملخص لتحريات «السكوتلانديارد» أن الوفاة لا تؤكد حدوث جريمة، غير أننا سمعنا أن أصدقاء الفنانة طالبوا بفتح التحقيق من جديد، وحتى اللحظة، لم يجب القضاءان البريطاني والفرنسي بالموافقة أو الرفض.

وما إن أنهى سعد أسعد عبارته حتى فاجأه ضيفه بطلقة من نوع آخر؛ إذ قال، بصوت متهدج، وهو يقطب ما بين حاجبيه:

- يا عزيزي، لا يمكن أن ننساق في موضوع النجمة سلمى إلى إشاعات ونمائم ودسائس. علينا أن نعرف أولاً السياق الذي عاشت فيه هذه النجمة كي نتمكن من معرفة الظروف التي عاشتها، ومن ثم نفهم ما طرأ عليها من تغيير نتيجة هذه الظروف. أولاً، لقد عايشت نجمتنا ثلاث حروب: حرب ٦٧ وحرب ٧٣ وحرب الخليج ٨٠ وكذلك حرب الخليج الثانية، وهذه كلها أحداث رهيبة أثرت في كل فرد عربي في هذه الأمة العريقة و...

- أرجوك يا حضرة الدكتور. أرجوك...

صاحت الضيفة، وكفها يرتجف غضباً:

- ما شأن نجمتنا الرقيقة التي أسعدتنا جميعا بأفلام رومانسية، وأغنيات ظريفة، بهذه الكلمات الكبيرة؟ هل تريد أن تجعل منها مجاهدة أو مناضلة حضرتك؟ يا أخي ما لها هي بالسياسة؟

الساعة الثالثة والنصف

قال سعد:

- يبدو أننا نجحنا في الاتصال بالطبيب النفساني الخاص للفنانة سلمى حسن. مرحباً دكتور نزار أحمد، أنت على الهواء مباشرة في برنامج «آخر كلام»، تفضل.

- مرحباً أستاذ، كيف الحال وكيف الجو عندكم في لندن؟

- بارد كالعادة. لكن سؤالنا حار ومباشر جداً: الفنانة سلمى حسن لماذا كانت تراجعك دكتور؟

- طبعاً، هناك أسرار لا يمكن الطبيب أن يبوح بها. هذه أمانة مؤتَمن عليها، لكني أؤكد للمستمعين، وأعد كل من يسمعنا الآن، بأني سأؤلف كتاباً عن النجمة الراحلة، والباقية في قلوبنا إلى الأبد، وأعني بها «سلمى وان»، وسيكون هذا الكتاب فريداً من نوعه ...

- وبماذا كانت تستشيرك؟

- في كل شيء تقريباً، كل شيء. قبل أن تبدأ بتصوير فيلم. عندما تختار كلمات أغنية. عندما تتشاجر مع أحد أفراد عائلتها. وهنا يجب أن أقول على الملأ إن الجميع كانوا يستغلونها. نعم، حتى أقرب الناس إليها. تصور أنها لم تكن تعرف كم تقبض، وأين هي فلوسها؟

- هل يكون هذا سبباً آخر لإصابتها بالاكتئاب النفسي كما ذكرت زميلتها، التي ما زالت معنا على الخط؟

الساعة الثالثة وخمس وأربعون دقيقة

فتحت المخرجة بسرعة الخط للفنانة المسرحية إنعام، بينما

كانت مساعدتها تحاول الاتصال بمستمعين آخرين ينتظرون دورهم للمشاركة. قالت إنعام من بعيد: أنا معاكم يا فندم، وأحب أن أقول بهذا المجال، إن موضوع الفلوس يزعج كل الفنانين وليس سلمى حسن فقط. الحقيقة أن سلمى مثل الجميع كانت تعلن عن أجرها غير ما هو حقيقي. الكل يعلنون أرقاماً خيالية، ومثلما يقول المثل اللبناني «صيت غنى ولا صيت فقر»، لكن المشكلة تبدأ بعد ذلك مع مصلحة الضرائب التي تحسب الضريبة حسب الدخل المعلن عنه لا الحقيقي، وهنا يصاب الكثيرون بالاكتئاب، خاصة أن الفنان أو الفنانة تتلقى هدايا أحياناً... وتحويلات وشيكات... يعني هدايا... لكنها تذكرها على أنها أجور... يعني... خوفاً من الكلام والإشاعات و...

ـ إلا «سلمى ١»!

صاحت «سلمى ٢»: مش حاسكت... الضيفة الكريمة تشير إلى الهدايا والشيكات التي يحولها الأثرياء العرب المعروفون وغير المعروفين للنجوم والنجمات المشهورين... هي حرة... ولكن إلا «سلمى وان»!

ردت إنعام من بعيد: إنت بتقولي إيه يا حارسة الأخلاق، انت ياللي في لندن!

الخامسة إلا ربعاً

قال سعد ممسكاً زمام الأمر من جديد:

ـ اتهامات واتهامات مضادة. اكتئاب أو حالة إحباط. فلوس وشهرة وإشاعات، هذه حصيلة الحوارات التي تبادلها ضيوفنا حتى

الآن، بين لندن والقاهرة والصومال، وكلها تؤكد الأحجية التي ما زالت تلف حياة نجمة من نجوم الفن العربي ومماتها.

أشارت له المخرجة مستحسنة وهي ترفع إبهامها، وذكّرته المساعدة بأسماء جديدة تنتظر؛ بينما بدأت مهندسة الصوت تحيل المكالمات، عبر إضاءات أسمائها على شاشة الكمبيوتر، أمامه في الاستوديو.

– الآن، لنستمع إلى أكبر عدد من المستمعين يرغبون بالمشاركة معنا. معي اتصال من رغدة عياش من الأردن. تفضلي سيدة أو آنسة رغدة.

– آنسة.. . أنا أقول إن «سلمى وان» قُتلت، والمخابرات في أكثر من بلد هي التي قتلتها.

– شكراً لك. معي الآن فضل. فضل ماذا؟ فضل فقط من السعودية. مرحباً. تفضل:

– «سلمى وان» انتحرت لأنها أرادت الاعتزال، ولم تستطع.

– شكراً لك. الكلمة الآن لهند العطراوي من المغرب:

– «سلمى وان» قيمة فنية ضاعت بسبب الجهل والسطحية المهيمنة على الساحة الفنية العربية عموماً.

– والآن كلمة محمود سالم من الإمارات.

– الكبار قتلوا سلمى حسن كي لا تفضح أسرارهم.

– هناك اتصال آخر. ولكن عفواً. المخرجة تشير إلي إيذاناً بانتهاء الوقت. إذاً، أشكر ضيوفي هنا في الاستوديو، وأشكر كل من اتصل بنا اليوم. وألقاكم غداً في حلقة جديدة من «آخر كلام»، ودائماً مع الفنانة الراحلة سلمى حسن.

اليوم الثاني

صباحاً

ضحكت ضياء وسعد يخبرها بما حدث في الأمس، وأكدت أن ما حدث كان نجاحاً مهماً. المستمع يحب الإثارة والتشويق، قالت له، ثم أردفت: ولكن احذر. نحن هنا لا نفتعل ذلك، بل نستخدمه ونوظفه. إياك أن تفتعل خلافاً يجرح بشكل شخصي.

كان يعرف الدرس، لكنه يتقبله كحديث من القلب من زميلة سبقته في التجربة.

الثالثة بعد الظهر

- كالعادة أعزائي المستمعين، معي في الاستوديو الضيفان اللذان سيرافقاننا في بعض حلقات هذا البرنامج. سأبدأ بسؤال ضيفي الدكتور أنور لطفي عن أول لقاء جمعه بالفنانة الراحلة، وآخر لقاء أيضاً، ولكن باختصار رجاءً.

- يا أستاذ سعد... يا أستاذ سعد، هذا لا يطاق. أنا يا سيدي ما زلت أعيش ذلك اللقاء، ليس لأنه كان مهماً في حياتي، بل لأني استطعت عبر هذا اللقاء أن أسجل منعطفاً خطيراً في حياة فنانة

معروفة، بدأت مثل ساندريللا صغيرة، أو قطر الندى، ثم استطاعت بفضل هذا اللقاء أن تفتح عينيها جيداً، وترى العالم على حقيقته.

‐ وماذا استطعت أن تُريها يا دكتور؟

‐ كان ذلك يا سيدي عندما عملنا معاً في فيلمها الشهير الذي كتبته أنا خصيصاًلها: «تعاليلي يا بطة وروحيلي يا بطة». كانت تسألني عن معاني كلمات تسمعها ولا تفهمها تماماً... تصور أنها لم تكن تعرف الفرق بين الليبرالية والديموقراطية؟

‐ ومتى كان ذلك؟

‐ أعتقد في الستينيات. بلى، قبل هزيمة ٦٧. وبالمناسبة، أنا رفضت كلمة «نكسة» منذ تلك الأيام...

الثالثة والنصف

قال سعد: مرحباً بالفنانة غادة، نجمة المسلسلات الناجحة... وآخرها «التاريخ الأبيض».

قالت غادة بصوت مرتبك:

‐ قصدك مسلسل «تاريخ لن يعود»، يا أستاذ سعد.

‐ عفواً عفواً سيدة غادة. طبعاً قصدت هذا المسلسل بالذات فهو رائع!

‐ على كل حال، هذه مناسبة لأعلن لأول مرة، أن بطولة مسلسل «التاريخ الأبيض» عُرضت علي قبل أن تعرض على الزميلة التي قامت ببطولته، لكني طلبت تأجيل موعد التصوير لأني لم أكن مستعدة.

تنهد سعد، ثم قال:

– أردت أن أسألك سؤالاً محدداً: هل ما زلت تذكرين ظروف مشاركتك النجمة سلمى غناء تلك الأغنية الشهيرة؟

– بالطبع.

– هل يمكن أن تذكّرينا بمطلعها؟

– الكلمات رائعة وفيها معاني جميلة:

ألو... ألو... إحنا هنا

ونجحنا هُوْ في المدرسة

بارك لنا وهات لنا

وياك هدية كويسة

ألو... ألو... ألو...

إحنا هنا.

– أشكرك كثيراً، ما أكثر ما تذكرينه عن سلمى؟

– هل تعلم أننا سجلنا هذه الأغنية أكثر من عشر مرات؟

– عشر مرات؟! لماذا؟

– طبعاً، ما أقوله الآن لا يؤذي ذكراها الغالية. ولكن يجب أن أقول إن علاقتها بالموسيقى كانت ضعيفة. والحقيقة، أنها هي التي اختارت هذه الأغنية، وكانت تحبها كثيراً ومتأثرة بها من خلال أختها الكبرى، التي عايشت غناء سيدة الشاشة فاتن حمامة، والفنانة الرائعة شادية، في فيلم قديم لهما معا.

– فيلم «موعد مع الحياة»، أليس كذلك؟

الرابعة إلا ربعاً

– ألو.

– مرحباً يا أستاذ سعد.

١٦١

– أهلاً . . . أهلاً بالفنانة الناعمة نعمت علي .

– هل أربكتك هذه المفاجأة؟

– الحقيقة، هذه مفاجأة غير متوقعة . . . فأنا أتخيلك الآن غارقة في أحد الاستوديوهات تستعدين للمشهد القادم من مسلسلاتك الكثيرة .

– إنت بالضبط زي ما تكون شايفني . أنا فعلاً في استوديو ٦ في المدينة الإعلامية في ٦ أكتوبر بالقاهرة . وبالصدفة كنت أستريح في غرفتي، وأسمعكم بالراديو . والحقيقة، كمان إني فوجئت بما حدث وأتمنى أن تصححوا لضيوفكم المعلومات اللي بيقولوها عن غيرهم .

– هل هناك معلومات وردت خطأً عن الفنانة الراحلة سلمى؟

– بل معلومات عني أنا يا استاذ سعد!

– عنك؟ لا أعتقد أننا ذكرناك .

– الزميلة العزيزة السيدة غادة، قالت قبل لحظات إن مسلسل «التاريخ الأبيض» كان عُرض عليها قبل أن أمثله أنا، وطلبت تأجيل التصوير ولم تقل لماذا . . . ولكن حاقولها على بياض كده، ان المخرج طلب منها أن تنقص وزنها ١٥ كيلو على الأقل، وأمهلها عشرة أيام . وهي نفسها قالت لي بلسانها: أنا مش عارفة أنزل وزني إزاي يا «نعومة» . أنا ضعيفة جداً أمام المكرونة وحلة المحشي .

قال سعد: أرجو أن تبقى الفنانة نعمت على الخط فهناك تعليق كما يبدو . . .

– أشكرك يا أستاذ أنك أتحت لي حق الرد، قالت غادة . وبهذه

١٦٢

المناسبة أحب أن أذكّر الزميلة المحترمة الفنانة نعمت علي، بأنها أعلنت لي مراراً، أنها أضعف مني مليون مرة أمام صواني أم علي، والفطير المشلتت، والحمام المحشي.

صاحت الفنانة نعمت:

– أنا آسفة... آسفة جداً على هذا المستوى اللي وصلنا له!

اليوم الثالث

الثالثة بعد الظهر

تذكر سعد ما قرأه في الأمس في الأوراق التي أرسلتها Miss X فسأل ضيفته :

– هل حدثتك يوماً عن طفولتها؟

– آه، كتير... ما تتعدش.

– مثل ماذا؟ ما أهم ما روته لك عن طفولتها؟

– كل حاجة.. بيتهم، مدرستها في بيروت، أمها الإسكندرانية الأصل.

– وماذا عن أختها؟

– نعم؟ أختها مين؟

– أختها... شقيقتها... أظن أن اسمها نوال.

– نوال يا سيدي كانت أختها صحيح، ولكن مش الشقيقة.

– معقول؟!

– ومش معقول ليه؟

الثالثة والربع

أعلن سعد: معنا على الخط الآن الفنان التشكيلي جميل صافي.

– ألو... مرحباً.

– مرحباً أستاذ سعد... أهلاً وسهلاً.

– سيد جميل صافي، أنت فنان تشكيلي ومصمم أزياء، وتعاملت لفترة مع الفنانة سلمى، هل يمكن أن تحدثنا باختصار عن ذوقها واختيارها في هذا المجال؟

– أتذكر أن الصبوحة هي من عرّفني إليها، فهي كانت وما زالت... وأطال الله لنا بعمرها، سيدة الأناقة العربية بلا منازع، وكانت تهتم وتساعد كل من هبّ ودبّ. كانت سلمى في تلك الأيام، يعني: عامي ٦٨ و٦٩، صغيرة جداً، لكنها بدأت تلمع بين بيروت والقاهرة. طلبت صباح مني أن أصمم لسلمى فستان سهرة، قالت إنه سيكون أول فستان سهرة تظهر به، وكانت سلمى تعتبر الصبوحة أستاذتها في هذا المجال.

ثم أضاف جميل قبل أن يسأله أحد:

– عموماً، أحب أن أذكر أن فنانة مثل الصبوحة، كانت تعرف جيداً ما يليق لها. وعكس ما قد يشاع أن مصممي الأزياء هم الذين أظهروها وأبرزوها. أقول إنها كثيراً ما كانت توحي للمصمم، وأنا واحد منهم، بفكرة أو بلون، وإن أناقتها ساهمت بإطلاق وانتشار ما نسميه بالأناقة اللبنانية والعربية المميزة.

– أشكرك جداً سيد جميل.

قبل أن يرد الضيف الذي تحدث من بيروت تحيةَ سعد، كان الدكتور رشاد في الاستوديو يرد قائلاً:

– اسمح لي يا سيد سعد أن أصحح وأضيف إلى ما ذكره الفنان اللبناني، وأشير بسرعة إلى أناقة من نوع آخر انتشرت في القاهرة وعمّت البلدان العربية في تلك الأيام، وقادتها فنانات رائعات وملتزمات، أمثال السيدة فاتن حمامة، والسيدة شادية، والأستاذة سميحة أيوب، والعظيمة، القمة التي لا يعلى عليها: كوكب الشرق... أعني: السيدة أم كلثوم. فأم كلثوم لم تطلق صوتها العبقري فقط، بل الذوق الرفيع لفساتين السهرة التي راحت تتبعها فيها سيدات المجتمع الراقي في كل البلدان العربية.

– شكرا دكتور لهذا الإيضاح القيّم، وننتقل إلى موجز النشرة.

الرابعة والنصف بعد الظهر

مرحباً بكم مرة أخرى. فوجئنا بالطبع كما فوجئتم بأن الوقت مضى بسرعة؛ إذ إنه لم يبق لدينا إلا نصف ساعة، سنحاول أن نخصصها للاتصالات السريعة، ولكن... يبدو أننا أمام مفاجأة جديدة، إذ أرى على الشاشة أمامي اسماً لا يمكن أن تتوقعوه...

– ألو، مرحباً، تفضلي سيدتي.

– أنا نوال حسن.

صاح سعد. نوال حسن! هذه هي المفاجأة. قال بعدها:

– مرحباً بك سيدة نوال شقيقة النجمة الراحلة سلمى حسن.

– أشكرك.

– هذه طبعاً مفاجأة كبيرة للمستمعين، لكنها ليست مفاجأة لنا، فنحن أسرة هذا البرنامج نشكرك جداً على موافقتك على مشاركتنا.

– أنا أيضاً أشكركم، لأنكم تذكّرون الناس بفنانة كبيرة ومميزة، يشرفني أن تكون شقيقتي.

– تفضلي سيدة نوال.

– ظلت سلمى في نظري وفي نظر والدتي وعائلتنا عموماً، البنت الصغيرة اللطيفة والجميلة جداً والمحبوبة. يعني، هي كأنها اتخلقت لتكون قطر الندى أو ساندريللا. وأنا لم أستطع أن أراها نجمة، وهي أيضاً لم تتصرف على هذا الأساس... معنا على الأقل.

– هل صحيح أنكما اختلفتما بسبب صوتك الجميل، الذي كان يقال إنه أجمل من صوتها؟

– صوتي أجمل من صوتها، هذه حقيقة. وهي أجمل مني وهذه حقيقة أخرى. واحنا الاثنين كنا نعترف بها.

– كيف يا ست نوال؟ هل تقدمين لنا أمثلة؟

– لما كنا صغيرتين وكنا نعيش في بيروت... في بيت صغير ومحندق على قدنا كده.

– أعرف ست نوال و...

أوقف سعد عبارته، كأنه ضبط نفسه متلبساً بسرقة. رأى نفسه يرى ذلك الكوخ في زاروب الفرن الذي كشفت له عنه Miss X.

قاطع فجأة سرحانه، ووبخ نفسه، وتابع استماعه وارتاح إلى أن ما فاته لم يكن أكثر من جملة واحدة.

– ... وكنا نقف أمام مراية... حتة مراية طويلة ومكسورة، فأقول لها ضحكتك جنان. وتقول لي: عيناك أحلى من عيني... ثم تضحك وتقول السبب أن عيني واسعتان قوي... زي المفاجيع.

لكن أنا طبعاً كنت عارفة قد إيه هي حلوة وطيبة، وكنت أتمنى أحياناً لو أن ربنا أعطاها كمان جمال صوتي...

ـ لماذا ست نوال؟

ـ مش عارفة... الإحساس ده ربما أتاني بعد أن اعتزلت الدنيا و...

يسمع سعد تنهيدة رقيقة خافتة، فيمنح ضيفته لحظة صمت، ثم يقول جاذباً إياها إلى نبرة مختلفة:

ـ تقولين هذا حتى تمنعينا من أن نلتمس منك أغنية من أغنيات فنانتنا الراحلة؟

ـ لأ... اسمحلي... ما قدرش... ما قدرش.

ـ لكنك عملت لفترة في المجال الفني، وغنيت ربما أغنيتين أو ثلاثاً كانت لها شهرة كبيرة؟

ـ هم أربع أغنيات ما فيش غيرهم.

ـ إحدى هذه الأغنيات كانت الراحلة سلمى ستعيدها بصوتها كما سمعنا؟

ـ نعم... ولكن للأسف... توفاها ربنا قبل ما...

ـ هل يمكننا أن نتذكر تلك الأغنيات معك؟

ـ «ماما الحبيبة» و«يا وابور عا بيروت»، وقصيدة للشاعر نزار قباني، تدربت عليها بعد أن لحنها ملحن سوري، لكني لم أسجلها. ولصدف الزمان الرائعة سمعتها بعد سنوات بصوت الفنانة الكبيرة نجاة الصغيرة، ومن ألحان الأستاذ العظيم الراحل محمد عبد الوهاب

ـ ما اسمها؟

ـ متى ستعلم كم أهواك يا أملاً
أبيع من أجله الدنيا وما فيها

- والأغنية الرابعة؟

- هي توليفة من الزمن الجميل تتضمن مقطعاً من أغنية كوكب الشرق «يا صباح الخير»، ومقطعاً من أغنية «لحن الخلود» لفريد الأطرش، ومقطعاً من «شحاذ الغرام» لمحمد فوزي، ومقطعاً من أغنية «غزيل» لنجاح سلام، ومقطعاً من «مشوار» لفيروز... يعني توليفة زي اللي غنتها من بعد كده داليدا في أسطوانتها «حلوة يا بلدي».

- لكن توليفتك كأنها تقول «حلوة يا مصر ويا لبنان».

- بالضبط كدة، لكننا لم نسجلها.

- ولهذا السبب فكرت النجمة سلمى بتسجيل هذه الأغنية، أو هذه التوليفة كما تقولين؟

- أيوه... واحنا حكينا عنها بعد أنا ما اعتزلت، وكانت تتمنى أن أشاركها الغناء، ولو في مقطع واحد، إنما أنا كنت رافضة.

- لماذا هذا الإصرار ست نوال؟

- خلاص بقى... كنت اعتزلت وتزوجت وترملت و... اتحجبت كمان.

- والآن؟

- الآن إيه...

- يعني، هل هناك ممنوعات تعيقك من أن تقدمي لنا مسك ختام حلقة اليوم من برنامجنا؟

- قصدك...

- نعم ... قصدي... كما خمنته تماماً...

- حضرتك بتحرجني...

- أنا آسف فعلاً... لكن لا أظن أنك ستبخلين بإهداء الراحلة هدية تعلمين تماماً كم تفرحها...

- أنت... أنت تُبكيني فعلاً...
- تفضلي سيدة نوال... كلنا آذان صاغية.

مضت لحظة صمت مؤثرة حملته إلى فضاء رسالة الأمس...
تراءت له من بعيد طفلتان جميلتان بين العاشرة والخامسة عشرة،
تجلسان على عتبة بيت قديم، تنظران إلى فضاء من الأزرق
والرمادي، هناك راحت غيمات برقة ندف الثلج والقطن تلاعب
الفضاء، فيما صوت رخيم يردد:

مين قال حاكيته وحاكاني

عاباب مدرستي

كانت عم تشتي

ولولا وقفت رنخت فستاني

شو هَمّ

كنا صغار

مشوار يا عيوني مرق مشوار

* * *

قالوا شلحلي ورد عا تختي

وشباكنا بيعلى

وشو عرّفو إياه تختي أنا

وإياه تخت أختي

بيلفقوا أخبار

ومشوار شفته وما رجع

مشوار

اليوم الرابع

مساءً

ظل سعد يعيد قراءة رسالة Miss X الإلكترونية الرابعة أكثر من مرة. هذه أطول رسالة يتلقاها حتى الآن.

أخذته بعيداً مرة أخرى، بل راح يفكر لماذا لا يكون البث المباشر تعليقاً حول ما تكتبه وترسله له؟ تساءل مرةً أخرى: هل يصدق Miss X التي تبعث له بكل هذا التاريخ الذي يصله؟

تذكر أمراً فاجأه، قبل أن يغلق الكمبيوتر ليستعد لمغادرة المكتب، ولم ير بداً من أن يدير شريط تسجيل الحلقة التي استمر بثها من الثالثة إلى الخامسة بعد الظهر.

حمل الأسطوانة الممغنطة، وأدخلها في الفتحة الخاصة أسفل الكمبيوتر، ثم حرك «الماوس» ووضع السماعات وأغمض عينيه...

* * *

رقم ١٦ - ١٥ - ١٤

- عفواً دكتور، حتى لا نبعد عن الموضوع، هل لديك تعليق ما حول ما ذكرته بالأمس السيدة نوال شقيقة الفنانة الراحلة؟ أتذكر أنك أردت التعليق أكثر من مرة ولكن الوقت لم يسمح.

- آه، صحيح... أنا كنت أحب حينها أن أركز على نقطتين:

الأولى التوليفة الغنائية، التي كانت تريد الست نوال توريط أختها فيها، وأنا لعبت دوراً كبيراً في إنقاذها من تلك الورطة و . . .

– لماذا تقول ورطة؟

– لأن كل إعادة لشيء من الماضي هو كلام فارغ .

تأفف سعد. لا، ليس هذا ما يبحث عنه. عاد يضغط على أرقام أخرى، ويصغي:

رقم ٣٠ – ٢٧ – ٢٦

– ألو . . . مرحباً .

– مرحباً أستاذ سعد . . . أنا أشكرك جداً لأنك لبيت طلبي ووعدتني بالاتصال . . . و . . .

– من يتحدث معي لطفاً؟

– أنا . . . أنا اسمي حنان وأتحدث معك من أستراليا .

– من أستراليا؟ مرحباً .

– أنا كنت اتصلت بكم، وتركت رقمي، والحقيقة أني لم أكن أتوقع أن تتصلوا . . .

– نحن دائماً نفي بوعودنا يا ست حنان أو . . . آنسة حنان؟

– بل ست . . . وعندي كمان طفل .

– الله يخليه .

– أشكرك . . . الحقيقة، أنا أحببت أن أحكي بموضوع له علاقة بوالدتي، رحمها الله .

– تفضلي .

– أنا طبعاً، لا أعرف النجمة المحبوبة إلا من خلال الأفلام والأغاني، ولكن لها معزة خاصة في قلبي، لأن أمي . . . أمي الله يرحمها . . . سامحني . . . أنا متأثرة جداً .

١٧٢

- لا بأس «خدي راحتك».

- النجمة سلمى كانت أمي تعرفها، وهذا الكلام يعود إلى سنوات بعيدة، لأني أنا نفسي لا أعرف شيئاً عن هذه المعرفة.

- ومتى تعرفت إليها أمك؟

- كانت أمي تقول لي كلما رأت أحد أفلامها أو سمعت إحدى أغنياتها، إنها تعرفها، لكنها لم تكن تحكي لي شيئاً. إنما بعد أن هاجرنا إلى أستراليا. وقبل أن تتوفى، حكت لي الحكاية. قالت لي إنها مثلت مع سلمى في تمثيلية قديمة جداً عُرضت في تلفزيون تلة الخياط في بيروت. قالت إن سلمى كانت صغيرة جداً، وهي كانت أكبر منها بست أو سبع سنوات.

- وما اسم التمثيلية؟

- كان اسمها «غزل البنات».

- ماذا أخبرتك أمك عن الفنانة سلمى؟

- كانت تقول لي دائماً لو أن أهلي كانوا يصدقون أن الفن محترم لكنت ضليت أمثل مثل سلمى، ولكنهم منعوني بعد تمثيلية واحدة معها، ولم يكن عمري أكثر من ١٨ سنة، وكان عمر سلمى ١١ أو ١٢ سنة.

- هل تذكرين شيئاً معيناً عن تلك التمثيلية؟

- أذكر فقط من خلال ما حكته أمي أنها لم تسجَّل، وكانت تعتبر ذلك من حظها، أن التمثيلية عُرضت مرة واحدة فقط، ولكن أخاها، خالي يعني، هددها بالقتل بعد أن أخبره الجيران أنهم رأوها على التلفزيون.

- ألم تتصل أمك بعد ذلك بسلمى؟

- أبداً، قالت لي إن سلمى وأهلها سافروا إلى مصر، وإنها

١٧٣

هي تزوجت بأبي، وكان متشدداً أيضاً مثل بيت جدي، لكنها شعرت بالحرية عندما هاجرت معه إلى سيدني في أستراليا حيث ولدت أنا، وما زلت أعيش.

- وكيف تجرأت لتروي لنا تلك الحكاية الآن؟

- لأنهم كلهم ماتوا ... أمي وسلمى وأبي وأخي ... و ... زوجي كمان.

- رحمهم الله جميعاً!

- ورحمنا وإياكم أستاذ!

- نشكرك جداً. هل ترغبين في أن تقولي شيئاً آخر قبل أن نودعك؟

- أقول إن الفنانة سلمى حسن كانت أكثر جرأة من أمي رغم أني لا أعرف شيئاً عن حياتها، ولكن على الأقل أعرف من خلال أمي أن أكثر العائلات في بيروت في تلك الأيام كانوا متشددين ويخافون من الفن، ويعتبرونه عيباً كبيراً. حتى أن البنات والشبان، يخافون أن يفكروا فيه. ربما يكفي أن أقول لك إن أمي أسمتني حنان، وأسمت أختي الكبرى سلمى. ولم يعرف أحد إلا أنا سر هذين الاسمين.

- وما سرهما سيدة حنان؟

- السر الأول أن أمي أرادت أن يكون اسم أختي على اسم الفنانة سلمى، والسر الثاني أن اسم أمي الفني كان «حنان ثروت»، وسمت نفسها كذلك لأن عينيها خضراوان مثل عيني الفنانة زبيدة ثروت.

اليوم الخامس

صباحاً

من آخر الممر، أشار إليه زميله خالد حركة بيده، فهم منها أن يشاركه الغداء في «الكانتين»، في الطابق تحت الأرضي من المبنى. فكر سعد للحظة، ثم أشار إليه أنه سيلحق به.

الواحدة ظهراً

مذيعات، ومخرجون، ومعدّو برامج، ورؤساء أقسام، يتوزعون حول الموائد وأمام الصوانات، يثيرون جواً من الضجيج المحبب. يشعر سعد هنا بأنه خارج المبنى. فبعكس الهدوء الذي يكاد يكون شبه تام في الطوابق العليا، تضج الأصوات وتمتزج بروائح المشويّات، والبخار المتصاعد من قدور الحساء وأطباق المأكولات المختلفة المرصوفة بأناقة خلف صوانٍ زجاجية، يمتد ويلتف على جوانب مساحة «الكانتين» حيث تتداخل قاعتان ضخمتان لتشكلا حرف L المعروف في تصميمات البناء.

جلسا، وأمام كل منهما طبقهما المفضل من السباغيتي بالجبن والسلطة الخضراء.

ـ أبشر يا عم... بقيت نجم أشهر من سلمى حسن!

١٧٥

مازحه خالد، ثم سأله عن استعداده للبث بعد ساعة فهز سعد برأسه.

ثم تذكر شيئاً فقال:

– سمعت حلقة أمس؟

– آه، وأعجبني الصراع السياسي العبيط بين المصمم اللبناني وضيفك المصري...

– معك حق ما دخل سلمى حسن بالأناقة اللبنانية والمصرية؟

– فيه حاجة تانية متهيألي حتلاحظ بعد شوية... ويمكن لاحظت أن سلمى بالذات عليها انقسام، يعني المصريين بيعتبروها بتاعتهم، واللبنانيين بيعتبروها «إلهم» زي ما بتقولوا...

– يمكن هيدا صحيح.

– بس المهم هي بتعتبر نفسها مين؟

– ما هي ماتت وشبعت موت مثل مابتقولوا!

– أما دي حكاية لوحدها... على فكرة هي ماتت إزاي يا سعد؟

– يووه... إنت كمان يا خالد حا تصير مستمع؟!

الساعة الثالثة بعد الظهر

بدأ النقاش منذ البداية مثيراً وساخناً، كما عبّر عنه سعد وهو يستقبل ضيفيه الجديدين: الكاتبة سمر الأمين والناقد سمير رمزي.

– أعزائي المستمعين، كنا قبل لحظات نتحدث عن مسألة أعتقد أنها تهمكم، وهي إلى أي حد يمكن أن تؤثر الحياة الشخصية في عمل الفنان وإنتاجه؟ ومن ناحية اخرى إلى أي حد يستفيد الفنان من

١٧٦

عمله أو من الفن عموماً لتطوير نفسه؟ وطبعاً، لن يعجبكم الحديث بدون أمثلة. . . أليس كذلك سيدة سمر؟

- أتفق معك كثيراً يا أستاذ سعد. ومثالي هو: هل استفادت الفنانة سلمى من أعمالها في تطوير نفسها؟ أولاً، بدأت سلمى حسن مع أعمال تكاد تكون مضحكة. وأنا كباحثة اطلعت على بداياتها عندما كانت في سن المراهقة، ثم في أفلام يمكن أن نقول عنها أفلام مقاولات، لكننا نجد أنها منذ فيلم «الروح» وفيلم «الجوع»، ارتبطت بالأوضاع الاجتماعية، حتى لا أقول السياسية، لأن السياسة للأسف تحرق الفنان عندنا. . .

- أشكرك سيدة سمر الأمين على هذا التعليق، وسآخذ الآن المكالمة الأولى.

اليوم السادس

الساعة الثالثة بعد الظهر

بدأ سعد بتلقي اتصالات مستمعيه كالمعتاد:

- ألو . . .

- مرحباً أستاذ سعد . . . اسمي غياث، وأتحدث من الأردن، وأتساءل أليس الكثير من الأغنيات التي تغنيها المطربات اليوم مأخوذة من المطربات السابقات، ومنهن سلمى حسن.

- ستجيبك الأستاذة سمر الأمين . . . تفضلي.

- معك حق تماماً أخ غياث، والمؤسف أن أصول هـذه الأغنيات تضيع. والمؤسف أكثر، أن البعض ينسب الأغنية إلى نفسه، سواء المؤلف أو الملحن أو من يغني.

قال المستمع:

- أنا أسمع أحياناً أغنيات، وأقول في نفسي إني سامع هذه الأغنية من قبل، رغم أني لست كبير السن. لكن حتى الأهل يقولون إنهم سمعوها، غير أنها تُقدَّم لنا على أنها جديدة، مثل أغنية «أمانين» مثلاً التي تغنيها المطربة ديانا حداد.

قال الضيف:

- نعم، هذه الأغنية كانت تغنيها المطربة نزهة يونس في

التلفزيون، وفي الحفلات، في البلدان العربية التي تزورها .

– ولماذا لا يُعلَن هذا، ولا تُعرَف الأغنية القديمة مثلما تُعرَض أغنيات عبد الحليم حافظ مثلاً، وغيرها؟

– لا أدري. . . ربما لم تُسجَّل أو. . .

تذكر سعد فجأة ما قرأه في رسالة Miss X بالأمس. حكت له عن البث المباشر للتمثيليات . وهذا بالطبع ينسحب على بقية البرامج كما يبدو . أسرع يشكر ضيفه على الهاتف ويسمع تعليق ضيفه في الاستوديو. . .

اليوم السابع

الثالثة والنصف

كان سعد ما زال مسكوناً برسائل Miss X. خطر له لو أن نوال، شقيقة سلمى، تفاجئهم باتصال تخبرهم فيه هل صحيح أنها عملت في كاباريه النجوم، وماذا بررت لأختها عملها «أنغاجيه»؟

فوجئ في تلك اللحظة وهو يسمع الكلمة نفسها على لسان ضيفه الأستاذ سمير رمزي. سمعه فجأة يردد الكلمة نفسها «أنغاجيه... أنغاجيه...». هل كان الضيف يقرأ أفكاره؟ أم أن أفكاره هي التي أعادته إلى كلمة الأمس، بعد أن سمعها على لسان الضيف؟

وجد نفسه يتابع بشغف ما يردده سمير رمزي من دون أن يتأكد من اللحظة التي وصل الحديث فيها إلى هذه النقطة.

قال ضيفه:

– المهم أن المخرج المعروف يوسف شاهين نفسه، يحكي عن علاقته بالالتزام بشيء يشبه النكتة. هو يقول في حديث صحافي له إن أحد المخرجين الفرنسيين سأله بعد عرض فيلمه «جميلة»، والمظاهرات التي سببها الفيلم وإحراق السفارات الفرنسية Vous etes engajez؟ فاعتقد كما يقول، أن الرجل الفرنسي يسأله هل هو

١٨٠

متزوج؟ لأن كلمة أنغاجيه تعني أيضاً الارتباط بزواج... ويقول إن الرجل كان يقصد في سؤاله له، هل هو ملتزم سياسياً؟

ضحك الضيف وهو يردد... هل ترى المعنى الملتبس لقضية الالتزام؟!

قال سعد:

– إذاً، كلمة «أنغاجيه» يمكن أن تعني الارتباط بالزواج، وتعني أيضاً الالتزام السياسي...

– تماماً قال الضيف، فسأل سعد فجأة:

– هل هناك معانٍ أخرى للكلمة؟ يعني ما يزيدها التباساً كما يقول الأستاذ رمزي؟

كان يوجه سؤاله للكاتبة سمر الأمين، التي ابتسمت وهي تقلّب بعض صفحات كتابها، كأنها تذكّر سعد بوعده لها، بأن تكون هناك إشارات خلال الحوار عن الكتاب. فوجئ بها تقول:

– أطرف معنى لكلمة «أنغاجيه» وأغربه، كان ينتشر في عالم آخر بعيدٍ جداً عن عالمنا، وعالم معظم الذين يستمعون الينا الآن. وهذا المعنى، يرتبط هنا بالقاموس الاجتماعي الذي يصف بعض الفتيات اللواتي يعملن في الملاهي الليلية بأنهن «فتيات الأنغاجيه».

– ماذا تعني الكلمة هنا تماماً سيدة سمر؟

– هي في هذا المجال، تعني ارتباط الفتاة بالجلوس إلى طاولة زبون الملهى. أما في المفهوم الشائع في ذلك العالم، فتعني أنها تتحدث معه وتسلّيه وتشجعه على أن يطلب المزيد من الشراب، أي تلعب دور النديمة.

– هل هناك فرق بين ما كان يحدث في الواقع، في هذا المجال، وما نراه في الأفلام؟

- نعم، ففي بحثي في كتابي «تاريخ الفن وتاريخ النجوم»، وجدت أن فتيات كثيرات عملن في الملاهي كفتيات «أنغاجيه» فقط ولفترة محددة، وبلا علم من أهلهن، أي في فترة المساء فقط، وقبل أن يبدأ برنامج الكاباريه في منتصف الليل.

- وماذا إذا عرف الأهل أن ابنتهم تقوم بهذا العمل؟

- حسب البحث الذي قمت به، والذي اعتمد على حكايات من أناس عاشوا في تلك الفترة في كل من لبنان ومصر وحلب، أو ما كانوا يسمعونه، فإن معظم الفتيات كنّ من بيئة فقيرة جداً، يعني معدمة. غير أن هذا لا يعني أنهن كن من عائلات مفككة او فاسدة. لكن ما يمكن التأكيد عليه، أن الكثيرات كن يعملن خفيةً، ويتحججن أثناء تغيبهن عن البيوت حتى العاشرة ليلاً، بأنهن يعملن في فترات إضافية، سواء في التمريض، أو معامل الخياطة أو بدالات الهاتف العام، وغيرها.

- وكم كانت أجرة هؤلاء الفتيات؟

- كن يأخذن نسبة مئوية من ثمن ما يطلبه الزبائن، إضافة إلى أجر محدد يمنحه مالك الملهى أو مالكته لهن.

الثالثة والنصف بعد الظهر

- ألو... مرحباً ستنا.

لعلعت ضحكة في مكبر الصوت الذي يصل إلى سعد وضيفيه عبر السماعات، وقالت صاحبة الضحكة:

- أهلا بالأستاذ سعد... ولو أني أحب أن آخذ راحتي وأقولك «سعودي» كما أحكي معك بدون رسميات.

- خدي راحتك ستنا... إنت بتموني.

- أشكرك جدا يا أمير .

- أنا مش أمير ست الكل.. . أنا سعد!

عادت ضحكة الفنانة الاستعراضية أشواق تكركر وهي تقول:

- ما فيش أظرف من كده.. . إنت ما طلعتش ممثل ليه؟ مش كنت حاتشتهر أكثر وتاخد فلوس أكثر؟

- احكي لنا رجاءً عن رفضك للفنانة سلمى لما جاءت إلى القاهرة، وهذا كان بشهادتك كما أعلنت في الصحف .

- آه، صحيح.. . وده حصل وأنا لا يمكن أن أنفيه وكنت قلت لها هذا في وجهها... كانت صغيرة جداً وبكت... قال إيه جابوهالي على المسرح وقالوا حتشارك بالبطولة كده حتة واحدة.. .

- ومتى كان ذلك ست أشواق؟

- أظن يا عينية سنة ٧١ و٧٢، كانت قصيرة ورفيعة كده وما فيهاش إلا عيون زي البقر، وأرادوها ان تصبح بطلة هكذا من الباب للطاقة. والمؤلف حضرته قال إنه سيغير في النص عشان يناسب الدور بنت صغيرة عمرها ١٨ أو ١٩، قالها للأسف بكل وقاحة وأنا طبعاً قلت له: مش ممكن ده يحصل... وعلى جثتي .

- هل نفهم أن رفضك لها لأن الدور كان غير مناسب لها؟

- اسمع يا سعد، أنا حاقولك الحكاية زي ما حصلت تمام، وأرضي ضميري وأترك كل ده للتاريخ . أنا كان عندي موقف من البنات المايصات اللواتي يفرضهن بعض المنتجين أو المؤلفين .

- هل تدخل الفنانة سلمى في تصنيفك هذا؟

- اسمعني بس وخلّيني أكمل للآخر .

- تفضلي .

- الحكاية مش سلمى أو عفراء أو مدام X. الحكاية أني كنت

أشوف أنه بعد تعبنا إحنا الممثلات الرائدات اللواتي نجحنا بالدم والدموع، تأتي بنات صغيرات كده وعازوين يطلعوا بسرعة الصاروخ.

- ولكن قيل إن رفضك لها كان لأنها لبنانية وليست مصرية، كما ذكرت الصحف في تلك الفترة؟

- غير صحيح الكلام ده... وأنا بقولها الآن ولا أخاف من أحد... وأنا اعتزلت واتحجبت والحمد لله مش خايفة غير من ربنا.

- ما السبب إذاً في رفضك لها؟

- زي ما بقولك... كن صغيرات وجاهلات، ولا واحدة فيهن داخلة المعهد أو داخلة معترك الحياة زي ما بيقولو... يعني أنا مثلاً لم أدخل أي معهد تمثيل أو موسيقى أو رقص، ولكني كنت أجيد هذه الفنون الثلاثة. ليه بقى؟ لأني تتلمذت على يد الراحل العظيم عبد الوارث عسر وزكي طليمات، وكانوا عباقرة في اللغة العربية السليمة. وتدربت على هز وسط الفنانة الخالدة تحية كاريوكا، وخطوات باليه نيللي مظلوم. وكنت لا أفوّت حفلة لعبد الوهاب ولا لفريد الأطرش، وأدوّر الشرايط ليل نهار حتى أتعلم سماع الموسيقى على أصولها.

- لكن ستنا، حضرتك تعلمت كل هذا أثناء امتهانك العمل الفني، التمثيل والرقص والمسرح، وليس قبل هذا... فكيف تريدين لفتاة في العشرين أن تتقن كل هذه المعارف قبل أن تبدأ مشوارها الفني؟

- على كل حال، سلمى نجحت وكبرت، ومش مهم بقى إذا رفضتها أو قبلتها.

- إذاً، أنت لم ترفضيها لأنها لبنانية؟

- لا تقل لي رجاءً لبنانية ولا سورية... ما هم كلهم كانوا بييجوا وناخدهم بالأحضان، من فريد الأطرش وصباح وواردة وفايزة وذكرى لغاية دلوقت وسميرة سعيد وكاظم الساهر والبنات الجداد الشقراء والحمراء والتكنيكولر اللي بيغنوا مصري على خليجي. وعدّ عندك حتى تتعب ... ولا إيه؟

- بل آه ست أشواق... آه كم هو مؤسف أن أضطر لإنهاء هذا الحديث الممتع لضيق الوقت كما تعلمين

- طيب، مرحباً بك في كل وقت يا أخا العرب ... ها... ها.

عادت ضحكتها تلعلع في الاستوديو، بينما اختار سعد والمخرجة أن يُنهيا حلقة اليوم على صدى ضحكتها.

الفصل الرابع

من أوراق سلمى
ورسائل Miss X إلى سعد

اليوم السابع

مساءً

From: Miss X
Sent: 28th December 2004 - 09:09pm
To: Saad
Subject: Salma's Papers

هذه هي الإسكندرية.

تقترب الباخرة بنا من لون رمادي، وعمارات بعيدة، ولسعة برد رطبة.

لا أرى منظراً أو مَعْلَماً، لكني أردد: كم هي بديعة!

ضحكت نوال. أحسستها مثلي تطبق على شعور غامض بالسفر والرحيل، بالجديد والمتوقع. تهمس لأمي: «مش مصدقة نفسي. إحنا في حلم ولا في علم؟».

أنظر إلى أمي كأنها تريد أن تبكي. هل تفرح لعودتها إلى مدينتها، أم تحزن لأنها تكتشف غربتها؟ أأنا من يقودها الآن؟

كنت أُبعد تلك الخواطر التي حطّت بين رأسي وعيني، وأتطلع إلى باحة الميناء. أراها مختبئة داخل ضباب يزيد مشاعري تدفقاً.

١٨٩

أسمع أمي تهمس «الشبورة». ثم تقول لنا وهي تضحك كأنها اكتشفت دورها في هذه الرحلة: بلبنان نسميها «غطيطة».

تطلعت إليها. رأيتها جميلة ورأيتني أشبهها وبيننا نوال تذكّرني بأبي الذي أريد أن أنساه. تلفتت أمي تبحث عن مخرج السلم الذي سنهبط منه. أسرعت أقودها وأقود نوال. لا أدري لماذا أحبهما في لحظة، وأضيق بهما في لحظة أخرى. لماذا أنقضّ على أمي كلما أطلقتْ كلمة لا تعجبني، وأقفز لأعانقها كلما أفرَحَتْني بكلمة أو رأي يلائمني؟ أُسرع قبلهما إلى الجهة الخلفية من سطح الباخرة، حيث كنا نطل إلى باحة استقبال المسافرين والعائدين في الميناء. أتلفت اليهما، أطمئن إلى خطواتهما خلفي. تكاد أمي تتعثر بحذائها ذي الكعب العالي، الذي أصرت نوال على أن تنتعله لأنه يظهر شياكة فستانها الأسود وشالها الشيفون. تبدو نوال كبطلة رياضية ببنطالها الجينز وقميصها الأحمر المخطط موديل «قميص بابا». أندم للحظة حين أتذكر أني أعطيتها كل المبلغ الذي أعطاني إياه كميل أنغلوس، وقلت لها إنها المسؤولة المالية.

ما الذي يجعلني ألاطم مشاعري نحو نوال وأمي فأعلو وأهبط في كل طرفة عين؟

كم كنت قاسية عليهما! كم سخرت من نظرات أمي وحركات نوال! كنت أتشفى وأنا أراهما في مدينتهما كطفلتين تائهتين، وهما الأكبر والأكثر جهلاً مني. أتطاول لأُشعرهما كل لحظة أني القائدة، فلولاي لم تكونا هنا، ولما كانت في حقيبة نوال تلك الرزمة.

أين حسنين؟

قلتها مثل هند رستم، وأنا أعدّل قبعتي وأرى حولنا المسافرين والحمّالين. نساء ورجال يتعانقون، وأطفال يركضون. حقائب جديدة

وقديمة تُحمَل على الأكتاف، وصناديق من القصب، وصرر وأصوات قوقأة دجاج. بعض القطط تركض بين الأقدام، وأنا أتلفت كأني أنتظر أهلاً سيرحبون بي ويعانقونني كما يفعل هؤلاء المستقبلون.

أردد كآلة كأني أود أن يسمع الآخرون صوتي:

– حسنين فين؟ مش معقول كده يا ربي!

تنتابني فجأة، موجة عارمة من الغضب لا أدري من أين ألتقطها. أصبحتْ فجأة في رأسي، وقادتني بخطوات سريعة متمردة خارج باحة الميناء، حيث اصطفت سيارات التاكسي الصفراء. أشرت إلى واحدة وقد قررت أن نستقل تاكسياً ولا ننتظر حسنين وأشكوه إلى كميل ليؤدبه. لكنه هرول نحونا بعد قليل، بينما كنا نضع الحقائب في التاكسي. عرفنا كما قال من ملابسنا وكما وصفنا له «كميل بيه»، سحب الحقائب من صندوق التاكسي واعتذر للسائق، وأسرع يفتح لنا أبواب سيارة الرينو الكحلية، وكانت جديدة ونظيفة.

رأيته طويلاً إلى درجة مضحكة تحولنا إلى أقزام أمامه. حتى أمي ونوال نظرتا اليه أكثر من مرة تتأملان طوله، أما أنا فرحت أرقب نحولته التي لم أر لها مثيلاً من قبل، كأنه قصبة رفيعة. لكنّ شيئاً في وجهه أراحني، لعلها نظرته الكابية الحنون. أما خداه فكانا تجويفين تحت عظمتين ناتئتين (ملاحظة إلى السيد سعد: هذا التدقيق في التعابير وغيره مما سيأتي في الأوراق التالية أجرته Miss X لإيضاح ما أرادت سلمى أن تصفه).

قميصه أبيض موشح بآثار غبار وتلوث الوقود؛ بنطاله بني مبقع بآثار طعام، تقصر حافتاه ليظهر جورباه المتهدلان حول حذاء مترب. كان سريع الحركة والابتسامة، يتمتم بكلمات بصوت خافت لا أفهم منها إلا «سيادتك» و«كميل بيه» و«الإسكندرية نوّرت» و«ما تشوفوش

وِحِش». أردت أن يأخذنا إلى أوتيل البوريفاج، فهناك كان لقاء عبد الحليم حافظ بفاتن حمامة في فيلم موعد غرام. لكن كميل حجز لنا في سان ستيفانو. قال لي إنه أفخم وأكبر فندق في الإسكندرية. سألت حسنين: أيهما أحلى؟ فقال: سان ستيفانو «ما فيش كلام». ولكن لماذا يظهر البوريفاج في الأفلام ولا يصورون سان ستيفانو؟ إنه فندق النجوم. يقول لي: تعرفي حضرتك أن سعاد حسني بتلعب «السكواش» هناك؟ وليلى فوزي تسبح في «السويمنغ بول»؟ كنت أسمع تلك الكلمات لأول مرة.

أسكت لأفكر فيهما؛ بينما يتطلع حسنين من النافذة باحثاً عما يخبرنا عنه.

تمضي السيارة بنا وسط ضباب يذكّرني بسوق الغرب. تصلني نتف من كلمات حسنين عن أماكن تصوير الأفلام حسب السيناريو، ومنها فندق بوريفاج ومحطة الرمل والعجمي وغيرها. يشرح لي، كأنه يتحدث مع سائحة أجنبية، فأضحك، وأنظر إلى أمي التي توسطتنا في المقعد الخلفي فأرى عينيها ترتعشان بنظرات تائهة. هل تفرح لعودتها إلى مدينتها؟ أم تخاف من الماضي؟ أنشغل بها قليلاً ثم أنساها، وأرى نوال تبحلق من النافذة وتستعد لتكوين رأي يمنح الإسكندرية جائزة، أو يحكم عليها بالإعدام. يقول حسنين إننا ما زلنا في الصباح المبكر والشبورة ستشف تدريجياً. يتجه بنا إلى محطة الرمل. أتوقع أن أرى ذلك الخليج العريض حيث تتلاطم الأمواج عند سد هلالي بينما ترتفع العمارات ببلكوناتها الفسيحة في الجهة المقابلة، لكني أرى شوارع صغيرة نظيفة وهادئة. يقول حسنين إننا في شارع الرصافة بمحرم بك، ثم نمر بميدان الجمهورية، وأرى الترام ومحطة قطار مصر ثم نعبر الكوبري. وأتيه محاوِلةً اكتشاف الإسكندرية، مدينة أمي وأجدادي، فتأخذني الأفكار إلى احتمالات لا أحبها. أتنهد وأذكّر

١٩٢

نفسي كل لحظة بأني هنا، في الإسكندرية، وأني قوية بما في حقيبة نوال، وبالغرفة المحجوزة في أوتيل سان ستيفانو. ثم يوقظني صوت حسنين الذي يشير إليّ إلى دور السينما. هذه سينما ستار وهذه سينما أمير، بينما السيارة تدخل في شوارع ضيقة ثم عريضة ثم تتجه إلى شارع فسيح وتلتف إلى ربوة تنتهي عند مدخل عريض مؤطر بالأشجار الضخمة، لنصل إلى باحة معبدة تمتد أمام واجهة زجاجية ضخمة، وشرفات تطل من المبنى الذي يمتاز بعرضه واتساعه. نهبط من السيارة فأتلفت لأرى الحدائق الممتدة، وأبحث بنظراتي عن سعاد حسني، فأرى شاباً يهرع ليساعد حسنين على حمل الحقائب.

قادنا إلى الداخل عابرين الباب الزجاجي الضخم. كنت أحس أن عبد الحليم حافظ وفريد الأطرش وسعاد حسني وشكري سرحان سيكونون جميعاً في استقبالنا في صالون الفندق بعد لحظة.

✳ ✳ ✳

لم تكن غرفةً تلك التي حجزها لنا كميل في الطابق الثالث في أوتيل سان ستيفانو، كانت جناحاً جميلاً suite يضم صالة فسيحة تفتح على غرفة نوم تفوقها عرضاً، فيها ثلاثة أسرّة كبيرة وخزانة على امتداد الحائط. وتطل من شباك عريض على حدائق الفندق والمسابح، بينما تمتد شرفة في موازاة واجهة تطل على الشاطئ. الصالة تحتوي على طاولة وكراسي من الخيزران الأبيض، كانوا يضعون عليها صواني الفطور كل يوم من دون أن نطلب منهم. وكان هناك مطبخ أنيق يفصله عن الصالة بار صغير، فرحت أمي به، وراحت تعدّ لنفسها الشاي وتدندن. في اليوم الأول لوصولنا كنت مأخوذة، يجذبني سحر ما، فأرى المكان وأنا بداخله كالحكاية. تصغر أمام عيني نوال وأمي وأراهما كشبحين، بل يخطر لي أحياناً أنهما ملاكان يحميانني، لهذا كنت لا أفكر فيهما، بل كان علي فقط

١٩٣

أن آمرهما، أو أستمع إلى ما تقولانه لي. لم تعد أمي تأمرني، وأخذت نوال تنصحني أو تقترح علي مسألة كأنها تتودد لي. تحكي وتحكي ثم تقول وهي تنظر إلى حضنها وتفرك يديها: «الأمر أمرك على كل حال والشورة شورتك». لم أكن أعلم تماماً ما هو أمري. كأني لا أفكر إلا باللحظة التي أكون فيها أتحرك أحياناً، كأني منومة أو ممغنطة، ليس في رأسي إلا نتف من وعود وأحلام أني سأقرأ اسمي ذات يوم على إحدى هذه اللافتات التي تملأ شوارع الإسكندرية، مثل: «معبودة الجماهير»، اللقاء الثالث لشادية وعبد الحليم بعد غياب. . . حفل أم كلثوم هذا الشهر في سينما «الهمبرا». صباح في حدائق المنشية، وحسنين يقول إنها ستغني عالضيعة التي لحنها لها محمد عبد الوهاب، نجاة الصغيرة في حفلة جديدة. . . حفلات وأسماء أماكن، وأغنيات وأفلام أراها تركض أمام عيني وفي رأسي، بينما يقود حسنين سيارة الرينو الكحلية في اليوم التالي ليقلنا إلى التافرنا التي أحبتها نوال، وفي اليوم الثالث إلى مقهى ديليس، حيث تقول أمي إن الكاتوه الذي يقدمه طازج.

لا أدري إذا كنت أفكر في كميل. شيء ما لا أدركه، يجعلني أنساه ما إن أبتعد عنه، رغم أنه يرافقني بكل شيء: بالأموال وغرفة الفندق، وحسنين الذي يذكر اسمه كل لحظة. يحكي عنه كأنه أمير أو أب. أضيق به عندما يقول ذلك، كأني أريد كميل بلا صفة. أريده ساحراً أو ملاكاً، أشعر به ولا أراه، أو أطلبه عندما أريد. ومع ذلك أذهب إلى محل لمبروزو في المنشية وأشتري له عطراً رجالياً، تؤكد لي البائعة أنه أحدث الموجود، وهو مستورد من فرنسا. تعجبني الزجاجة المستطيلة الرقيقة. أراها تشبه حسنين في طولها ورفعها. تلفها في ورق ذهبي، وأقرر أن أهديها له حال وصولنا إلى القاهرة بعد يومين.

نذهب إلى محطة الرمل وأحاول أن أجد نفسي في مشاهد طالما رأيتني بها داخل الأفلام تحت لحافي، فأُخذل ولا أرى شيئاً. المدينة كبيرة تكاد تبتلعنا. نوال صامتة معظم الوقت، وأمي تصبح كأنها ابنتي، وأنا قائدة تكتشف كل لحظة أنها تقود معركة وهمية وهي مغمضة العينين. أفتحهما في تجوالنا، أبحلق، أتأمل الموج، أكتشف أني أكبر، وأن كل الأحلام الجميلة ستبقى منذ اليوم داخل رأسي، وأن ما أراه في الفيلم أو الحلم أجمل بكثير مما أعرفه وأعيشه. عندما عدنا إلى الفندق في ذلك اليوم، وجدتني أصبح ربما للمرة الأولى داخل مشهد أعيشه ولا أحلم بأني أمثله. اقتربت لآخذ مفتاح غرفتنا من موظف الاستقبال، فأعطاني المفتاح قائلاً: «تلغراف عشان حضرتك يا فندم». أخذت المغلف الصغير منه وأنا أخفي دهشة، وأتوقع أن تكون برقية وصلتني بالخطأ، لكنها كانت لي. قرأت فيها كلمتين: «مشتاق. كميل».

From: Miss X
Sent: 28th December 2004 - 10:01pm
To: Saad
Subject: Salma's Papers

كانت كف كميل أنغلوس باردة ورخوة، تطبق على يدي في سيارة الرينو، نجلس في المقعد الخلفي وحسنين يقود السيارة، وكميل يردد: آه يا ليل القاهرة. أرتدي ثوباً أسود اختاره لي قبل سفرنا إلى الإسكندرية، ضيقاً وينساب بدون خصر فوق جسمي، طويلاً قليلاً إلى ما تحت الركبة، موديل شانيل، ياقته يابانية مؤطرة بورود بيضاء صغيرة، وتمتد على لسان بدرزات عريضة وسط الصدر. أنيق، يقول لي: «شيك وبيلبقلك»! أما هو فارتدى بدلته الكحلية. سألني أي شال يضعه معها؟ فاخترت له البرتقالي الحريري، الشال قطعة رابعة من بدلاته. يرتدي كل بدلاته مع الصدارة بظهرها الحريري وفوقها الجاكيت، ثم هذا الشال الذي يحمي هيبته. رأيته ذات يوم، قبل أن يضعه، فبدا مثل الرجال الذين نلتقيهم في السهرات. كان الشال بلونه الصارخ يزيد دائماً من طوله وطلته. تلمست قماشه الناعم مبعدة كفي عن كفه الباردة، ورأيت الحرير البرتقالي يشع حوله. سألته للمرة الرابعة: قل لي أول حرف من المفاجأة التي نذهب اليها الآن. فقال مبتسماً وهو يتأمل وجهي: «ألف». قلت: هل هو مكان؟ شيء؟ شخص؟ أم ماذا؟ فضحك وقد استهوته اللعبة: «حزّر فزّر يا جميل». لم يكن يلفظ الجيم كما المصريين، بل يحكي بالمصرية على الطريقة اللبنانية، ما كان يُضحك أمي. قلت متحمسة وقد وجدتها فرصة لأُبعد يدي التي كان يتشبث بها مثل طفل: «ألف»... «ألف»... ملهى الأريزونا؟ فهز برأسه نافياً، وزم شفتيه، كأن المكان ليس من مقامه ومقامي. قلت: «آمال

فهمي؟»، فسألني باستغراب: «من هي آمال فهمي؟»، وقبل أن أحكي له حكايتها منذ برنامج «على الناصية» الذي كنت أسمعه وأنا طفلة إلى أن أصبحت مديرة الإذاعة، كان يقول بسرعة: «غيره... هاتي غيره وإلا فشلت الأحجية، وعليك أن تنفذي الحكم». أمهلني ثلاثة احتمالات أخرى، فقلت وأنا أقهقه وهو يقول لي «بدون تهريج رجاءً»: «أرنب. أحمد. أنت!».

كانت السيارة قد توقفت قبل أن أحل الأحجية. صعدنا في مصعد عمارة فخمة إلى آخر طابق لأجدني بعد دقائق في فيللا واسعة تتداخل فيها صالونات مثل صالونات فريد الأطرش، وجمع من الرجال والسيدات يتحركون بينها وبين السطيحة الرحبة المطلة على النيل.

استقبل كثيرون كميل أنغلوس بآهات وصيحات وعناق. شممت عبق عطور رجالية، لكنها لم تكن أكثر شذىً من العطر الذي أهديته له. أحسست أني أصغر وأنكمش حين كان يبتعد عني، أو يهمس له رجل بعد أن يشده إلى الشرفة. جلست في الصالون الأول على طرف كنبة، ولم يكن هناك فتيات مثلي. كلهن كبيرات. خمنت إحداهن وكانت أصغرهن، أنها من عمر أختي نوال، وتمنيت لو كانت نوال معي. كنت رأيت في عينيها رغبة بالمجيء معي لكنها لم تفصح عنها. أحسست أن أمي لم تجرؤ على أن تطلب مني اصطحابي لهما. تركتهما في شقة كميل التي خصصها لإقامتنا في القاهرة، وكانت جميلة وواسعة. طلبت أمي مني أن أحفظ دائماً عنوان الشقة ورقم التلفون. تقول إن ذلك أفضل فلا أحد يعرف ماذا يحدث. الكل هنا يتحدثون عن اضطرابات واحتمالات حرب، والجرائد تكتب عن مشاكل عبد الناصر مع البنك الدولي وفرنسا وبريطانيا منذ حرب السويس. حتى أمي بدأت تتحدث أحياناً الأحاديث نفسها التي

يحكيها كميل أنغلوس في التلفون، أو مع بعض الأشخاص الذين يلتقي بهم في فندق هيلتون النيل حيث يقيم.

كنت أضيق بكل هذه الأحاديث وأهرب منها بشرودي أو بتغيير الموضوع، لأحكي عن الأفلام والأغنيات والنجوم وأحلامي. كنت حفظت عنوان شقتنا في القاهرة جيداً: «الزمالك، شارع مدحت باشا، عمارة رقم ١»، كما حفظت رقم الشقة. أما رقم التلفون فسجلته على ورقة صغيرة أحملها دائماً في حقيبتي. وكلما أردت الاتصال بأمي ونوال، حين أمضي ساعات مع كميل أو نذهب في سهرات مثل هذه السهرة، أُخرج الورقة وأطلب الرقم لأطمئن عليهما وأُطمئنهما عليّ. تقول نوال وأمي إنهما تتفرجان على التلفزيون، وقد تحكي نوال بحماسة عن حفلة لنجاة الصغيرة أو فايزة أحمد ينقلها التلفزيون. وتسألني أمي: بتتكلمي منين؟ فأقول لها من الأوبرج، أو قصر النيل، أو أني أتعشى مع كميل وأصحابه، وربما سأوقع عقداً لبطولة فيلم، وأكذب أحياناً لأن كميل يكون في حمام الشقة الصغيرة في عمارته التي يملكها في «غاردن سيتي»، وأكون سألحق به بعد قليل.

فكرت للحظة، وأنا أجد نفسي الآن وحيدةً ومنعزلة وسط أناس لا أعرفهم، وكميل بعيد، في أن أسأل أي أحد عن التلفون، وأطلب أمي ونوال وأبكي، وأقول لهما إني أريد أن أعود إلى البيت، بل إلى بيتنا في بيروت، في البسطة. أريد شيئاً لا أعرفه. ربما أن أبدأ من جديد. أن أعود إلى المدرسة. أن تطهو لنا أمي أكلة يتصاعد بخارها وأشتمّ رائحتها مثلما أشتمّ رائحة مطبخ الجيران. أن تجلس نوال وخطيبها فيصل على كنبتين كبيرتين في الصالون وحولهما الورود، وأنا أغني لهما «يا دبلة الخطوبة عقبالنا كلنا». أفكر في كل هذا في لحظات وأستثير دمعي، أو مشاعر في داخلي لا أدركها لتريحني أو

١٩٨

تهربني، ثم أستيقظ دائماً على نظرة إعجاب أو تحرش، أو صوت كميل يوقظني وينقلني إلى خارج رأسي.

عاد كميل أنغلوس في تلك اللحظة من الشرفة، ومعه رجال ثلاثة قدمهم إلي: إليك يا عزيزتي العباقرة الذين أعتز بالتقرب إليهم. الشاعر النابغة جورج جرداق؛ والشاعر الأكثر نبوغاً أحمد رامي؛ والشاعر الألمع صالح جودت. ثم التفت إليهم، وقال عبارته الشهيرة: أميرة الجمال الحزين ملهمتي إلى الأبد سلمى.

ماذا أفعل؟ هل أقف؟ هل أقفز وأقبلهم لأعبر عن اعجابي وأقول لهم إني لا أصدق أني أمامهم؟!

ارتبكت وأنا أرى أحدهم يقبل يدي. كان كميل قد بدأ يعلمني أن أتصرف مثل «ست»؛ «ليدي». يجب أن أبقى جالسة. أن أمد يدي قبل أن يمد الرجل يده ليصافحني لأُفهمه أني أسمح له بذلك. لكني أمامهم كنت أي شيء إلا أن أكون «ست» أو «ليدي». كبار. ضخام. صالح جودت وكميل جبلان بشقرتهما وشيبهما. جورج جرداق مربع القامة، أبيض الوجه. عيناه صافيتان، وجبينه يعرض بصلعة خفيفة. أحمد رامي طويل، نحيل، قبعته على رأسه، مع أن كميل يقول إن الرجل لا يضع القبعة داخل البيوت. وجهه هادئ، مريح، قريب. جلسوا حولي يحملون كؤوسهم، يبتسمون. لا أعرف ماذا أقول لأحدهم أو لهم جميعاً، ثم أتنبه إلى أنهم يتطلعون حولهم، وأن حديثاً بين أحدهم والآخر يُستكمل. ظل كميل واقفاً للحظات ثم راح يدور حول الكنبة التي جلسوا عليها في مواجهتي، واقترب متكئاً على يد الكنبة حيث أجلس. لف ذراعه حول كتفي، وقال: ستسمعين الآن أبياتاً من رائعة شاعرنا الكبير ستغنيها «كوكب الشرق». وقبل أن يكمل عبارته اعترض جرداق وهو يرفع إصبعه منبهاً: كن دقيقاً يا كميل... فما زالت المباحثات جارية. هز كميل

رأسه عدة مرات مؤكداً: معلوم، معلوم طبعاً. هذا شيء معروف ولا يُناقَش.

قلت لكميل فجأة، كأني نسيت وجود هؤلاء العمالقة حولنا: «ألف»... «ألف»... قصدك أم كلثوم؟ ففرقعت ضحكته وتطلع إليَّ بنظرته الممزوجة بالدهشة والتحبب، والتي أعرف كم يحب أن يعانقني بعدها ويشدني إلى صدره ويمسح رأسي! غير أنه الآن اكتفى بأن يشد على كتفي، ويقول: «تمام»، أنقذتِ نفسك من الحكم الذي كان سيقضي عليك هذه الليلة. تساءل الشعراء بعيونهم عما يُضحكنا، فأخبرهم كميل حكاية أحجية الليلة. فقال رامي إن «الست» ستأتي بعد قليل، لكنها لن تجلس بالطبع مع كل هذا الحشد.

عرفت منهم أنها تجامل أحياناً بعض أصدقائها، فتُطل إطلالات سريعة على بيوتهم، وعرفت أننا في منزل عائلة أحد أصدقاء «الست» الأعيان، وتأكدت من أن أحجية كميل كانت «أَلِف»، أي أحمد رامي وأم كلثوم.

انتحينا ركناً في آخر الصالة، أقل هدوءاً، لكن إضاءة المكان لم تكن مريحة مثل صالونات فريد الأطرش. أحسست أن ظلاً ما يجب أن يكون ليعزلنا ويخصص جلستنا. ومن غير أن أسأل أي أحد، قمت عن الكنبة وهم ينظرون إليّ، وكميل يتساءل بعينيه، كأنه فوجئ بتصرفي. تلمست مكابس الضوء خلف الستارة إلى جانب الواجهة الزجاجية، فرحت أكبس على بعضها؛ وإذ بأضواء الصالون كلها تُطفَأ بينما يعلو صياح وتساؤل، ويتحرك كثيرون إلى الصالون الآخر متسائلين عما حدث.

أصبح الأربعة الكبار في الظلمة، بينما سمعت صوتاً شجياً يقول بهدوء: أحسنتِ يا صغيرة. كنت أبحث دائماً عمن يحل هذه المشكلة

ولم أعرف أنها سهلة جداً. ثم قال بلهجة مصرية «إنت كنت فين من زمان»؟ أدركت أنه أحمد رامي، وكان أقلهم كلاماً وأهدأهم. للحظة كنت أرى خجله يشبه خجلي. غادر الصالون ثم عاد بشمعتين وضعهما على الطاولة الصغيرة وسط جلستنا، بينما راح الشاعر الذي أرى مقالاته وصوره في المجلات في بيروت، يُلقي علينا قصيدته الجديدة القديمة، فهو يشتغل عليها منذ سنتين ... ومن سيلحنها؟ سأل كميل، فقال: أحمد رامي.

إنه سيقترح عليها أن يلحنها محمد عبد الوهاب، ففيها «نَفَس» وهابي صرف» . تنحنح جورج جرداق ثم قرأ بصوت متهدج وهو يشير بيديه:

هذه ليلتي وحلم حياتي
بين ماض من الزمان وآتِ
الهوى أنتَ كلُّه والأماني
فاملأ الكأسَ بالغرام وهاتِ
بعد حين يبدل العمر دارا
والعصافير تهجر الأوكارا
وديار كانت قديماً لنا ديارا
سترانا كما نراها قفارا
سوف تلهو بنا الحياة وتسخر
فتعال أحبك الآن أكثر.

«الله، الله، الله»... كانوا يرددون بأصوات خافتة. يهزون برؤوسهم، يرتشفون الكؤوس وأرى خطفات من النظرات حولي. نظراتهم مريحة، ودودة، كأني رشفة كأس أو لحن يطربهم.

أشعر بأنهم يتحسسون وجودي بصمت. لا يغازلونني كما يفعل

بعض الرجال في سهرات أو حفلات أو في ملهى الأريزونا أو الأوبرج. لا يثملون، ربما تنطفئ نظرة أو تذبل بعد رشفات كثيرة، لكنهم هادئون في شموخ كالجبال. ألحظ نظرة متبادلة ولا أفهمها بين جرداق وكميل، ثم يردد كميل عبارة: توارد خواطر ليس إلا، بينما يقول رامي بصوت أعلى قليلاً مما كان عليه قبل قليل: فلنعاود السماع إلى قصيدتك يا كميل، ونطلق حكماً أخيراً في ما اذا كانت المسألة تواردَ خواطر، أو تأثراً واضحاً، أو ربما يا صاحبي، سرقة مقصودة كما أتوقع!

انفجرت ضحكاتهم، ما لفت نظر بعض الأشخاص الذين أخذوا يقتربون من حلقتنا. سحب كميل نظارته بإطارها الذهبي من جيب سترته الداخلية، وأحاط بها عينيه، فبدا أكبر سناً وراح يقرأ بصوت مرتجف من ورقة صغيرة سحبها من جيب آخر:

هـذه نـجـمـتـي ونـور حـيـاتـي

وهـدى حـيـرتـي وصـمـت لـغـاتـي

والـجـمـال الـذي مـشـى في عـروقـي

والـخـيـال الـذي رعـى كـلـمـاتـي

أنـت عـيـن الـسـمـاء وهـي تـرانـي

مـن بـعـيـد وتـقـتـفـي خـطـواتـي

والـبـهـاء الـذي أمـد بـعـمـري

والـدعـاء الـذي يـلـي صـلـواتـي

اخـتـزلـت الـمـسـار مـا بـيـن قـلـبـي

وحـروفـي، فـالـضـوء حـبـر دواتـي.

صفقوا، وهزوا برؤوسهم، ورددوا كلمات: «هايل» و«الحتة دي

جت ازاي»، وغيرها من الكلمات المشجعة، بينما قال جرداق:
بصراحة يا جماعة هي مسألة توارد خواطر أو بالأحرى توارد وزن.
وسأل أحدهم كميل ضاحكاً إذا كان جرداق أسمعه قصيدته «هذه
ليلتي» قبل أن يكتب «هذه نجمتي»، فقال كميل إنه لا يذكر، فعاجله
أحمد رامي قائلاً: هذا اعتراف ضمني يكون في كثير من الأحيان
ضد المتهم!

كان جرداق، كما أخبرني كميل، قد وعده بإمكانية تقديمه إلى
أم كلثوم. يقول كميل لي إنه هو أيضاً يعرف الكثير من الشعراء
والفنانين، وهو على علاقة طيبة بحسين السيد وعبد المنعم الرفاعي
وكثيرين لم أكن أعرف شيئاً عنهم. وفي هذه السهرة بعد أن ابتعد
رامي وجرداق لاستقبال أم كلثوم في صالون جانبي، والسماح بعدئذ
لبعض الضيوف بالدخول لمصافحتها، انشغل كميل بصالح جودت؛
بينما وجدتني أتمشى بخوف. شعرت فجأة بتهدل ملابسي وتهدل
نفسي. كأني فأرة. لا أحد يعرفني ولا أحد يتنبه إليّ. رحت أرقب
من وقف، ومن تأهب، ومن أسرع إلى الصالون الآخر حيث ستكون
أم كلثوم برفقة قلة من أصدقائها. تهامس البعض عن سطوتها، وقال
آخر هامساً لامرأة إلى جانبه: «بيتها قلعة. . . كل الحفلات بتاعتها
عند صحابها». لكني لم أصدق ما قالته سيدة «شيك خالص»، وهي
ترشف كأسها وتغمز لصديقتها: «بيقولوا إنها اتجوزت مصطفى أمين
وإن عقد الجواز في بيت عبد الناصر». قالت الأخرى: «لا يا
شيخة!»، تماسكت قليلاً بعد أن فكرت في أنه أصبح لدي ما لا
يعرفه كميل وما لا يحكي عنه. في تلك اللحظة لمست يده كتفي،
وهو يقول: أين كان ملاكي؟ عاد ليقدم لي صالح جودت قائلاً: «هذا
العملاق يا عزيزتي يصر على القول إن الثورة هي لخدمة الشعب.
لكن المهم أنه صاحب «أغنية الفن» التي غناها موسيقار الأجيال عبد

٢٠٣

الوهاب قبل أن تولدي، وهو أيضاً مؤلف أغنية الشباب الرائعة وأنشودة التاجين. . . هل تذكر ذلك يا كبير؟

راحا يتذكران قصائد وأغنيات لعبد الوهاب وأم كلثوم، لا أعرف شيئاً عنها ولا أحبها. كنت أقول هذا لكميل عندما نجلس بمفردنا في البيت، أو يصحبني في نزهة بالباخرة «فريدة» أو «كاميليا» وسط النيل لنتعشى على أضواء الشموع، أو يراقصني في مطعم أوتيل شيبرد. ولا أدري لماذا يوصيني بألا أقول هذا أمام أحد. يريدني أن أكون «سمّيعة» من الطراز الأول.

لا أقول له إن هذه الأغاني لا تعجبني فقط، لكني لا أحبها ولا أغنيها. أخاف أن أقول إني لا أحب كثيراً عبد الوهاب وأم كلثوم واني أحب شادية وعبد الحليم ونجاة وأحلق مع أغنياتهم. . . أحب أيضا صباح وسميرة توفيق، لكنهم هنا لا يتحدثون إلا عن العملاقين، والشعراء الكبار. يذكرون قليلاً فريد الأطرش ورائعتيه «الربيع» و«أول همسة». لماذا لا يحكون عن أغنياته التي تذيبني؟ «قلبي ومفتاحه» و«تأمر عالراس وعالعين» و«علشان ما ليش غيرك» و«قلبي وعيني احتاروا»؟

كنت أحكي لكميل أحياناً عن شجار مع أختي نوال التي تفضل «لحن الخلود»، وأمي التي لا تغني له إلا «دقوا المزاهر»، فكان يضحك ويهز رأسه.

ابتعد كميل وجودت أثناء شرودي. . . خمنت أنهما دخلا الصالون الصغير للترحيب بأم كلثوم. لم أتمنَّ أن يعود كميل ويأخذني لأصافحها. لا أستطيع أن أقول هذا لأي أحد. الجميع يشعرونني بأني لا أفهم بالموسيقى، وسطحية وسخيفة، لأني لا أطرب لأم كلثوم، ولا أحفظ أدوار موسيقار الأجيال. . . حتى عندما

عدنا إلى بيروت بعد عام عندما قالوا إن الحرب ستقع بين مصر وإسرائيل، ثم حضرت بعد ذلك بعامين حفلاً في قاعة اليونسكو، قرأ فيه شعراء قصائد تُدين أم كلثوم والسهرات والحفلات والحشيش، كان كميل منزعجاً جداً وأمسكني من يدي لنغادر القاعة وهو يردد: إن هؤلاء الشعراء الجدد لا يفهمون شيئا في الغناء والموسيقى والشعر والأدب.

From: Miss X
Sent: 28th December 2004 - 11:03pm
To: Saad
Subject: Salma's Papers

تسألينني إذا كنت قد صافحتُ أم كلثوم في تلك السهرة، فأقول لك: نعم. كانت لحظة يقول الآخرون إنها تاريخية. بدت «ثومة» أصغر وأكثر ضآلة مما تظهر عليه في حفلاتها. ما زلت أذكر ثوبها النبيذي المطرز بالستراس والخرز، وشالها الأسود ونظارتها السوداء الكبيرة، وخديها، وجلستها الرصينة وحولها الآخرون كالتلاميذ. مبتسمة طوال الوقت. أعني طوال تلك اللحظة التي لم تستغرق أكثر من خمس دقائق، غادرت بعدها الصالون الصغير. كنت أتعثر وأنا أشعر بالخواء، كأني نقطة أو هواء. أكاد أبكي وأنا أسترجع وهجها وسطوتها. ثم لحق بي كميل، وظل طوال الطريق يحدثني عن الشعر واختياراتها الصائبة، وأنا أتثاءب فأضيق به، وأتمنى أن يعرفني إلى عبد الحليم وفاتن حمامة وسعاد حسني. أن يفتح لي باباً سحرياً أصبح فيه داخل بلاتوه أفضل وأهم من بلاتوهات التلفزيون واستوديو بعلبك. أن يفرضني على مخرج، مثلما يفرض منتج فيلم مسيو غابي عليه «أمولي». ظل هاجسي غابي و«أمولي» والمنتج طوال عام أو أكثر، قبل أن أتلقى تلك البرقية التي كادت تعصف بعلاقتي بكميل أنغلوس. لم يسألني كميل عن عصام جريدي، رغم أنه عرف أنه هو الذي صحبني إلى قصر فريد الأطرش، وهو الذي عرفني إليه. كأنه كان يعرف أني سأظل لا أرى في عصام غير مشروع زوج، أضعه دائماً على الرف كما تفعل صديقات أختي نوال: هناك دائماً شخص يُعجب بنا، ولا نأبه به لكننا نترك الباب موارباً. لم تفعل نوال هذا برغم أني بدأت أشعر بأنها منشغلة بأحد ما على نحو غامض، لكني

لا أفكر فيها كثيراً حتى أعرف من هو. وعندما تصحبني إلى بعض السهرات أكتفي بالابتسام لها من بعيد، بينما أتحرك مع كميل لأتعرف إلى أناس جدد دائماً: مخرجين، ومديري تصوير، ومنتجين، وموسيقيين. أنسى نفسي أمام انبهاري، وهو يجعلني أصافح فريد شوقي وهدى سلطان وسميرة أحمد في إحدى السهرات؛ بينما يقول لي محرم فؤاد في ملهى شريفة فاضل بعد أن ينهي وصلته الغنائية ويأتي لتحية كميل أنغلوس، إنه يحب فتاة بيروتية، ويفكر في الزواج بها. يضحك كميل وهو يربت على كتفه مردداً: أيها المزواج... متى ستعقل؟

يعرف كميل أني متواطئة معه على اتفاق لم نعلنه، وما زلنا نغلفه كل يوم باسم الحب والتعلق. من يحب من؟ ومن متعلق بمن؟ ومن الحبيب ومن المحبوب؟ هل أضحك على نفسي؟ ماذا أريد منه أكثر من هذه الأجواء، وهذا البذخ والكرم والحنان؟ أسأل نفسي أحياناً: لماذا لا أفكر في الزواج به، كما كان هاجسي وما زال بمسيو غابي؟ لماذا ترتجف شفتاه كلما ذكرت اسم غابي، ولا يأبه لأي حديث يطول عن عصام؟ كيف يعرف ما يجيش داخلي من غير أن أبوح له بكلمة؟ سألني مرات قليلة عن غابي، ولماذا لم يخترني بطلة لفيلمه الذي أخبرته عنه؟ كنت أحكي له نصف الحقائق، وأقول إنه دخل على الخط في اللحظة نفسها التي كان غابي يخبئ لي فيها مفاجأته، وهو اختياري بطلة لفيلمه، رغم أني كنت صغيرة جداً، كما كان يقول لي. كان يسألني: ما هو الدور؟ ما هي الشخصية؟ كنت أتلعثم، ولا أدري إذا كان كميل يمسك خيوط كذبي التي تتقطع. كان يشيح برأسه أحياناً أو يهمس: لا أفهم كيف تقتلين فرصة من أجل وعود غامضة. أسأله ماذا يعني بوعود غامضة؟ فيصمت. أعاود السؤال؟ هل تقصد السجادة السحرية التي فرشْتَها لي ليلة عودتنا من سهرة فريد الأطرش؟

٢٠٧

كان عندما يحس بغضبي وشرقطة جموحي المكتوم التي تنطلق من عيني قبل أن يتحشرج صوتي، ثم أطلق موالي بين الغضب والنشيج والتهديد، يسرع فيعانقني ويلهيني مثل طفل بلعبة. يعدني بأن يقدمني اليوم، إن لم يكن غداً، لمن يستطيع اكتشاف جوهرة فني الخفية. أنت ممثلة بالفطرة، يقولها لي، وهو ممدد على سريره العريض (كينغ) في غرفة نومه بشقة غاردن سيتي.

لا تحتوي غرفته في تلك الشقة إلا على هذا السرير، بينما خصص غرفة أخرى لخزانة ملابسه وشوفنييرات قمصانه، ورفوف أحذيته المرصوفة في خزانة حائطية.

أجلس إلى طرف السرير بتلك الجلسة التي يحبها، عارية وصافية. نفسي تصفو كما يقول، وتشع من جسمي وحضوري. يقول وهو يتأملني، إنه لا يريد شيئاً، يكرر عباراته التي حفظتها: روحك تشع بكل شعرة من رأسك وشعيراتك. يحب الكلام والموسيقى، يُسمعني تلك الموسيقى التي أتعرف إليها يوماً بعد يوم، وأحبها وأحفظ أسماء وأضيعها ولا أحفظ أسماء المقطوعات: موزارت... هايدن... رحمانيتوف... كورساكوف... كنت أفضلها على أغنيات عبد الوهاب وأم كلثوم التي يدير أسطواناتها الضخمة في الفونغراف الكبير ذي البوق، في صالة الشقة.

أقوم وأتمايل على ألحان هادئة في غرفة النوم. أبكي أحياناً وأنا أسمع صوت الكمان أو البيانو، ولا أعرف لماذا؟ يهمس لي كميل بأني لا استطيع إلا أن أكون أميرة الجمال الحزين. يقول لي: أنت سليلة عذراوات الإغريق والرومان واليونان. لا يتركني أفكر في ما يريد مني؟ ولا أترك نفسي أفكر إلى أين؟ بل كأني لا أدرك إلا أن هذا ما أعيشه وما أجذب نفسي إليه ولا أعرف لماذا والى أين سأصل؟ صوته الخافت يردد: ستبقين عذرائي الأثيرة.

كلما فكرت بعد ذلك في تلك العلاقة، أدركت أن إحسان عبد القدوس كتب عني مثلما كتب عن ناديا لطفي. لكني أحياناً كنت أتساءل: هل كتب حقاً عنا؟ أم أننا عشنا ما كتبه أو تخيله وطبقناه؟ من كان الأذكى؟ نحن الفتيات اللواتي ظللنا عذراوات، أم هؤلاء الرجال الذين تمتعوا بنا ولم يورطوا أنفسهم؟

لم أكتشف ذلك باكراً، ولم أكتشفه دفعة واحدة. كان الأمر يتكون في رأسي وحواسّي مثل القطرات التي تشكل مجرى. لم أكتشف متعة اللقاء برجل. كنت أخاف أن أقول ذلك لأي أحد، حتى لنوال، أقرب الناس إليك يا سوسو. ولم أكن أدرك المعاني والأحاسيس لأحكي بها مع كميل.

أفكر الآن أحياناً في أن التعابير غير صحيحة. فعندما نقول «تعرى» نقولها بمعنى كشف كل شيء، واكتشف الحقيقة أو الحقائق. لكني في عريي كنت أطبق دائماً على غطاء آخر أتوشح به، كأنه رداء السر يا سوسو، لا يكشفه حتى صاحبه.

يتأملني كميل أنغلوس. أتمدد قربه أحياناً، يقبلني، يتحسسني كأعمى، برقة، بهدوء. يظل رقيقاً ورخواً ثم يذهب دائماً إلى الحمام. يغيب في البانيو أو تحت الدوش. يناديني. يطلب مني أشياء غريبة: أن أتبول في البانيو، ويتصرف بطريقة أغرب فيجهش أو يغني أو يصفر... كنت أريد أن يعلمني علاقة المرأة بالرجل، فلا يفعل. أخاف أن أسأل نوال. أتذكر غابي واحتضانه لحضني ليلة ذهابنا إلى معمله في فرن الشباك. تزداد حيرتي وقلقي. أريد أن أحس بالحب فلا أحس ولا أعرف كيف يبدأ اللقاء ومتى ينتهي؟

عندما يتحشرج صوت كميل وهو يغطي حضنه بيده، ويكون في المغطس، وأنا أقف في الحمام مذهولة وحائرة، يغمض عينيه ويغيب معلناً نشوته بتأوهات تضحكني. أتذكر فجأة اللحظة الأولى التي

اقتربت فيها منه في منزل فريد الأطرش وإغماضته التي طالت. تلك كانت لحظات انتعاشه. يحدثني عنها أحياناً بلغة لا أفهمها وكلمات لا أدرك تأثيرها. هل أنا بلا شعور؟ كما زرع مسيو غابي في رأسي ليلة ذهابنا إلى معمله؟ ظلت كلماته سيفاً مصلتاً علي في سريري فترة طويلة في حياتي.

✸ ✸ ✸

لم أكتشف غيرة كميل إلا في تلك اللحظات التي كان فيها اسم غابي يدخل بيننا في الغرفة، أو فوق السرير، أو أثناء بعض الأحاديث. علا صوته مرة واحدة وهو يقول لي إنه لا يُعقل ألا أعرف إلا اسم مخرج واحد هو غابي كارادوسيان، فكيف تقبل فنانة مثلي تريد أن تكون نجمة في مصر، أن تكتفي بتأبط تجربة فاشلة لمخرج فاشل لم يصور إلا عيني سميرة توفيق وتمثيليات هزيلة مضحكة، أفضل ما فيها أنها لم تُسجَّل حتى لا تكون عاراً على تاريخ قادم لي سأفخر به؟

بكيت يومها كأني فقدت أمي أو غابي. أهذا هو الحب يا سوسو؟ شعور لا يشبهه أي شعور؟ توق إلى حرمان دائم ومستمر؟ هل كنت سأحب كميل على هذا النحو، لو أنه غاب وابتعد كما مسيو غابي؟ لكن عصام غائب مثل غابي، فلماذا لا يرتجف صوتي ولا تثلج أطرافي عندما أذكره أو أفكر فيه؟ لماذا لا أحقد عليه وأحبه وأكرهه مثلما أفعل عندما يصمت غابي في السيارة ويده داخل ثوبي؟ وكيف أشتاق إليه، وأكره أني أشتاق إليه ولا أتذكر عصام إلا بحنين يشبه حنيني الخاطف لأخي جميل؟

تلقيت برقية عصام الغامضة ذلك اليوم بعد حوالى العام من إقامتنا في القاهرة ومجيء كميل بشكل متواصل. رن جرس الشقة،

٢١٠

ففتحت نوال وتسلمتها. كنت في الحمام، فقلت لها أن تفتحها وتقرأها. ما زلت أذكر كلماتها كلمةً كلمة. «غابي مخطر. حدث حريق في فيلمه. تحياتي لك وللعائلة. عصام».

ظننت أن الجرائد ستكتب عن خبر الحريق. كان غابي بالنسبة إلي مخرجاً كبيراً وشهيراً، تكتب عنه المجلات والجرائد في بيروت. لكن أحداً هنا لا يعرفه. أتصفح كل المجلات والجرائد، فأجد أخبار الأفلام والتلفزيون والحفلات والمسرحيات تملأ الصفحات. حتى أخبار فريد الأطرش وصباح قليلة. أقرأ عن سفر بعض الفنانين إلى بيروت. أشعر كم أصبحت بيروت بعيدة. كأني في زمن آخر، وكأن الدنيا الكبيرة هنا لا تأبه إلا لنفسها. أبكي، وأقول لكميل إني أريد السفر إلى بيروت، فيُدهش، ويقول لي: وماذا عن موعدك مع عاطف سالم؟ هذه فرصتك الكبيرة يا سلمى؟ يذكّرني كم من الوعود سمعناها من منتجين ووسطاء وشعراء وفنانين، وكلها ذهبت أدراج الرياح؛ بينما يؤكد هذا الموعد مع عاطف سالم أن الفرصة الحقيقية هي الآن. فالرجل رآني أكثر من مرة، وهو مكتشف الوجوه الجديدة. هو الذي أطلق سعاد حسني وزيزي البدراوي وحسن يوسف. ابق يا سالومي. je t'empries، يرددها مثل طفل، بينما تنطلق رعونتي وقد فقدت كل لجام. أصر على العودة إلى بيروت. أقول من دون أن أفكر: أسبوع واحد أو ثلاثة أيام. أنت فقط أمِّنْ لي التذكرة وسأعود حالاً. نوال وأمي تبقيان وسأسافر وحدي. يقول فجأة كأنه يقود معركة حربية: سنذهب معاً ونعود معاً.

كنت أريد أن يطلق سراحي، مثلما أردت أن أطلق دموعي. أضع سيناريوهات كثيرة في رأسي كلما قرأت البرقية، وأعدت قراءتها، ودققت في حروفها. أرى غابي وسط نيران صاعقة في معمله، ثم أراه يسعل وسط دخان أسود وهو يحاول أن يلتقط بخاخته

٢١١

من الأرض. أراه مسجى على الكنبة في بيتهم في سوق الغرب. أرى مسيو متري يعانقني ويبكي معي. أرى عصام يشدني ليبعدني عندما أكون وسط جموع تبكي وتلطم حول نعشه، وقد حمله شبان يحبونه ويعملون معه. أرى بطلة فيلمه «أمولي»، وتكون تشبهني، ثم أخته التي قابلتها وقدمت لي زجاجة الكوكا كولا في صالون بيتهم المعتم في سوق الغرب.

بعد يومين من وصول البرقية، كنت أركب الطائرة لأول مرة في حياتي. يقفل كميل لي حزام المقعد وأنا أضع يدي على كفه طوال الرحلة. أشعر بخفقة صاعقة في قلبي عندما تقلع الطائرة، وعندما تهبط. أسلم كل أمري إلى كميل الذي لا يوصلني إلى بيتنا في البسطة، بل إلى أوتيل بوريفاج على الروشة ويقول لي: سأتصل بك غداً. لا تغادري الفندق قبل أن تعلميني. أتطلع إلى ساعتي فأراها الرابعة بعد الظهر. أخرج إلى شرفة غرفتي المطلة على البحر. مرة أخرى أكون غريبة في بلدي. لا أعرف ما هو بلدي، وأين هو؟ أهو هذه المدينة التي تُخفي أبي وأخي؟ أم تلك التي تركت فيها أمي وأختي؟ أَأَنا ابنة رجل لا أتذكر منه إلا مشاهد متقطعة من السُّكْر والعيب وبعض الضحكات؟ أم ابنة امرأة تطبق على سرها مثل «أبو الهول»، كما تقول نوال؟

لماذا أنا هنا؟ وما الذي يربطني برجل «مخطر»، ورجل يبلغني أنه «مخطر»، وثالث يوصلني إلى هذا المكان الذي أفكر فيه في كل هذا ولا أجد جواباً أو دليلاً؟

كنت كومت في حقيبتي مجموعة من الأوراق وقصاصات الجرائد. أعرف أن بينها رقم عصام الذي كان سجله لي قبل سفرنا.

From: Miss X
Sent: 28th December 2004 - 12:01pm
To: Saad
Subject: Salma's Papers

أتى عصام إلى فندق بوريفاج بعد نصف ساعة من اتصالي به. كأنه كان ينتظر مكالمتي «ليقلع» بسيارته البيجو، كما أخبرني. عانقني، ودمعت عيناه ومسح دمعته. تطلع إلينا موظف الاستقبال في الفندق وابتسم. قال إني كبرت ولم يقل كلمة أخرى عن شحوبي أو جمالي أو أناقتي. مهموم، قلت لنفسي، وأنا أجلس قربه في السيارة وهو يسوق متوجهاً إلى مستشفى أوتيل ديو.

أشعر فجأة بما يسمى سخرية القدر. كم تمنيت ذات يوم أن أذهب إلى مستشفى أوتيل ديو وأبقى إلى جانب مسيو غابي، عندما أصابته نوبة الربو قبل سنوات. الآن تتحقق أمنيتي، فيا لهذه الأيام! ربما سأراه للمرة الأخيرة. تحشرج صوت عصام وهو يخبرني تفاصيل ما حدث. كان اليوم الأخير من تصوير الفيلم، عندما اندلع حريق حقيقي وسط حريق مزيف لمشهد يدور في كهف لملهى ليلي. لا يعرف أحد كيف شبت النار الحقيقية، والكل يظن أنه اللهب الاصطناعي الذي يتصاعد في مشاهد الأفلام ولا يكون مؤذياً. هل تآمر أحد على مسيو غابي؟ أعداؤه كثيرون، يقول لي عصام، وهذا الفيلم صوره بشق الأنفس. كان عصام مساعده الأول والبطلة لم تكن «أمولي»، بل ممثلة تلفزيونية صاعدة اسمها آمال مثلت في مسرح شوشو وفي بعض المسرحيات وبرامج المنوعات في التلفزيون. يخبرني عصام أن مفاجأة غابي لي التي كنت أخبرته عنها ولم أنتظرها، كانت دور الشقيقة الصغرى للبطلة، سيكون لها ثلاثون مشهداً في الفيلم. قال: هل تعلمين ماذا يعني ثلاثين مشهداً؟ يعني

نصف الفيلم. يعني بطولة مشتركة. لكنك سافرت. يهمس بالكلمة، فيصلني عتابه العميق. لا أسأله عن أغنياتنا ومصيرها... «عالكورنيش» و«أبو علي»، أعرف أنها لم تنتشر كما حلم. أضع يدي على كتفه وينتابني شعور بأني كبرت عشر سنوات. تسخر مني حالي وتسخر الأيام. أسمع من عصام أن غابي عاد وطلب من المؤلف أن يحذف الدور، ثم اضطر إلى أن يقلصه ويعدله ويجعله لشاب صغير اسمه وليد كان مساعده الثاني، وطلب منه أن يلعب في الوقت نفسه دور شقيق البطلة.

عندما وصلنا إلى المستشفى، كان جمع كبير من ممثلين وممثلات ومخرجين كنت أراهم مع مسيو غابي في مقهى روكسي أو في كافيتيريا التلفزيون. بينهم بطل الفيلم، وهو شاب وسيم يشبه مسيو غابي اسمه سمير عامر. كانت تجلس إلى جانبه امرأة تبدو أكبر منه بسنوات يحتقن وجهها بالدموع. أنفها أحمر وشعرها مصبوغ وأشعث. نظرتها ضيقة وكابية. بشرة وجهها خشنة ومحببة. كانوا يقدمون لها الماء ويشعلون لها السيكارة. بطل الفيلم يطوق كتفها، وهي تجهش بالبكاء كل لحظة. قال لي عصام إنها شاركت بإنتاج الفيلم، وهي صديقة بطل الفيلم، لكنها تفتح بيتاً سرياً للدعارة. يهمس لي أن كثيرين أنّبوا مسيو غابي لإشراكها في الإنتاج، وحذروه من أن الفيلم سيحظى بسمعة سيئة وسيقال إن عاهرة موّلته ولن يكون هذا لصالحه، لكن مسيو غابي كان يقول لهم إنها أشرف منكم جميعاً.

كنا وصلنا قرب باب غرفته وأنا أُخفي وجهي بنظارات ضخمة، وألف رأسي بشال أصفر. لا أريد أن أفكر في عشيقة بطل الفيلم، ولا أواجه سؤال الشرف. أريد فقط أن أرى غابي كارادوسيان. أبكي وأطلب منه أن يغفر لي. أتمنى أن أذكّر الجميع بأني في حياته، وفي

قلبه قبل بطلته الجديدة، وقبل عصام، وقبلهم جميعاً. أدخل غرفته، أرى شبحه ممدداً. أرى وجهه ولا أراه. كان يختفي تحت شاش كثير. لا يظهر إلا حاجب عينه اليسرى وطرف من جبينه. لقد أصبحت كتلاً سوداء، وها أنا أرى غابي يلفظ أنفاسه الأخيرة.

* * *

كنت أريد أن أصيح وسط تلك الصيحات التي علت، ما إن دخل الطبيب بعد ثوان من دخولنا وأعلن وفاته، لكن صوتي يضيع وسط النحيب. يتدافع شبان وفتيات إلى الغرفة. يحاول عصام أن يُبعد بعض الذين ارتموا على جثمانه. أبتعد إلى الزاوية وأبحلق في ظهورهم. أحس بروحي تخترقهم لتصل إليه وتعانقه، تقول له كل ما لم تستطع أن تقوله في تلك السنوات. يغيب نحيبهم، وأجد أنه أبلغني المفاجأة التي كان يخبئها لي. يعانقني عصام لأصبح أمه التي تخفف عنه بعد موت أبيه. شيء غريب كان يطوقني براحة غامضة رغم كل ذلك الأجيج والنحيب. اختارني غابي ولم ينبذني. صمته الطويل كان أسلوبه في التعبير عن عواطفه. أستعيد نظرته الصافية وابتسامته التي كانت تجعلني أصبح قلباً يتدفق بالفرح. أستعيد صوته وكلماته القليلة. «ننزل»؟ سلمى je t'empries، ثم صوته في آخر مكالمة على الهاتف: «حضر حالك لسوربريز». في اليوم التالي لوحت لنعشه من بعيد. كنت أرى للمرة الثانية الشبان يتحلقون حوله ويتبادلون حمله، كأنه ينفذ لي السيناريو الذي كتبه رأسي في الطائرة. عانقت مسيو متري الذي أجهش على كتفي، وشعرت بأن أخت غابي التي أصبحت شبحاً ضئيلاً ملفحاً بالأسود هي أختي.

* * *

سألني كميل أنغلوس بعد أسبوع إذا كنت سأظل أرتدي الأسود.

٢١٥

كنت اشتريت ثوباً وتنورة وقميصين من شارع الحمراء. في اليوم الأول قال لي عصام إن ملابس الحداد عندنا تتطلب أن أضع منديلاً أبيض على رأسي أو حول عنقي، ثم عرفت من إحدى الممثلات في التلفزيون أن المسيحيين لا يضعون الغطاء الأبيض، بل يرتدون الأسود فقط، وقلت لنفسي إن غابي مسيحي وعلي إعلان حدادي على طريقة المسيحيين، فنزعت الغطاء الأبيض. كنت داخل الحالة لا أفكر إلا في الحزن وكيف أعبر عنه. أتناول طعامي بوجوم في الفندق ثم أذهب إلى مجلس العزاء في التلفزيون الذي استمر ثلاثة أيام. يوصلني بعدها عصام إلى عمارة ستاركو حيث مكتب كميل أنغلوس. في اليوم الثالث أوقف السيارة في شارع فردان وسألني: «شو سلمى؟ شو حايصير؟». كان كمن يوقظني من حال لا أريد أن أغادرها كي لا أكتشف أني أقف على شفير. قلت: «شو يعني؟ شو بدو يصير أكثر مما صار؟».

نبهني إلى نفسي، إلى أيامي، إلى حكايتنا المعلقة كما قال. هو أيضا بدا لي أنه لا يريد أن يفكر الا في حاله، وحاله لا تعني إلا زواجنا. هل ما زال يفكر في زواجنا؟ يوقظني: «ما تضيعي حالك يا سلمى وتضيعيني». هل كان يقصد كميل؟ ألا يعرف أني سافرت بمساندة كميل وعدت معه؟ ألا يشعر من ملابسي ومظهري والفندق وما أنفقه أني... أني...؟ لا أريد أن أواجه نفسي. أتشبث بكلام سخيف. أتذكر أحد موظفي الاستقبال في أحد الفنادق الذي قال لكميل: ابنتك الخالق الناطق أنت! أتذكر أني لست عشيقة رسمية لكميل أنغلوس، وأني ما زلت فتاة صغيرة، عذراء، تحلم بالحب والزواج. يخطر لي أن كميل تبناني لأكبر، ويطلقني، ويشعر بمزيد من النجاح والزهو. أشعر بأني هواية يحبها ويحرص على أن تسعده، ويحرص على ألا يؤذيها. أحاول أن ألتقط مشاعري نحوه فتضيع.

أجدني أتقمص حال الدلال، أو الغضب، أو الشجار، أو المصالحة، فأؤلف، وأمثل، وأخرج المشهد، وأرقب نفسي ونجاحي. أطبع في كل يوم نسخة مني ألونها وأهديها إلى كميل أنغلوس، وهو يلهو بها ويسعد ويحفظها مثل جوهرة. هل أغادر كل هذا لأتزوج عصام ونكافح معاً لاستمالة منتج، وإقناع موزع، أو نقدم برنامجاً في التلفزيون مثل برنامج «أبو ملحم» و«أبو سليم الطبل» أو «بيروت في الليل»؟

كنت أظن أن لقائي الأخير بعصام جريدي كان في تلك اللحظة التي أوقف سيارته أمام بناية ستاركو الفخمة. رفع عينيه إلى زجاجها الرصاصي المخيف، فبدا مثل شارلي شابلن ضئيلاً وصغيراً ومضحكاً ومبكياً. يده على حافة باب السيارة المفتوح. كفه الثانية تقرصني من خدي. تبرق نظرته بدمعة وتكبر ابتسامته. أحتضنه وأحتضن آخر كلماته: «الله يوفقك يا سلمى أينما كنت».

ابتعدت ملوحة بكفي. صوتي يضحك، ويقول له: «باي»، ورأسي تنساه بعد دقائق من صعودي المصعد ووصولي إلى الطابق الخامس من بناية ستاركو.

لكني التقيته مرة أخرى.

From: Miss X
Sent: 28th December 2004 - 01:09am
TO: Saad
Subject: Salma's Papers

لم أعرف كيف يفكر كميل أنغلوس فيَّ، ولم أكتشف كيف كان يفكر بي. كنت أحسه. أكتفي بالنظر إلى عينيه وأستمع إلى كلماته، يصحبني إلى أماكن لم تخطر لي ولم أسمع بها: أقبية خفية في الملاهي للقمار؛ قاعات تحت الأرض في فيللات بعيدة لتجمعات أعضاء نادي العراة؛ حفل غريب لغرباء في عزبة قال كميل عن بعضهم إنهم عبدة الشيطان، فقلت: أعوذ بالله! لا أعرف أيضاً متى اهترأت علاقتنا، ولا كيف. وأقول لك يا سوسو اهترأت لأننا لم نتشاجر أو نصطدم ولم يحدث ما يجعلنا نقول وداعاً، لكنه لم يحدث أيضاً ما يجعلنا نقترب أكثر فأكثر. لا أعرف كيف أشرح لك الأمر. هو يشبه ما نقول عنه: الأمر الواقع. أعتقد أنك أنت التي قلت لي هذه الكلمة ذات يوم، وها أنا أعيدها لك، على الأقل أنا أعترف لك بسرقتي لها. من يفعل ذلك اليوم؟

كلهم يسرقون، المؤلفون والمخرجون والموسيقيون، ولا أحد يعترف. بعضهم يستحي ويقول: اقتبست أو تأثرت، لكن السرقة «على ودنو» يا عزيزتي. وقد اكتشفتها منذ تلك الأيام. هل تذكرين ما أخبرتك به عن قصيدة كميل: «هذه نجمتي»؟ كانوا مؤدبين ولم يقولوا له إنها سرقة. قالوا له «توارد خواطر»، فتوقف منذ ذلك اليوم عن كتابة القصائد. أراد أن يكتب القصص. قال لي سأكتب قصتنا، وستكونين بطلة الفيلم وسأشارك في إنتاجه. لم يكن يكذب، لكن آماله كانت أكثر من وقته. أسأله ماذا تفعل طوال اليوم يا كميل؟ أكتشف أنه يتحرك كاللولب بين مكاتبه في بيروت والأردن وباريس،

له أعمال أيضاً في القاهرة وسويسرا. أسمعه يتكلم على الحسابات والأسهم والفنادق والشركات، ثم يقفز إلى الفن والشعر والسينما ويكتب في الجرائد. يحيط به الفنانون في السهرات كأنه زعيم بينهم. إنها سطوة المال والنفوذ، يقول لي، تجعلني عبقريا أمام ضعاف النفوس، لكني أعرف حجمي جيداً وأعرف أني لن أكون مثل سعيد عقل، أو جورج جرداق، أو كامل الشناوي. إذاً، لماذا يكتب؟ لماذا يقرأ؟ لماذا يذوب وهو يحشرج كأنه سيموت بعد لحظة، عندما يقرأ لي مقاطع من قصائد كتبها ولم ينشرها؟ يحلم بأن تغني أم كلثوم أو عبد الوهاب إحدى قصائده. يردد ضاحكاً من الحمام، أو عندما يرشف كأسه على البلكون: «أم كلثوم وعبد الوهاب وبس، يعني القمم وبس... هل تفهمين يا سالومي؟».

علمني الكثير يا سوسو، ولم يعرف كم تعلمت منه من دون أن يدري. ظللت لسنوات أحتار كيف يجد الوقت الكافي لي؟ كيف ترك أعماله واجتماعاته في القاهرة، كما أخبرني، وعاد معي إلى بيروت؟ فقط لأني قررت ذلك بعد أن قرأت كلمتين في برقية عن غابي؟ كنت اتساءل أحياناً: ما الذي كنت أقدمه له بجهلي وعدم خبرتي، وهل كان مكتفياً بي؟ في ذلك اليوم، عندما كنت أتأمل البحر، من شرفة غرفتي في فندق بوريفاج، فاجأتني مكالمته لي من مكتبه. كانت الساعة الرابعة بعد الظهر، أذكرها تماماً، لأن ساعة مستديرة على الحائط كانت معلقة فوق المنضدة الصغيرة بين السريرين حيث التليفون، كنت أبحلق في الساعة، وصوته يقول كالآلة: سنسهر اليوم في البردوني في زحلة، ثم صمت لحظة ليقول بعدها بصوت لم أعهده: «لا تلبسي الأسود».

كنت ما زلت أرتدي ملابس الحداد على غابي. لا أدري كيف أشرح لك هذا الأمر، ولا أدري لماذا نرتدي الأسود حقاً؟ حزني

٢١٩

كان كأنه يريحني أو ربما يفرحني. أشعر بأن دموعي تنام عندما أرتدي فستاني الأسود، أو القميص والتنورة السوداوين، وهو الذي اختارهما لي.

لم تتطور علاقتي به، بل هي بدأت صاعقة: «إحم إحم». كانت انفجاراً، وإيصاله لي في تلك الليلة كان انفجاراً، ويده التي أمسكت كفي طوال الطريق كانت انفجاراً، بينما كانت موسيقى تدغدغني تنطلق من الراديو وصوته يُسمعني كلمة لأول مرة «فيفالدي»، ثم يقول «الفصول الأربعة»، ثم يهمس بأنه يراني حورية أغوص تحت الماء فيصلني الكلام مثل انفجار.

اتفقنا بعد ذلك بلا اتفاق. لا تقولي لي إني «بعت نفسي» كما قالت نوال في لحظة غضب، رغم أنها لم ترفض أن تعيش معنا، طوال تلك السنوات، عندما كان كميل أنغلوس أمام الناس، هو قريبنا الثري، يعرفه الجيران في العمارة، حيث شقتنا في الزمالك، بأنه ابن خال أمي المليونير الذي يطمئن علينا عندما يزور القاهرة، ويتكفل بنا بعد وفاة أبي. ويعرفه رجال الأعمال والفنانون والأدباء، الذين يصحبني إلى جلساتهم، بأني ملهمته الأسطورية. ويعرفه موظفو فندق بوريفاج الآن بإحدى خصاله الشهمة، فأنا إحدى قريباته وأهلي هاجروا إلى مصر منذ زمن، وقد فقدت عزيزاً وسيكون مسؤولاً عن إعادتي إلى القاهرة. كان يحرص على أن يطلبني من هاتف مركز الاستقبال في الفندق، ويقول محاولا الحديث باللهجة المصرية بأدب: «شو عمو» جاهزة؟ ثم يقول: «عاوزاني»؟ ويردد أن علينا ألا نتأخر. كنت أضحك لأنه يريد إفهام الموظفين أنه العم أو الخال. معلوم، يجب أن يكون العم أو الخال. مثل «عمو عزيز» مع أنه يا سوسو أجمل بكثير من «عمو عزيز». أكاد أقتله قهراً لو شبهته بزكي رستم. هو أجمل بكثير رغم الشيب وتجاعيد الوجه واليدين الرخوتين

وجسمه المضحك بثنياته عندما يجلس في البانيو. لكن حاجبيه أمر آخر. فهما يا سوسو ما أمرني بتسليم عمري وذوقي ومزاجي. لهما غنيت في تلك الليلة في البردوني حين قالوا إني وردة الجلسة. كنت الصبية «بنت الستعش» أجلس وسط قامات كالجبال، منهم الأشيب والأصلع والنحيل والسمين والأشقر وداكن السمرة، وفي صدر مائدتهم يجلس جبل شامخ بعينين تتطلعان إلى المدى البعيد، زرقتهما مخيفة، خصلة في الشعر الفضي فوق شاطئ بلوري مشع اسمه سعيد عقل، وهو يراني ولا يراني. والى يميني مؤرخ معروف لكني لا أعرفه، وكميل أنغلوس في مواجهتي، يميل بالضحك والانتشاء، يعلن ملكيته لهدية القدر و«جوهرة» السهرة كما أسموني. عندما غنيت لهم:

يا عاقد الحاجبين على الجبين اللجين

إن كنت تقصد قتلي قتلتني مرتين.

قصدت أن أتطلع إلى كميل. شعرت للحظة بأني على خشبة مسرح، وأني أنقل للمتفرجين لواعج غامضة تنتابني كلما نظرت إلى حاجبيه الكثيفين الحادين. كدت أقول لسعيد عقل إن بشارة الخوري كتب هذه القصيدة لي ولكميل أنغلوس، إلا أني رحت أمنح كلاً منهما نظرة أخرى، وأحجبة من ذبذبات صوتي وهو يردد:

تبدو كأن لا تراني وملء عينك عيني

ومثل فعلك فعلي ويلي من الأحمقين.

كانوا قد احتسوا الكثير من كؤوس العرق، وكانت رائحة المسك تفح وتُشعرني بدوار. وهبت نسمة باردة جعلتني أشعر بحاجة إلى أن أختبئ في صدر كميل أنغلوس. كانت تلك اللحظات تنتابني

أحياناً ولا أدري ماذا أسميها؟ هي تختلف عن فيض عواطفي الغامضة نحو غابي، وحناني الهادئ الذي يهدهد عصام جريدي. كانت لحظاتي تلك مزيجاً من النسيان والنعاس ورغبة خفية بالضياع وتوقف الزمن.

كاتب يكتب بالفرنسية اسمه فريد، كان يجلس إلى جواري حيث امتدت مائدتنا الضخمة، تختفي بين أشجار الصنوبر والسرو والتوت في أعلى مقهى من مقاهي البردوني. كنا فوق ربوة تخترقها مياه النهر المتفجرة، وشلالات صغيرة تندلق من سطيحة إلى أخرى، ورغوات تتباوس.

أحسست بأطراف أصابعه المثلجة فوق كتفي، وهو يضع سترته حولها. وصلتني نظرة خاطفة من كميل. لأول مرة أسمع نحنحته الخفية. استحالت نظرته إلى طفل. شعرت بأني أمه، علي أن أطمئنه إلى أني لن أذهب بعيداً. لم تكن نظرة غيرة ولا نظرة حق في امتلاك، كانت رعباً يفضحنا أمام شخص واحد فقط، شخص نتواطأ معه في أشياء نكاد لا نعرفها ولا نعترف بها. «فستانك كتير حلو يا مدموزيل وحرام أن يختبئ تحت الجاكيت»، قال لي الكاتب الذي عانقتني سترته بعد أن شعرت برعشة برد قوية. كنت ارتديت ثوبي الكحلي الديكولتيه الذي تحلّيه وردة بنفسجية كبيرة إلى الجهة اليسرى من الصدر، ووضعت أحمر شفاه بنفسجياً كان كميل يحبه، وكان ذلك حلاً وسطاً توصّلنا إليه قبل مجيئنا إلى السهرة، بعد أن أمضيت نصف ساعة أعانده بأني لن أسهر معه في البردوني إلا إذا لبست الأسود. في ذلك اليوم قبل انطلاقتنا إلى زحلة، وما إن غادرنا الغرفة في الفندق، وقبل أن نخطو خطوة واحدة في ممر الطابق، أوقفني وهو يمسك كتفي ويطلق نظرة غريبة إلى عيني، قال: سأسألك سؤالاً لمرة واحدة طوال عمري وعمرك، لم أسأله لأحد ولن أسأله لأحد:

هل تحبينني فعلاً؟ وقبل أن أفتح شفتي، قال بسرعة ونظرته تزداد غرابةً: «انتبهي يا سلمى، يمكن أن تخسري كثيراً إذا افتكرت أن الكذب بيمشي علي». شعرت بدوار. تطلعت إليه وعيناي تكادان تغمضان على نظرتي. فجأة لم أعد أرى إلا الضباب. أين أنا؟ ما هذا؟ من هذا؟ ثوان كنت أتحول فيها إلى صدق حقيقي، أرى نفسي غياباً وأحجية وما لا يُلمَس، وأراه ولا أراه. قلت محشرجة وأمنية غامضة تجتاحني بأن أموت في اللحظة نفسها التي أنطق بها: «ما بعرف». ثم أفلتت كلماتي مع بكائي الذي هطل من عيني وقلبي وشعري وصدري: «ما بعرف، ما بعرف، ما بعرف». شهقت وأنا أحاول أن أشرح؛ فإذ به يقفل فمي بإصبعيه، ثم يغمر كتفي بساعده. رأسي عند أسفل صدره، قطعة شحم لدنة كأنها مخدة، صوته يردد بحنو: «خلص سلمى، ما تقولي شي شيري je t'en pries».

ظل يسوق صامتاً إلى زحلة، يبدل أشرطة الموسيقى ويتطلع إلى جانب الطريق. يفتح الراديو أحياناً ويستمع إلى نشرة الأخبار. كفه بين الحين والآخر تداعب يدي وذقني أو تستسلم في حضني لتخبرني بأنه «مش زعلان». يقول إن هذا العالم غريب، وإن الحرب يمكن أن تقع، ولهذا من الأفضل ألا نبقى في مصر. سألته ماذا يتوقع أن يحدث في فيلمي مع عاطف سالم؟ فقال إنه حتى لو وقعت الحرب فمن المتوقع أن تكون حرباً خاطفة، كما تقول تحاليل الخبراء، ولهذا فقد تكون النتائج اقتصادية بالدرجة الأولى، وليست حربية بمعنى قتل الناس وتدمير البلد. قال: يعني حرباً بين جيوش. لم أفهم في تلك الأثناء ما يقصد تماماً لكني فهمت أننا سنواجه عثرات بشأن عقود الأفلام التي أتوقعها، وأن علي أن أكون أكثر صبراً لتحقيق أحلامي.

قال لي في السيارة: كم صار عمرك يا سلمى؟

قلت: ستة عشر وسأدخل في السابعة عشرة بعد ثمانية أشهر. فقال ضاحكاً: ستة عشر ومستعجلة على تحقيق الأحلام؟ سألته، وكانت المرة الأولى والأخيرة: «وأنت؟ قديش عمرك؟»، فقال: «interdit... يعني ممنوع». فسألته: وحققت أحلامك؟ فأمسك بيدي وقال: «عم حققها».

From: Miss X
Sent: 28th December 2004 - 02:09am
TO: Saad
Subject: Salma's Papers

أعطيت موظف الاستقبال في فندق بوريفاج نص البرقية ليرسلها
إلى نوال في القاهرة. كتبت لها «كل شيء تمام وسأعود بعد أيام».
لم أكن أدري تماماً متى سأعود، فقد جاء كميل تلبية لرغبتي. لكني
أبقى الآن لأرد له الجميل بعد أن غرق في لقاءات واجتماعات لم
يكن يتوقعها كما قال. كان علي أن أرافقه كل ليلة إلى أحد الأمكنة،
يعرفني إلى أشخاص جدد، ليس بينهم فنانون أو شعراء أو أساتذة
كبار كالذين التقيت بهم في البردوني، يتحدثون أحياناً الفرنسية أو
الإنكليزية، يبتسمون لي، ويراقصونني، ويقول لي البعض إني جذابة
إلى درجة مخيفة. تجرأ أحدهم ذات ليلة وحاول تقبيلي عندما كنا
نرقص في ملهى الطابق السابع في فندق الفاندوم. أبعدت رأسي
وسكت، وبكيت بعدها على صدر كميل وأخبرته كل القصص التي لا
يعرفها. كل الأيدي التي تمتد فجأة أو محاولات عض شحمة أذني.
قال إن بعض المحاولات تعبير عن إعجاب حقيقي، وإن الرجل
يحاول مع المرأة أحياناً كمن يضارب في البورصة. سألته إذا كانت
«الإحم إحم»، في منزل فريد الأطرش، محاولة، فقال: بل كنت
متأكداً من التجاوب. كنا نحكي الكثير عن هذه الأمور في أحاديث
الوسادة كما يسميها، عندما يكون قد انتهى وانتشى ولبس روب
الحمام ووضع ثلاث قطع ثلج في كأس الويسكي وتمدد فاتحاً ساقيه
لأربض بينهما، وأتكئ على معدته التي أسميها مخدتي، يقول لي:
اسمعي يا سالومي وتعلمي، القصص الكبيرة في حياة الانسان لا
تكون كثيرة. هي قصة واحدة في أغلب الأحيان، أو قصتان في بعض

الأحيان. ومن يَقُل لك غير هذا يكذبْ عليك أو على نفسه». كنت
أريد أن أقول له إني لا أعرف إذا كنت أكذب على نفسي، ولا أعرف
إذا كانت القصة كبيرة وصغيرة في الوقت نفسه. أفكر أحيانا بعد أن
ينام، هل تكون قصتي معه وقصتي مع غابي هما القصتين الكبيرتين؟
وهو، هل عاش هذا العمر كله من أجل قصته الكبيرة معي؟ أريد أن
أعرف. أبدو أحياناً كأني المرأة الوحيدة في عالمه. كل النساء
اللواتي يحطن به كبيرات. يقبلهن ويقبلنه ويمزحون جميعاً بكلمات
وإشارات لا أفهمها، لكنه دائماً لا يُبعدني. يعرفني إلى مدام فلان،
والست فلانة، وغيرهما، ويردد أمامهن بثقة: سلمى جوهرتي، أو
سلمى ملهمتي، أو يقول لإحداهن: هذه هي سلمى يا ستي... ألا
تستحق كل هذا الغرق؟

قوته تخيف أعماقي، وثقته ونفوذه يصيبان سلوكي بعدوى، فأهدأ
وأطمئن عندما أكون معه، سواء في حفل، أو وحيدين في الشاليه في
منطقة خلدة، أو في شقته الجميلة في إحدى بنايات شاطئ الروشة.
يقول لي عندما نصعد في المصعد: عسى ألا يكون تمام الأشهل هنا
فيلقي القبض علي. يخبرني أنه جاره ويسكن في شقة الطابق السادس
عندما يزور بيروت. أسأله من هو تمام الأشهل؟ وهل هو بوليس؟
فيضحك ويقول: هل هناك أحد لا يعرف تمام الأشهل؟ اقرئي الجرائد
يا سلومي، إنه محرك السياسة العربية، والوسيط الخفي بين الشرق
والغرب يا صغيرتي. أقول: «أف»، وأهرب وأغير الحديث. كنت
أتأفف كلما حاول أن يحكي عن المعاهدات والتهديدات
والانتخابات. أقول له: هذه الأحاديث توجع لي رأسي وتنعسني.

في الزمن الآتي لم يصدقوني. كانوا يظنون أن كل الرجال
يحكون عن أسرارهم الحربية وصفقاتهم في غرف النوم. حتى أعداء
كميل الذين راحوا يهددونه في السنوات التالية، لم يصدقوا أني

حبيبته الصافية. ظنوا أني أعرف المعلومة وأبيعها كما كانوا يتداولون. أي معلومة؟ ولمن أبيع؟ وممن أشتري؟ كنت أنام يا سوسو عندما يحكي عن تمام الأشهل أو غيره، وأنعس بعد أن أقرأ العناوين الكبيرة في الجريدة. يقول لي كميل إني أقرأها بالمقلوب فأقول: صح. كنت أقلب كل صفحات جرائده لأبحث عن أخبار الفن والأفلام. أما مجلاتي الفنية فكان يأتي لي بها أحياناً ليُرضيني، لأنه سيصحبني إلى سهرة لا تعجبني، بعد أن يكون وعدني بأن نذهب إلى السينما. كنا أمضينا أيام ذلك الأسبوع بعد وفاة غابي بشكل لم أعهده، سهرات وحفلات ولقاءات كثيرة وزيارات يصحبني فيها معه، حتى أني نسيت أن أفعل ما وعدت به نوال وما كتبت لها كاذبة أن «كل شي تمام». كنت كل يوم أقول لنفسي، سأذهب اليوم. . . سأذهب اليوم. . . ولا أذهب.

كنت ضعيفة، خائفة، تافهة أو حمقاء، لا أدري. أبحث عمن أتكئ عليه لألتقي بأبي أو أخي. أرادتني نوال أن أطمئن عليهما، أن أعطيهما مما «أعطاني الله»، فهذا حقهما عليَّ كما قالت. كم هززت رأسي أمامها كاذبة. أعلن موافقتي، وأنا أخفي خوفي وهلعي. أظن أن أبي سينقض علي عندما يراني، وسيشتمني جميل ثم يخلع لباسه ويركض في أزقة حي القصار. لم أستطع أن أذهب إلا بعد أن اتصلت بعصام جريدي. شعرت بأنه الوحيد الذي يستطيع أن يفهم فضيحتي ويخفيها.

كان كميل يعرف نتفاً مبعثرة وغامضة عن أهلي. لم نخبره تفاصيل عن أبي وعمله، وجميل وحالته، ولم يكن لديه الوقت الكافي ليستمع إلى مثل هذه الأمور. كان يشتري عدم سماعه يا سوسو. يقول لي: الناس تريد أفعالاً لا كلاماً، والمال هو الفعل الأقوى. يعطي بدون حساب كي لا يجد نفسه يصغي بملل إلى

حكاية جوع أو عوز. القصص متشابهة يقول لي، وأحوال الناس متشابهة. وبدلاً من أن أملّ من سماع كلام المحتاج عن قهره أو فقره أو حالته المعلقة بين الحياة والموت، بإمكاني أن أنقذ نفسي من الملل، وأوفر له طاقته. أعطيه ما تيسر ولْتجرِ الحياة في مسارها.

كان يقبلني لأني أفهم عليه وأتعلم منه بسرعة. لا أحكي إلا زبدة الكلام في مثل هذه المواضيع، أما الموضوعات الأخرى عن الإبط والشعيرات، ورعدة الانتشاء، ومفهوم العري الفلسفي الساحق الذي يريد أن يسحبني اليه، فلها كل الوقت والمزاج. لم يكن يدافع عن نفسه ليقول إن من حقه أن يسعد ويتمتع ويعيش حياته الشخصية كما يريد، كنت أنا من يفعل ذلك أحياناً أمام اتهامات نوال أو صمت أمي الذي يغيظ. أما كميل أنغلوس فكان يعيش هذا الحق. ينقضّ عليه كالنسر ويحميه مثل أسد الغابة.

كان صوتي يرتجف عندما سألت عصام على التلفون إذا كان يستطيع أن يأخذني «مشوار» في سيارته. أحسست أنه ارتبك للحظة ثم أسرع يقول: «معلوم ولو... تحت أمرك يا سلمى».

كان يعرف الكثير عن كوخنا وأبي وجميل. لا أدري اذا كان عرف ذلك من غابي، أو أنه ألصق نتفَ الكلام ليعرف الحكاية.

كانت رزمة الألف ليرة في حقيبتي. أنظر من نافذة سيارة عصام إلى الكورنيش، ثم إلى صخرة الروشة قبل أن يصعد متجهاً إلى ساقية الجنزير ليلتف نحو شارع فردان. يراقب الطريق أمامه، وأرقب البنايات وأتساءل عن صمته. أشعر بأنه يخفي أمراً أو يبحث عن مدخل ليبوح لي. أشعر بأني أعرفه وأحسه وأتمنى أن يكون أخي جميل هو عصام.

طلبت منه أن يقف عند مفرق الزقاق في شارع فردان ونزلت.

سألني بصوت خافت: تريدين أن آتي معك؟ قلت: لا، وأنا أتمنى أن أقول: نعم. مشيت كأني عارية. دخلت الزقاق لأحس أن الأكواخ نائمة. كان المغيب يقترب وخيط ضئيل من بقايا أشعة الشمس يخترق الأكواخ ويشقها إلى نصفين. أرى ضوءاً في كوخنا يتسلل من شقوق خشب الجدران. يخفق قلبي بشدة وتتراخى ركبتاي. تراءى لي أبي يبتعد فجأة عن الطبلية وكأس العرق وصحن الزيتون، يكون بالكلسون وقميصه القطني بالحمالات، يقف حائراً وهو ينظر إليّ. يريد أن يضحك ويبكي، ثم نندفع معاً في عناق أتمنى أن يذيبني ويرجعني إلى رحم أمي. هكذا رأيته قبل أن أراه، ثم لمّا وصلت، وكان باب الكوخ مواربًا، دفعته لأطل على جلسته نفسها: صحن الزيتون وأعواد الرشاد وقطعة الجبنة البيضاء وكأس العرق ورائحة الرطوبة والعفن حوله. أزاح الطبلية وهو ينظر إليّ مشدوهاً! ثم عاد ينظر إلى كأسه الفارغة. صب الكثير من العرق وأضاف قطرة من الماء. ملأ الكأس وما زال جالساً. أردت أن أقترب منه، أشجعه على عناقنا، فأيقظني صوته: «إجت الشرموطة»؟!

* * *

قلت لعصام بعد عشر دقائق من انتظاره لي:

«خذني إلى البسطة. هل تذكر البناية في البسطة الفوقا؟».

قال: « ولو؟ كيف بدي إنساها؟».

لم يسألني ماذا حدث. لكنه قال: لم تتأخري، قلت كاذبة إني لم أجد أحداً.

كنت تركت لأبي رزمة الألف ليرة فوق المد الخشبي وأنا أسمعه يشتمنا جميعاً، حتى جميل. همست لنفسي بتلك الكلمة التي كنت تعلمتها من فدوى صديقة نوال منذ سنوات: hopeless case. إنه

يرتاح كلما شتمنا، وهو يرتاح كلما تأكد من أن شتيمتنا هي ما يدفعه لكأس العرق. يبحث عما يريحه. كل إنسان يبحث عما يريحه، وأبي يرتاح في ثمالته. ذلك هو المفهوم الذي تعلمته أيضاً من كميل: دعي الحياة تجرِ يا سالومي ولا تغيري الاتجاه. سيري مع التيار واستفيدي بدلاً من أن يجرفك رغم أنفك. أنت لن تغيري الحال. الذين يغيرون العالم هم الأنبياء فقط، وقد غيروه وانتهى الأمر، وكل من يظن نفسه الآن أنه مصلح أو سيغير الأمور يضحك على نفسه، أو يعرف السر ويخدعنا.

تنهدتُ عندما تذكرت أني بعد أن أغلقت باب كوخنا على صوت شتائم أبي، فتحت إحدى الجارات باب كوخها وأطلت لتقول لي: «ما تخافي عليه، فيه أرتيست من الزيتونة بتيجي لعنده. أحسن له يكون معها، وأحسن لكم تكونوا بعاد».

* * *

فوجئت بأخي جميل في شقتنا في البسطة التحتا. كان هادئاً مثل طفل صغير. جسده المنفوخ الضخم متكئ على الكنبة العريضة في الصالة وامرأة تروح وتجيء بين غرفة النوم والمطبخ. كانت مرتبكة عندما قرعت جرس الباب وفتحت بعد أن أطلت من دفة الواجهة الزجاجية التي تشكل شباكاً في أعلى الباب. قلت لها قبل أنا أحييها: أنا أخت جميل.

لم أره على هذه الحال من قبل. كان نظيفاً ومستكيناً. هل تزوج؟ صوته بطيء. تكاد الكلمات تخرج بصعوبة من فمه، لكني لم أشم رائحة خمر. ومن تكون تلك المرأة؟ أراني خاتمَ الزواج الفضي في إصبعه وقال كلمة واحدة: بكرة. رأيت على المنضدة الصغيرة قرب التليفون علباً كثيرة من الأدوية، ثم جاءت المرأة الغريبة تضيّفني القهوة. يداها ترتجفان بالصينية مع أني أنا الخائفة منهما.

ضخمة، متينة القامة، شعرها قصير. إنها أكبر منه. أكبر منه بسنوات كثيرة. قالت: «جميل عاسلامته وسوف يشفى ويذهب إلى العمل». هي ممرضة في مستوصف البسطة، تعرفت إليه عندما حملوه ذات ليلة بعد أن ضربه الأولاد بالحجارة الكبيرة. أشفقتْ عليه وعلّمها الطبيب كيف تساعده ليتوقف عن إدمان الخمر. يعطونه الآن حبوباً مهدئة. اتفقت معه على الزواج وسيعيشان في الشقة. «اسألي الجيران عني، تقول لي لأتأكد من إخلاصها لجميل. تخبرني أنها هي أيضاً مقطوعة من شجرة»، وكانت تنام في المستوصف قبل أن تتعرف إلى جميل. أشعر بأنها مثلي، تحكي نصف الحقيقة وتخبئ نصفها الآخر. هل أعطيها الرزمة، هل أثق بها؟ ماذا لو كانت تضع لجميل السم في الدواء؟ أتذكر دروس كميل فأقرر: «انسي يا سالومي. أريحي نفسك من الملل ووفري للمرأة طاقتها لتعتني بأخيك». لم أعد أسمع كلماتها. فتحت حقيبتي وأعطيتها الرزمة. انحنت تقبل يدي كما كانت أمي تفعل في منزل عمتي. سحبتها هلعة، وأنا أكره أن أصبح عمتي. قلت لها بسرعة، إن إيجار الشقة مدفوع حتى نهاية السنة. طلبت منها أن تسأل الجارة عن إمكانية تملُّكها أو شراء شقة أخرى تبقى فيها مع جميل بعد زواجهما. قبلتُ جميل من جبينه فقبل يدي وقال: «ماما... نونو»، فأبكاني وجعلني أقفز درجات السلم هاربة منه ومن حالي.

***

- إلى أين الآن يا ست الحلوين؟

وجدت نفسي أضع يدي حول كتفي عصام، أغني كما كنت أفعل قبل عام: «وديني مطرح ما توديني... كل مكان وياك يرضيني»، وأضحك. هز برأسه كأنه يعلن خسارته وخسارتي. أردت أن أبقى معه. قلت إني جائعة، وفتح فمه دهشاً بينما عيناه تسألاني

عن كميل. أسرعت أغلق فمه بأصبعي كما يفعل كميل لي. قلت: لنذهب إلى الجروت أو بيجون، فصاح كطفل: إلى الجروت أو بيجون، وراح يسوق بمرح وهو يصفر.

عندما نزلنا درجات السلم المنتصب داخل المطعم كنت أخبئ طيف نوال وأمي، أشتاق إليهما وتجتاحني حالة لا أفهمها. أبي يقول «شرموطة» وأخي يقبل يدي، وعصام يعيد إلي حنان الأغنيات البريئة ووعود الزواج، وكميل ينتظرني لسهرة الأعاجيب هذه الليلة، التي كان قرر أن أمضي إليها معه مغمضة العينين.

جلسنا في ركن العشاق في الجروت أو بيجون، يواجهني عصام جريدي بعينين حزينتين وابتسامة متهدلة. أطلب منه أن يطلب لنا مازة إكسترا وبيرة أو بطحة عرق، فيتطلع إلي بنظرة دهشة طفل، ثم يقول محذراً: «ممَّ تهربين يا سلمى. من شو بدك تهربي؟». أقول له من دون أن أدري: «بدي أهرب منك». «لا حول ولا قوة الا بالله». يتمتم وهو يصفق بيديه على مهل، ثم يرفع كفه مشيراً للنادل:

- هلق عن جد بدك تشربي؟

أقول مرددة على طريقة كميل: نعم... نعم... نعم.

- بس أنت ما بتشربي

- دوام الحال من المحال.

أرددها، وأشعر بأن فرساً جموحاً تشدني من شعري وتلفني في فضاء معتم. تأتي أطباق المازة فآكل بشهية. أتجرع كأس البيرة لأول مرة كاملة. كنت رشفت رشفة صغيرة من كأس كميل ذات يوم، أما اليوم فأريد أن أذهب إلى عالم ثمالتهم، وأغيب معهم في لعبة يدركونها ولا أدركها، ويحددونها ولا أعرف لها حدوداً أو مساراً.

شربت ثلاث قناني صغيرة من البيرة، والتهمت أطباق الهندباء

والمقانق وبيض الغنم. تجشأت وغنيت لعصام الذي احمرت عيناه بعد أربع كؤوس من العرق، وكنت أمرته أن يشرب نصف الكأس الأخيرة «أبيض»، أي إلى الثمالة.

كنا نترنح بعد ساعتين ونحن نصعد درجات المطعم مغادرين. خبأ عصام ساعدي تحت إبطه وهمس لي: «وحياة عيونك ماحدا بيناسبك إلا أنا». قلت له: «بعرف»، قال: «طيب عجلي قبل فوات الآوان». سألته بلهفة: «إن شاء الله ناوي تتزوج»؟ قال: «أنا لأ، بس الوالدة تلح وحاطة عينها على واحدة». «وأنت شو رأيك»؟ قلتها وأنا أستدرجه ليبوح ويبوح ويبوح، لأنتشي وأنتشي وأنتشي، وقد حقق لي ما أردته إذ همس: «سلمى أنا بعبدك».

وجدتني أتوقف في منتصف السلم، أجلس على طرف الدرج، وأفاجئه بنوبة من البكاء. تردد وارتبك وهو يرى رواداً يهبطون ويصعدون. سحبني برفق من يدي وصعدنا متجهين إلى السيارة. اتكأت على الباب قبل أن نصعد. أحببت حالتنا في الظلمة والهواء الرطب الذي يهب معلناً استعجاله للصيف. أضواء البنايات الشاهقة خلفنا وصوت الموج الصاخب.

وجدتني أهمس له: «خلص، أنا كمان ما إلي غيرك يا عصمصم». عانقني بقوة وراح يمسد شعري. «يعني خلص خلص؟ رح نتفق؟». قلت: «بل اتفقنا». صاح رافعاً يديه انتصاراً: «زواج مسيحي أبدي على سنة الله ورسوله»؟ همست: «مثل ما عم بتقول». ثم نظرت إليه كأني أريد أن أعتذر إليه عن كل ما فعلته، وعن أيام غابي وكميل و... قبل أن أنطق قال بحماس: «هذه الليلة ستكون الليلة الأخيرة في ماضيك، وغداً يوم آخر. غداً يومنا وبدايتنا يا سلمى».

كانت سلمى تبتسم، وأنا أختبئ داخل وجهها كاللصة. أصعد

في سيارته ليوصلني إلى فندق بوريفاج. أدرك رعدته المكتومة، وهو يرى سيارة كميل بين السيارات القليلة في مدخل الفندق رابضة بسوادها وماركتها الفاخرة. كنت أسمع قهقهات السيارة التي ستمضي بي بعد قليل وأنا مغمضة العينين كما كان أبلغني كميل صباح اليوم.

همس عصام وهو يفرك أصابعي وأنا أسحب كفي لأهبط من سيارته: «بكرة؟»

قلت: «بكرة». فقال: «برافو يا بطلة».

ابتعدت مسرعة، لا أفكر ولا أحس. أعرف أني سأجد كميل في صالون الطابق الأول ينتظرني مع كأس من الويسكي أو «البلادي ماري»، وأعرف أنه لن يسألني أين كنت لأني سأخبره قبل أن يسأل. لكني لم أكن أعرف إلى أين سنمضي وأي مفاجأة يعدّها لي، وعلي أن أتقبلها مغمضة العينين.

❋ ❋ ❋

كانت المفاجأة بعد ساعة في منطقة خلدة؛ في الشاليه الذي تحتل صالة الاستقبال ثلاثة أرباع مساحته، ويحتضنها الشاطئ عبر واجهة زجاجية تلتف على شكل هلال على امتدادها، خلفها سطيحة رحبة، جزء منها محدد بدرابزين حديدي قصير، والقسم الآخر مفتوح على درجات عريضة من الإسمنت تُفضي إلى الشاطئ الخاص المقفل على شاليهات قليلة متباعدة. كان كميل قد عقد حول عينيَّ أحد شالاته ولم يرفعه إلا بعد دخولنا صالة الشاليه.

كانوا حوالى عشرة أشخاص بين نساء ورجال. لم أصدق عيني وأنا أراهم يستقبلوننا بضحكات وصياح وحماسة. بعضهم يرفع الكأس، وآخرون يدورون حول أنفسهم مأخوذين بالنغمات المنبعثة في الصالة.

٢٣٤

كانوا عراة، وكميل يرد لهم التحية بحركات بهلوانية إذ أسرع ينزع الجاكيت والقميص ويتراقص على نغمات الموسيقى.

*** *** ***

في اليوم التالي عرفت أننا سنسافر بعد الظهر إلى القاهرة.

لا تقولي شيئاً، ولا تسأليني عما سأفعله مع عصام.

لم أفعل شيئاً. هربت منذ الصباح الباكر إلى شارع الحمراء. أمضيت الساعات أختار الهدايا لأمي ونوال. أشتري أثواباً وإكسسوارات كثيرة بجنون. أترك عنوان الفندق في كل متجر بعد أن أدفع بشيكات الدولار المحولة، ثم أعود منهكة قبل ربع ساعة من وصول كميل لنتجه إلى المطار. يقول لي الموظف أن مسيو عصام جريدي اتصل مرات كثيرة، ثم جاء وسأل عني مرتين وترك رقما لأتصل به.

آخذ الورقة من موظف الاستقبال وأضعها في حقيبتي. يأتي كميل بتاكسي بعد أن ترك سيارته في كراج عمارة ستاركو. يحمل العامل ثلاث حقائب كبيرة يضعها في صندوق التاكسي، ويدفع كميل فاتورة حسابي في الفندق وينحني له الموظفون احتراماً واعترافاً بكرمه. أقف إلى جانبه مغيِّبة نفسي، وغائبة في جمود سأعتاده، ثم نمضي إلى المطار، والى الطائرة، وعندما نصل إلى مطار القاهرة ونقف في الطابور منتظرين ختم جوازينا، يقترب مني ضابط قائلاً بهدوء:

- حضرتك الآنسة سلمى حسن؟

يقول كميل متفاجئاً: «أي نعم»، بينما أهز برأسي هلعة.

قال الضابط: «اتفضلي معانا يا فندم».

«لشو؟»، قلت وأنا أحس أني سأنفجر بالبكاء.

٢٣٥

أمسك كميل ساعدي وقال للضابط: بعد إذنك أنا كميل أنغلوس وأنا برفقتها. أرجو أن تسمح بدقائق لآخذ جواز السفر وأكون معها. قال الضابط: «اتفضل معانا لو حبيت يا فندم، وسنُحضر لك الجواز».

مضينا خلفه بهدوء إلى جهة أخرى من المطار. عبرنا ساحات وممرات ثم أَدخلَنا إلى غرفة صغيرة. رأيت رجلين بملابس مدنية وأحدهما يقلب في دفتر طويل أمامه ويسألني عما قصدته في البرقية التي أرسلتها قبل أيام وأقول فيها «كل شيء تمام».

لم أفهم السؤال. قلت خائفة: بعثت البرقية إلى أمي وأختي لأطمئنهما عن أحوالي وعن...

- عن إيه يا فندم؟

هل أخبره عن أبي وجميل؟ ما الذي سيقوله كميل؟ انفجرت باكية، فإذا بكميل يقول بحدة: اسمح لي يا حضرة الضابط، هذا أمر غير مقبول، أنتما تخيفان الآنسة وهي مسؤولة مني. فقال الضابط: «تقرب لحضرتك إيه؟». سكت كميل لحظة ثم قال متأففا: «خطيبتي، شو المطلوب بعد؟».

ابتسم الضابط وهو ينظر إلينا ليُفهمنا أن هذه العلاقات مكشوفة بالنسبة له، ثم قال:

- نحن فقط لدينا استفسارات بسيطة، وبعدئذ تقدروا تتفضلوا.

أخبرته بكلمات قليلة أن لي أباً في بيروت، وهو منفصل عن أمي، وأن أمي أرادت أن تعرف إذا كان قد تزوج أم لا. وضحك عندما أخبرته أن عبارة «كل شيء تمام» تعني أنه لم يتزوج، وأضفت: ولم تقع الفاس في الراس.

امتلأ جو الغرفة فجأة بالضحكات والمرح، وراح الضابطان يعتذران لإزعاجنا، غير أن أحدهما قال فجأة ونحن نغادر الغرفة:

حضرتك كنت نازلة في شقة في العمارة التي يسكن فيها تمام الأشهل؟

نظرت إلى كميل فأسرع يقول للضابط: أنا ساكن هناك حضرة جنابك... إذا ما عندك مانع.

قال الضابط بأدب: لا أبداً يا فندم.

ومضينا...

الفصل الخامس

رسائل المذيع سعد أسعد
إلى Miss X... وبالعكس

اليوم الثامن

صباحاً

كان ما قرأه سعد من أوراق سلمى خلال اليومين السابقين يكفي ليُصيبه بذلك الأرق الذي لاحظته ضياء راشد مديرة القسم، ثم الفريق المساعد في برنامجه.

أصبح زائغ النظرات، ينسى حلاقة ذقنه وهو الذي اعتاد حلقها مرتين أحياناً. يمضي ساعات مستمعاً إلى أحاديث سلمى مع ضياء، ثم يعيد قراءة أوراقها التي ترسلها Miss X. وضع خطوطاً حمراء تحت كلمات وعبارات مثل: «نوالك»، ثم «تمام الأشهل»، و«معلومات وبيع معلومات». تلك الكلمات هي ما دفعه لاتخاذ قرار كان حسمه بينه وبين نفسه، ولم يوقفه إلا انتظاره الموافقة الإدارية من ضياء.

أسرعَتْ أخيراً إلى مكتبه وهي تلوح له بورقة الموافقة، فخطفها هامساً: سأتصل حالاً. وعندما جلس إلى الكمبيوتر أحس أنه يرى Miss X، بل شعر أبنه سيسمع صوتها.

سيتحادثا الآن مباشرة، وجهاً لوجه. هز برأسه: أليست كلماتنا صوراً أخرى لوجوهنا؟ راحت أصابعه ترقن على لوحة الحروف

بسرعة: عزيزتي Miss X، إنني أثق بكل كلمة كتبتها وتكتبينها لي عن الفنانة سلمى حسن. أسرع يلغي كلمة «فنانة»، كي تبدو رسالته أكثر حميمية. ثم تابع:

أريد أن أعرفك، أريدك أن تقتربي أكثر، امنحيني ثقتك مثلما منحتُك ثقتي وصدّقتُك. لدي تساؤلات كثيرة وكلها لصالح سلمى التي أخذت أدرك كم هي قطعة منك. أنتظر جوابك حالاً. ضغط على مؤشر send ثم غادر المكتب. أراد أن يمضي الوقت بلا انتظار، لكن الوقت كان يُثقل خطواته، ويحط على كتفيه مثل قطع من الحديد. شرب قهوته ومازح زميلة واصطنع اهتماماً بما قاله له زميل عن فيلم توم هانكز الأخير The Terminal ملحاً عليه أن يشاهده.

اتجه بعدها إلى مكتبه، ووقف عند الباب كمن يخشى أن يلقى نمراً يهاجمه. عدل عن الدخول ومضى إلى قاعة الإعداد. تجول قليلاً بين مكاتب زملائه، ورأى قائمة الاتصالات التي ما زالت مساعدة مخرجة برنامجه تعدّها وتعدّل فيها بعض الأسماء. عاد إلى مكتبه بعد قليل، وهو يشعر بأنه أمضى عشر ساعات من الانتظار بينما لم يكن عقرب الدقائق قد قطع إلا ثلاث عشرة دقيقة. بعد دقيقتين كان يهتف معلناً انتصاره، وهو يرى شريطاً أزرق يؤطر رسالة الكترونية مرسلة من Miss X:

«عزيزي سعد. أنا أيضا أحسبك صديقاً أو قريباً. صوتك كان جواز مرور إلى وجداني. اسألني ما تشاء وافتح لي قلبك كما فتحت قلبي. أنا واثقة من أننا نحن الاثنين نحب سلمى ونحرص عليها».

From: Saad
Sent: 29th December 2004 10:03am
To: Miss X
Subject: Who are you?

«عزيزتي Miss X

من أنت؟ ما علاقتك بسلمى؟ لماذا تكتب لك كل هذه الأوراق؟ متى كتبتها لك؟ متى عرفتها؟ أين كنتما تلتقيان؟ هل تملكين الجرأة على البوح لي مثلما كانت تبوح لك؟ بماذا يجب أن أعدك إذا كنت كسبت ثقتك كما تقولين؟».

سعد

From: Miss X
Sent: 29th December 2004 - 10:10am
To: Saad
Subject: Iam Miss X!

تذكرني أسئلتك يا عزيزي سعد، بما حكته لي سلمى عن المحققين والملاحقين. كان اسم تمام الأشهل الذي لم تعرفه ولم تلتق به في حياتها، أول سطر في دوامة جذبت إليها وجعلتها تفر كالدجاجة المذعورة من قن إلى آخر. لم تعد تملك جناحين اصطناعيين وضعهما لها كميل أنغلوس، فقد اختفى بعد أن عادا إلى القاهرة وبعد عرض فيلمها الأول مع عاطف سالم.

فجأة اختفى كأنه لم يكن في حياتها.

طبعاً في ذلك الزمن لم أكن أعرفها، بل لم أكن أعرف العالم، لكن إنسانة قريبة منها مثلي، أو مثلما سأصبح بعد سنوات كثيرة، كانت قريبة إلى حد الالتصاق بها، تسمع ربما دقات قلبها أكثر مما تسمعها بنفسها. كانت نوال قد أصبحت قطعة مهملة في تلك الشقة الفسيحة في الزمالك التي تركها لها كميل أنغلوس. أقول قطعة مهملة لأن الوقت كان يأخذ سلمى في لهاث، ولا يعيدها إلى الشقة إلا لتغفو بعد دقائق من وصولها. وكثيراً ما نهضت نوال لترى من شق باب غرفتها الموارب قدمها معلقة في الحذاء اللماع ذي الكعب العالي، فتنزعه ببطء، وتعدل من وضع ساقيها فوق السرير وتغطيها ببطانية أو شرشف سميك، حتى لا تقطع عليها إغفاءتها، وهي تراها ممددة فوق مفرش من الساتان الوردي يغطي سريرها العريض.

تغلق الباب وتفكر في ابتعادهما يوماً بعد يوم، وعندما تعود إلى غرفتها تكون عينا أمها تبرقان بدمعة جامدة: «سلمى جت؟»، تسألها

وهي تعرف الجواب، لكنها تود أن تستدرجها للحديث فتفشل. تقول نوال: «نامت، وأنت كمان نامي يا ماما».

ظلت طويلاً تظن أنهما سعيدتان. كانت تترك لهما كل رزم الفلوس التي يتركها كميل أنغلوس في حقيبتها، ولما أكملت عامها الثامن عشر أصبحت توقع الشيكات، بعد أن علمها عاطف سالم التوقيع. كتبت اسمها بأشكال كثيرة مضحكة ، ملأت أوراقاً بحرفي سين وألف، خمسين مرة، مائلة أو منحنية، وكانت تمزقها باحثة عن شكل فني مميز وخاص بـ«سلمى وان»، كما كانت تردد عندما تريد أن تدلل نفسها. نوال هي التي أعطتها فكرة التوقيع بإضافة رقم ١ وإلصاقه بالحرف الأخير من اسمها. قالت لها: هكذا يبقى اسمك «سلمى ١» إلى الأبد. كانت تلك إحدى المرات التي عملت فيها برأي نوال. نوال نفسها لم تكن تدري لماذا تتمرد عليها في أحيان كثيرة. تهبّ فجأة لتفتعل صداماً معها كأنها تنتقم منها من فعل لم ترتكبه، أو تحمي نفسها من غدر تتوقعه. كثيراً ما سألتُ نوال عن هذه الحالة بعد مرحلة صمتها، (سأروي لك عن هذه المرحلة في ما بعد) فكانت تروي لي نتفاً مبتورة، وقد حاولت إكمالها بعد ذلك مع مرور السنين من خلال علاقتي بسلمى. لكن أحداً لا يستطيع أن يقول إنه قبض على الحقيقة كاملة .

ربما بدأ الأمر عندما أصبحت سلمى تعود إلى الشقة في القاهرة فتجد زواراً لدى أمها وأختها . في البداية كانت تشجعهما، كما أخبرتني نوال، وتقول لهما إن الوحدة قاتلة، وإن العلاقات جميلة وجيدة ومفيدة، بل أتت لهما بخادمة كي تتيح لهما أن تمضيا وقتاً أطول في نزهات وتبادل الزيارات. لم تدر أن انشغالهما بتنظيف البيت وترتيبه كان يملأ أوقاتهما ويخفف من عزلتهما، بل أن الجدة، أقصد أم نوال، كانت تعتبر الانغمار في أشغال البيت بمثابة علاجها

من آلام جسمها الغامضة. تكون في أوج النشاط وهي تمسح زجاج النوافذ أو تفرك بقع الدسم عن الفرن والطبّاخ الغازي في المطبخ، أو تفرك بلاط المطبخ الرخامي. أما قيشاني الصالة والغرف فكانت لا تتركه إلا وقد ازداد لمعاناً. ومن المطبخ كانت تحمل كل يوم أطباق الأطايب لابنتيها وضيوفها، أو لكميل أنغلوس الذي كان يشجعها على أن تفتتح مطعماً بخمس نجوم وتشرف عليه. لقد ظلت تشغل نفسها بإعداد أطايب الطعام سنوات طويلة... حتى عندما لم يعد أحد يزورهما.

عندما جاءت سلمى بالخادمة، أحست نوال وأمها بالخيبة والارتباك. فلم تعتادا التعامل مع الخدم، بل أقصى ما حلمتا به كان أوامرهما التي تصدرانها إلى نفسيهما في أشغال البيت، أو إلى صبي الكواء، أو من يحمل لهما الخضار واللحم عندما تذهبان إلى سوق الجيزة الفخم، أو متجر البقالة الضخم على بعد شارعين من شارع سكنهما في الزمالك. وجدتا نفسيهما كطفلتين أمام خادمة ستتولى أمريهما. كانت نوال في البداية تقول لها: «من فضلك»، وفي ما بعد اكتشفت الأم طريقة تعيد إليها سيطرتها على البيت فراحت تعلم الخادمة النحيلة الضئيلة أكلات ومازات لبنانية، ثم تشجعها على ابتكار خلطات من طبخات مصرية ولبنانية، كالمسقعة والبطاطا المحشوة وسلطات اللبن والطحينة والخبز المقلي.

لم تعرف نوال تفاصيل كثيرة عن مشاوير سلمى في تلك الفترة، كذلك لم تعرف سلمى متى بدأت نوال «تسطو» على أصدقائها كما أسرّت إليّ بعد سنوات. وكي لا أدعك تتيه بين ما كانت نوال تقوله لي، وبين ما اعترفت لي به سلمى في ما بعد، سأروي لك في البدء ما فعلته نوال، وما لاحظتُه إثر ذلك من تبدل في سلوك سلمى نحوها.

نوال لم تكن تسطو، أو تدعو أصدقاء سلمى في غيابها، كما اتهمتها، بل كان بعضهم يعتبر أنه أصبح صديقاً مقرباً لهذه العائلة اللبنانية الصغيرة اللطيفة بعد زيارتين أو ثلاث. من هؤلاء: فايزة أحمد وزوجها محمد سلطان اللذان عشقا صوت نوال، كما أخبرتني. قالت لي: لم أصدق نفسي وأنا أرى عيني فايزة تدمعان وهي تسمعني أنشد أغنيتها الرائعة «ست الحبايب». كنت أغنيها لأصالح أمي، فكانت تبكي وتُشيح بوجهها بينما كانت فايزة لا تتمالك نفسها فتهاجمني وسط غنائي بالقبلات. أما أغنية «تراهني» فكانت تبكيني. تجعلني أتذكر فيصل. كنت أسألها من هو فيصل؟ فتقول إنه كان يمكن أن يكون أقرب إنسان لها ولي أيضا. في تلك السنوات كانت نوال تخبئ أحزانها، ولم يكن لها طموح جموح كسلمى، بل يبدو الأمر لي، وأنا أستعيد الآن حكايتهما معاً، وما حكته لي كل منهما على حدة أو عبر اعترافات متناثرة، أن سلمى كانت ترمي بالفتات لنوال. فتات ملابسها التي تمل منها، وأحذيتها، وبعض مجوهراتها وإكسسواراتها. حتى الأصدقاء الذين تفرح بهم وهم جدد مثل فستان العيد، سرعان ما تبدأ بالتهرب منهم وتترك لنوال أن تلتقي بهم. كأنها السكرتيرة أو مديرة أعمالها، وقد كانت نوال تقوم بهذه الأعمال بحماسة كما أخبرتني، فهي تتولى مصروف البيت، وتُعِدّ الولائم التي تقرر سلمى من يحضرها، وترد على الهاتف وتنقل لها المكالمات، رغم أنها ترى أن كل هذا الضجيج كان هباءً. كانت سلمى جموحة، متسرعة. تخبرني نوال قائلة: «كم فقدت الكثير بسبب هذه السرعة»، كانت تدوس على الفرص من غير أن تدري. كانت مأخوذة بوصية كميل أنغلوس أنها يجب أن تبدأ كبيرة. «أما أنا، تقول لي نوال، فكان استحسان من محمد سلطان يكفيني، وقبلة إعجاب من فايزة أحمد تنقلني لسابع سماء».

فايزة وزوجها فتحا الباب لأول فرصة لنوال في الغناء. . . أصرت فايزة على محمد سلطان أن يلحن لها، وهو الذي لحن لها أغنيتها الأولى «ماما الحبيبة». إنها الأغنية التي حكت لك عنها في حلقة برنامجك قبل ثلاثة أيام. سمعتها وبكيت، تمنيت لو كنت معها في تلك الفترة، لو كنت أعرفها، ربما لكان مسارها تغير، من يدري. . . أو ربما ما كنت لأكون في حياتها على الإطلاق؟ سامحني يا عزيزي سعد، فلا أريد مرة أخرى أن أجذبك إلى دوامة تيه، فقد عاهدت نفسي أن أضيء لك الكثير من بقع العتمة في تاريخي سلمى ونوال، لا أن أزيد من هذه البقع. أعود إلى توتر العلاقة بين سلمى ونوال لأخبرك كما اعترفت لي نوال بعد أن حاصرتُها بالأسئلة، أن سلمى فوجئت بعد أشهر بأنها تتدرب على غناء أغنية جديدة، وكان هذا أول شجار صريح بينهما ومقاطعة استمرت حوالى الشهر أو أكثر. اعتبرت سلمى تكتم نوال خيانة. قاطعتها ولم تعد تتبادلا إلا تحيتي الصباح والمساء، وعندما كانت تعود إلى البيت فتجد بعض الأصدقاء يتحلقون حول نوال وهي تغني، كانت تلقي تحية جافة وتقول إنها منهكة وتعتذر لتختفي في غرفة نومها. تقفل الباب بالمفتاح «قفلات» عديدة، لتُفهمها أنها تقاطعها، وأنها تمنع أي أحد أن يزعجها. ربما ستسألني: وأين الأم؟ هل كانت تقف متفرجة على ابنتيها وهما تتصارعان بصمت مكتوم، ونفور طاغ؟

كانت كأنها ابنتهما. لم تكن تقوى إلا على نوال، لكن تلك القوة وتلك الكراهية التي حملتها معها من بيروت أخذتا تذوبان في شقة الزمالك. كأن ابتعاد الأب جعلها تنسى أو تغفر من غير أن تعي ذلك.

* * *

عملت نوال بنصيحة محمد سلطان فالتحقت بمعهد الموسيقى،

لكنها ملت بعد ستة أشهر، فتركت المعهد وظل محمد سلطان يدربها، وفايزة أحمد تفتح لها أبواب المشاركة في الحفلات الصغيرة، ثم ساعدتها لتقديم امتحان في الإذاعة إلا أنها لم تنجح. ذُهلت فايزة كما أخبرتني نوال، ولكنها هزت برأسها كأنها تعرف دهاليز المحسوبيات والوساطات وكواليسها «من فوق خالص»، كما راحت تشير بيديها. وفي سنوات تالية اعترفت نوال لي بأنها لم تمل من معهد الموسيقى، بل هي التي امتنعت عن الذهاب بعد أن اتهمتها سلمى بأنها أصبحت مشغولة بنفسها، وأنها لا تدير لها شؤونها كما ينبغي، كما أشارت بشكل غير مباشر إلى ما أسمته بعثرة المصاريف. حدث ذلك بعد أن وقّعت مع عاطف سالم عقد بطولة أول أفلامها. وقد بدأ تصويره قبل شهر من وقوع الحرب. بعدها عدن إلى بيروت ولم يعدن وحدهن، بل قرر عاطف سالم أن يكمل تصوير الفيلم في لبنان، كما ذهب كثير من المخرجين والفنانين ليصوروا أفلامهم هناك، وأقامت فنانات في لبنان بحجة اشتراكهن في بطولة أفلام سينمائية.

في تلك الفترة، بدأت سلمى ونوال تسمعان عن خوف الفنانات من رجل يقال إنه يورطهن في مهمات للمخابرات أو التجسس. ساد جو لم تستوعبه الأختان جيداً، لكنهما كانتا تحسان به. تكتب المجلات الفنية عن زواج جنرال في الجيش في مصر بفنانة سينمائية معروفة، تسري في السهرات حكايات عن مطربة أو راقصة تعمل بالخفاء مع المخابرات، وتقوم بمهمات مختلفة، بل تجبر بعضهن، كما كان البعض يقول، على القيام باتصالات سرية، أو الحصول على معلومات من خلال استدراج وسطاء أو تجار سلاح أو متعاملين مع دول عدوة. تسمعان عن حملات اعتقال، وينبه كميل سلمى لتأخذ حذرها ولا تتورط بلقاء فنانين محسوبين على الشيوعيين.

بدأ خوف نوال على سلمى منذ تلك السنوات، حتى إنها كانت

تمضي ليالي طويلة من الأرق والهلع. أخذت ترى أحياناً في كميل صورة لرجل مخابرات، أو لعميل لا تستطيع أن تعرف لصالح من يعمل أو ضد من؟ كانت قرأت بعض الكتب الصغيرة التي تروي حكاية أسمهان وتورطها، وحكاية الجاسوسة هايدي لامار. وهذا كما يبدو، وكما اعترفت لي، هو الذي دفعها لتكثر من تساؤلاتها حول كميل، وتشير إليه بطرف خفي طارحة اتهامات مبطنة. تسميه أحياناً البوليس السري، أو تقول لسلمى إنها تتبعه كالعمياء، وهو ما دفع سلمى إلى أن تنفجر بها في تلك الليلة، وتتهمها بأنها تريد أن تفسد علاقتها بكميل أنغلوس كي تستولي عليه، مثلما استولت على أصدقائها، واحداً تلو الآخر. صُعقت نوال في تلك الليلة كما أخبرتني. لم يخطر لها أن سلمى محتدمة ومتوترة بسبب ما واجهها في أول يوم من تصوير فيلمها الأول، بل هي لم تدع نوال تسألها عن التصوير، فعاجلتها بكلمات متناثرة وبنبرة تتهمها بأنها لم تعد تهتم بها، بل لم يعد يهمها إلا أن تفتح سجلَّ كميل وتتهمه «الغاية في نفس يعقوب».

كانت تلك هي المرة الثانية التي تشير فيها نوال إلى كميل أنغلوس. تعلم أن سلمى غير متعلقة به، بل هو المتعلق بها وهو الذي يتصل عشرات المرات عندما لا تكون معه، ولا تكون في البيت. لكن نوال، وقد رأت ذات ليلة كميل يجلس على الكنبة في الصالون، ويتنهد بكسل ثم يقوم ويتمشى وهو صامت، يأخذ مجلتي الموعد والكواكب ويقلب فيهما، ثم يرميهما بإهمال. خطر لها أنه يشعر بملل. تلك حركات رصدتها على نحو مختلف عند فيصل، كما أخبرتني. وكانت لاحظت أيضاً بعض الوجوم والشرود يخيم على ملامح سلمى بين وقت وآخر عندما تعدّ نفسها لسهرة معه، أو تعود من سهرة. لهذا أرادت أن تفتح قلبها وتصارح أختها، غير أن سلمى

لم تفهمها، بل فهمت عكس ما قصدته نوال تماماً. أرادت نوال أن تنبهها لتمسح المرآة وترى جيداً ما يحدث. سألتها ماذا عن كميل؟ فقالت سلمى: «قصدك إيه؟». أخبرتها أنها تقصد حكايتها مع كميل، فهل ضمن لها شيئاً؟ هل كتب هذه الشقة باسمها؟ هل يفكر، ولو من بعيد، في الزواج مثلاً؟ ثم قبل كل هذا ماذا تعرف سلمى عنه غير إشاعات عن ثروته وبعض أصدقائه وجلساته؟ «ألا يكفي هذا»؟ سألتها سلمى ساخرة، فقالت نوال: إننا لا نعرف إذا كان متزوجاً أو حتى إذا كان له أبناء. لا نعرف أيضاً إلا القليل القليل عن أعماله. واستمرت نوال تقول إنها تشك بأن حادثة المطار عندما عادت سلمى معه من بيروت، وحققوا معها وسألوها عن البرقية وشقة تمام الأشهل، هي حادثة للتمويه لأنهم أرادوا أن يعرفوا شيئاً ما عن كميل أنغلوس، ولا يستبعد أنهم يراقبونه خاصة هذه الأيام، حيث يحكي كل الناس عن توقع وقوع حرب.

ماذا تتوقع أن تفعل سلمى وهي تستمع إلى كل «هذا الموال» من أختها الكبرى، التي كانت جالسة على حافة السرير، ذابلة الشعر والنظرات، أصابعها تفتح وتقفل أزرار بيجامتها وهي تحكي وتحكي كأنها أصبحت أماً محذرة أو مؤنّبة؟

لم تتوقع نوال رد فعل أختها الصاخب؛ إذ فوجئت بها ترمي حقيبتها إلى الحائط، تقفز كالمذعورة إلى الخزانة، تفتح دفاتها والأدراج وتلقي بما تُخرجه منها في وجهها. تصيح متهمة إياها بأن «عينها ضاقت»، وأنها تحسدها حتى على هذه «الهلاهيل». سحبتها سلمى كما تفعل دائماً إلى حلبة صراع أخرى، بعيدة كل البعد عما كان في بال نوال. صاحت بها: «أنت عايزة كميل؟ خذيه... خذيه واشبعي بيه، لكنه لن ينفعك، لن يشبعك، إنه رخو، رخو، هل تعرفين ماذا يعني رخو؟ صدره رخو، يده رخوة، بطنه رخو، كله

رخو، ينام ويشخر بعد دقيقة، خذيه... علّميه أن يكتب لك الأراضي والعمارات... خذيه ليقيم لك حفلة تغنين فيها وأنت عارية... خذيه... هل تريدين أن تأخذيه»؟

كانت كأنها تهذي، هكذا أخبرتني نوال، وكانت صُعقت وهي ترى الغرفة الرحبة الأنيقة قد تحولت إلى ساحة أشلاء من أثواب وقطع ملابس داخلية وإكسسوارات وأحذية وعلب زجاجات عطور لم تُفتح. كانت سلمى منهارة على الكنبة قرب السرير، تنشج وهي تردد بهستيريا: «خذيه، «خذيه»، ونوال تتكوم فوق سريرها مشدوهة كأنها أصيبت بخرس، بينما وقفت الأم وسط الصالة المعتمة حاقدة على كل الرجال في العالم، كما اعترفت لنوال بعد سنوات كثيرة من تلك الحادثة.

From: Saad
Sent: 29th December 2004 11:30am
TO: Miss X
Subject: ?

«عزيزتي Miss X

ماذا فعلت بي؟

أصبحت مثلك بين سلمى ونوال. بين شقيقتين، أحلاهما مرة.
أصبحت معك بينهما، خاصة بعد أن استعدت صوت نوال الذي
سمعته قبل أيام. أحسست أنها لا تريد أن تبوح عن تلك الغيرة، مع
أني أراها أمراً منطقياً تماماً، كذلك عن أي شيء يخدش علاقتها
بسلمى. في كل حال، ما لفت نظري في رسالتك إشارتك إلى أن
نوال في ليلة «المعركة الكبرى» مع سلمى، لم تكن تعلم ما تعرضت
له في اليوم الأول لتصويرها فيلمها الأول، فما الذي حدث؟

تحيتي وشكري العميق لك».

سعد

From: Miss X
Sent: 29th December 2004 11:45am
To: Saad
Subject: ?

صدقني يا عزيزي سعد، لا أحد يستطيع أن يبوح لك بكل الحقيقة، حتى سلمى نفسها. أنت في كل حال تستطيع أن تكمل الحكاية، أي حكاية، بالتخمين أو الافتراض. هكذا أعتقد أن كل الحكايات تُكتب، بل كل التاريخ، نجدل منه بعض الخيوط، ثم نترك فجوة فيأتي أحد بعدنا يرقعها، ويفترض أنه أكمل العمل. هكذا تصبح الافتراضات أحداثاً، ويصبح التخمين حقيقة مؤكدة. فمن كان مع سلمى في تلك اللحظات التي وقفت فيها أمام الكاميرا في مواجهة واحد من أهم المخرجين في ذلك الزمن؟ ما زلت أحتفظ ببعض أوراقها التي أشارت إلي فيها إلى ما كان يحدث في عالمها ذاك، وقد غرقت فيه إلى حد تحولت فيه إلى سمكة حقيقية، لا تنبض إلا هناك، أمام الكاميرا التي يقف خلفها مخرج تتحول عيناه إلى مرشد خفي لها، فتمغنطانها لتحيلاها إلى وهم وأسطورة كما اعترفت لي. لكن أول يوم لها في التصوير كان كما يبدو مثل قفزة سباح مبتدئ أخطأ لحظة القفز وأخطأ الوقوف عند النقطة المحددة للانطلاق. بل هم اختاروا له لوحة على مساحة مرتفعة، مرتفعة جداً، أكثر مما تحتملها قدرته. كانت تكتب لي في أوراقها مثل تلك العبارات وأرى الكلام مبقعاً بآثار دموعها. كانت في ذلك الفيلم ستلعب دور الفتاة التي ستتحول إلى أرتيست في أحد الكباريهات. السيناريو مأخوذ عن رواية «الملاك الأزرق». كاتب السيناريو، كما أخبرتني يقول إنه «مقتبس»، وصحافي يكتب في مجلة «الكواكب». إنه «ملطوش». كانت في السيناريو ستذهب للمرة الأولى إلى الكباريه

وستحاول أن تنسى مأساة أهلها، فتوهم المدرس الكهل الذي يلعب دوره الفنان يحيى شاهين بأنها ابنته التي لم يعترف بها، لكن ذلك لن يكون إلا بعد أن تستدرجه لمزيد من الكؤوس إلى أن يثمل ويسقط بين ذراعيها معترفاً برغبته المجنونة فيها.

أخبرتني أنها قرأت السيناريو عشرات المرات، وشاركت في جلسات الإعداد مع المخرج وكاتب السيناريو، وأمضت ليالي في غرفة نومها تعيد تمثيل مشهد الأرتيست في الملهى بعد أن تجعل نوال تصبح يحيى شاهين. لكنها سقطت في الامتحان. كان كل شيء معداً لهذا المشهد في بلاتوه استوديوهات نحاس في الجيزة. وجدت نفسها فجأة وقد أصبحت تلك النجمة التي تتطلع إليها منذ سنوات. «اللوكايشن»، أي موقع تصوير المشهد وسط البلاتوه الضخم، تحول إلى صالة كباريه حقيقية كما كانت رأتها في بيروت. هناك بار ضخم على شكل هلال، وطاولات وكراسي ورواد. هل أولئك هن الأرتيستات بشعورهن اللامعة وفساتين الديكولتيه الضيقة والأفواه التي تتشدق باللبان أو التي تنفث دخان سجائر نفرتيتي أو لوكس. شبان وكهول. بعضهم مهندم، بعضهم مشعث الشعر، بعضهم يتحرك كأنه يترنح سكراً بشكل يبدو حقيقياً، هل يحلمون مثلها بالتمثيل؟ هل سيقفون ذات يوم في «الفورغراوند» من اللقطة، وليس في «الباك غراوند»؟ كانت تقف مذهولة، تنقل لي إحساسها كأن الزمن يعود بها إلى تلك اللحظة. اقترب منها عاطف سالم، وكانت بدأت تشعر باطمئنان عميق له، خاصة بعد أن زارهم عدة مرات والتقط لها مجموعة من الصور، وهي تتحرك في البيت بتلقائية. قال لها إنه واثق من أنها ستبدع، غير أن المشهد كان أكبر منها، وهو الذي اعترف لها بذلك حين أبعدها بلطف عن بقعة الضوء. تمشيا، حيث كرسيه خلف الكاميرا. جلس وأجلسها إلى

جانبه وراح يتطلع اليها مثل أب. صمت طويلاً ثم تنهد وقال لها: «سوف تعلمك الحياة الكثير فلا تستعجلي يا سلمى».

أعادوا تصوير المشهد خمس مرات من دون أن تستطيع أن تتمايل وتتشدق باللبان، ثم تتجرع كأس الويسكي وتتنحنح وتنظر تلك النظرة الأسطورية التي تطلقها هند رستم أو ميمي شكيب أو تحية كاريوكا. قال لها عاطف سالم: لا تجزعي، حتى فاتن حمامة لم تحقق الكثير في مثل هذه المشاهد. ثم قال: حتى شادية ارتبكت في فيلم «التلميذة» وهي تغني على طريقة هند رستم: «فوق يا قلبي».

كادت تجن، كما اعترفت لي في ما بعد. كيف لم تستطع ذلك أمام الكاميرا، بينما يدها اللدنة تمتد بالكأس إلى كميل أنغلوس في شقته في غاردن ستي؟

عادت في ذلك اليوم إلى البيت، لا تعرف إذا كان الدور سيُسحَب منها أو سيفسخ المنتج العقد بعد أن وقعته باسم «سلمى ١» لأول مرة. فاجأتها بعد ذلك نوال بحالها وأحوالها مع كميل، وهي التي كادت تجن مما يحدث لها بين كميل حقيقي ملموس وكميل متوهم أمام الكاميرا.

اليوم الثامن

مساءً

تشير الساعة إلى العاشرة ليلا وMiss X لم ترسل بعد أي رسالة. لم يستطع سعد أن يفهم مشاعره المتضاربة، فها هي تتناثر بين رغبة في اكتشاف ماذا حدث لـ«سلمى ١»، وكيف وصل الأمر إلى أن تلقى مصيراً غامضاً كهذا؟ وتوق للحديث واستمرار تبادل الرسائل بينه وبين Miss X. يشعر بشكل غامض بأنها جزء منها، وهو شبيه بما ما شعر به عندما اتصلت به نوال. كان قد أصر هذا الصباح على أن يحاول فريق الإخراج مرة أخرى مع نوال للقاء آخر معها في حلقة اليوم. قالت له مساعدة المخرجة إنها تركت أكثر من رسالة صوتية، وإنها لم تتلقَّ الرد بعد. كان ذلك الساعة الثانية عشرة ظهراً، بعد ذلك راجع الرسائل وقائمة الاتصالات كالعادة. فكر في أن الناس تحب أن تعرف أي شيء عن الفنان أو الفنانة. بعض المستمعين يدّعون الوقار فيترفعون عن الجانب الشخصي في حديثهم، لكنهم سرعان ما يسقطون وهم ينسون أنفسهم في الحديث، ليكتشف أنهم يعرفون حتى أكلة الفنان المفضلة. هل يحبون كلهم سلمى؟ تساءل وهو يسترجع الاتصالات وأكوام الرسائل والتعليقات، بعضهم يوبخها ويقول إن «على نفسها جنت براقش»، والبعض يقول: علينا أن نغفر لها. ورسائل مديح وتعلُّق بأغنياتها رغم قلَّتها. لكن

كثيرات يتماهين معها، يرين فيها صورة لمزيج من الطفلة والأنثى التي تتمناها كل امرأة. قالت له ضياء وهو يبوح لها بخواطره: «بلاش فلسفة» ولا تنس الموضوع الأصلي.

فكر في أن يرسل رسالة سريعة للاطمئنان. كان خائفاً أن تختفي Miss X هكذا فجأة كما ظهرت فجأة، وقبل أن تستكمل له الحكاية. أحس أنها تحكي له، راح يسأل نفسه: لماذا؟ لماذا؟

تنهد ولم يجد بداً إلا أن يكرر لنفسه عبارة ضياء «بلاش فلسفة». أمسك «الماوس»، وحرك سهم بريده الالكتروني إلى إشارة create mail وكتب لها: عزيزتي Miss X، غبتِ بقية اليوم، أعني حتى هذه الساعة وقد افتقدتك؟ هل يحق لي أن أطمع برقم هاتفك للاطمئنان عليك؟ كوني حرة ولك الخيار. سعد.

* * *

بعد نصف ساعة فوجئ بأقصر رسالة منها تقول فيها: «لماذا تريد رقم هاتفي. . .؟».

رد عليها قائلاً: «ربما استطعت إقناعك بأمر ما».

بعد ثلاث دقائق كتبت تقول: «إقناعي بماذا؟». فكر للحظة في أن يذكّرها أنه يطلب رقم الهاتف ليرسل لها Text message، فهي أكثر عملية من إيميل الكمبيوتر. كتب يقول: «بصراحة وبدون لف ودوران أحاول أن أقنعك بالمشاركة في الحلقة الأخيرة من البرنامج».

ظل يبحلق في الشاشة بعد أن أشار بالسهم إلى خانة send ولم يشعر إلا أنه انتظر نصف ساعة قبل أن يتلقى رسالة جديدة ليس فيها إلا رقم الهاتف وعبارات محذرة: أرجو ألا تتصل اليوم. أما الـtext message فمرحباً! وخلال نصف الساعة التالي كانا أصبحا طفلين

يتباريان: كتب بسرعة: «هل سترسلين اليوم مزيداً من أوراق سلمى؟»، فردت بسرعة «نعم لكني لا أعرف متى».

فاجأها بعد ذلك بسؤال غير متوقع: «هل تعيشين وحدك؟»، فتلقى رداً غير متوقع أيضاً، إذ وجد علامة استفهام كبيرة تملأ شاشة موبايله. فكر قليلاً وكتب مبتسماً لها من بعيد: «بصراحة لم يعد يهمني أن أعرف مَن أنت، لكني أشعر بأني سألقى سلمى عندما ألقاك».

فوجئ بعد لحظات بتنبيهها له: «تقول تلقاني؟ هل أنت تريد الاتصال أم اللقاء؟».

راح يقرأ كلماتها ويحملق بها. كيف قادته إلى هذه اللعبة؟ كيف سقط في فخ، وهو الذي ينصب الأفخاخ لضيوفه ومستمعيه؟ ماذا قصد بإشارته تلك؟ هل فكر حقاً في أن يلتقي بها؟ لمعت فجأة في ذهنه فكرة مجنونة. ولِمَ لا؟ هي عبارته التي تقوده للانطلاق إلى حيث لا يدري كلما واجه عوائق، أو حذره أحد مشككاً بقدرته. «نعم، نعم». ابتسم مؤكداً، وقفز إصبعه يرص الأحرف الصغيرة الملاصقة لأرقام الموبايل: «نعم يا عزيزتي. أنشد اللقاء، أنشد دعوتك لتكوني ضيفتي في الحلقة الأخيرة، أي مسك الختام، أمامنا ثلاثة أيام فماذا تقولين»؟

أرسل إشارته مبعداً عن رأسه كل سؤال منطقي، أين تعيش؟ هل يمكن أن تحصل على تأشيرة دخول بهذه السرعة؟ هل تجد مقعدا في طائرة في الوقت المناسب؟ لم يفكر في كل هذا، بل كان يفكر في الإجابات السريعة والعملية على مثل هذه الأسئلة. كان يعرف أن تدفق حماسته لا يتفجر إلا عندما يقوده حدسه ككلب يقود أعمى. يدرك عندها أن كل شيء ممكن.

صاح قافزاً من مقعده: «واو»! وهو يقرأ إجابتها بعد عشر دقائق. وجد نفسه يشمر عن ساعديه محركاً بحثه عبر الإنترنت حيث جداول الرحلات القادمة خلال اليومين المقبلين إلى لندن. لم ينس أن يثني على نفسه بعد أن حصل على اسمها الكامل بتهجئته الصحيحة باللغة الإنكليزية ورقم جوازها، والمدينة التي تعيش فيها. صاح صيحته الثانية في تلك الليلة:

Well done Mr. Saad, you are fantastic!

From: Miss X!!
Send: 29th December 2004 12:03pm
To: Saad
Subject: My Talk!

عزيزي سعد. . .

أكتب لك هذه المرة أوراقي الأخيرة، قبل أن أرسل أوراق سلمى وقبل أن ألقاك، لكني أفعل ذلك كأني رأيتك، تطل علي في هذا الليل الساكن الجميل. أمي نائمة، وأختي غارقة في أحلام هادئة، فهي بالتأكيد تحلم بخطيبها.

أما أنا. . . فسوف تعرف عني الكثير بعد يومين، فاصبر إذاً! أتساءل الآن: لماذا أعود وأكتب لك وقد عاهدتك على اللقاء؟ ألن يكون بإمكاني أن أحكي لك كل شيء في الحلقة الأخيرة كما اتفقنا؟ لكني اتساءل هل نستطيع حقاً أن نحكي كل شيء؟ أعني الكلام على الملأ؟ أليس هناك كلام لأنفسنا وكلام للآخرين؟ وأن ما نكتبه هو لأنفسنا، وما نقوله هو للإذاعة والتلفزيون؟ أعني للتمثيل؟ عندما أفكر في هذا، أحتار، لكني أجد نفسي أقرب إلى مثل هذه القناعة، كأني بهذا أتحدث عن سلمى، كذلك عن نوال، فالاثنتان كانتا تخبئان الكثير في أقوالهما. حتى عندما اطمأنت إليّ نوال، وراحت تحكي الكثير مما قالت إنه لم يخطر لها أن باستطاعتها قوله، ومع ذلك كنت أجد الفجوات والنواقص. ربما كانت سلمى أكثر قدرة على التعبير عن نفسها، لأنها تدربت على التمثيل. . . على كل حال هذا أمر معقّد ولا أريد أن أوقع نفسي وأوقعك بين خيوطه. كل ما أريده في هذه الأوراق الأخيرة، أن تعرف أكثر وأكثر، ليس سلمى فحسب، بل نوال، هذه الإنسانة التي وصلت بنفسي إلى نتيجة مؤكدة، أن

انسحابها هو الذي أتاح للضوء كله أن يسلط على سلمى، ومن المؤكد أنها لو واصلت رحلتها في ذلك الاتجاه لكانت حسرت الكثير من الأضواء عن أختها.

لا أريد أن أعيد طرح الأمر كأنه صراع بين شقيقتين، فالأمر ليس كذلك، لكني مستعدة لأن أدافع عن نوال على الملأ وإلى الأبد، فلقد ظلمتها كثيراً، ولهذا أطلب منك أن تعد أسئلتك الصاروخية، ولا تخش قلقي أو انزعاجي، مع أني أعرف تماماً أنك لا تندر أن أسمح لك، فأنت تشن هجومك كالمفاجآت دائماً.

✳ ✳ ✳

بعد تاريخ من الصمت حكت لي نوال أخيراً عن تلك السنوات التي كانت تسميها سنوات الترحال. فمنذ أن وقعت حرب حزيران/ يونيو عام ١٩٦٧، والسنوات التي تلت ذلك، لم يعد للنساء الثلاث من مقر واحد أو بيت واحد. كانت سلمى تتبع خط سير العقود، خصوصاً بعد نجاح فيلمها الأول «عودة الملاك». أصبحت تمضي عدة أشهر في بيروت لتصوير فيلم، ثم تعود لتمكث أشهراً أخرى بين القاهرة والإسكندرية لتصوير فيلم آخر أو المشاركة في بطولة مسرحية. وكان على نوال والجدة أن تتبعانها. تلك كانت مسألة «تحصيل حاصل»، كما اعتقدت نوال، فهما ملاكاها، كما كانت تسميهما. يخطر لي أنها أطلقت عليهما هذه الصفة انطلاقاً من لاوعيها الذي كان يلغي وجودهما، أي حضورهما الواقعي العملي الذي يواجهها، ربما بسؤال بأنهما إنسانتان لهما متطلبات مختلفة، وربما أحلام مختلفة، أو حتى طموح مختلف. كأنها كانت تظن أن إدارة نوال لأموالها، وإدارة الجدة لشؤون البيت، هما أقصى ما تحلم به امرأتان تعيشان مع نجمة! ربما تظن الآن أنني أتحامل عليها، وربما تُدهَش، فقد وجدت في رسائلي السابقة تعلقي العميق

٢٦٢

بها، إلا أن الحقيقة تفرض نفسها . إننا نكتب يا عزيزي سعد لنصالح ما نعتقد أنه الحقيقة أولاً ، ثم يأتي البوح، أو الذكرى .

سألت نوال ذات يوم، سؤالاً مباشراً: ألم تساعدك سلمى في القاهرة قطُّ لتنطلقي في مجال الغناء؟ فانفجرت باكية . اعترفت لي بأن هذا السؤال يعذبها، فسلمى كانت تعترف لها دائما بأن صوتها رائع، لكنها لم تشجعها على الغناء، أعني على احتراف الغناء . كانت تتذكر صوتها عندما تحلو الجلسة في نهاية السهرات، فتطلب منها أن تغني، وقد تشاركها غناء أحد المقاطع . لكنها ساعدتها على نحو ما، فهي التي مولت لها تسجيل أغنية «ماما الحبيبة» التي لحنها لها محمد سلطان . كانت غنتها في إحدى الحفلات، ثم فوجئت بأن فايزة أحمد ساهمت في ترويج الأغنية، إلى أن أصبحت أغنية يرددها تلاميذ المدارس في تلك الفترة . وهكذا انطلقت شهرة نوال المحدودة في اتجاه آخر . لم تقترب من الأوساط التي كانت تفتح أبوابها لسلمى . ويجب أن أقول أيضاً إن شيئاً آخر كان يشغل بال نوال، شيئاً مختلفاً، بعيداً كل البعد عن الفن والأحلام والأوهام . كان فيصل قد علَّمها الدرس الأول لمشروع الزواج والاستقرار، وقد أحبت ذلك الاتجاه . اعترفت لي بأنها ظلت مدّة ترى في أي شخص يقترب منها مشروع زوج، وكانت تخطو خطواتها الأولى بناءً على إحساس خفي يقول لها إنه يمكن أن يكون مشروعاً ناجحاً . في البداية أخفقت بمشروعين، أحدهما مساعد مخرج كان يرافق عاطف سالم في زياراته إليهما للتباحث مع سلمى حول فيلمها الأول، والثاني «ريجسير»، كان يوصل «أوردر» التصوير لسلمى . اكتشفت أن مساعد المخرج أراد «التكتكة» عليها علّه يتقرب من سلمى، ثم اكتشفت أن «الريجسير» يبحث عن ملاذ، أي أنه مستعد لأن يكون «صهر بيت»، بل يفضل أن يكون «صهر بيت» .

كانت نوال طيبة بما يكفي أن تمنحها طيبتُها شيئاً من الذكاء الفطري، وكانت في جانب آخر مقتنعة بما تردده أمها دوماً عن «القسمة والنصيب». كانت تقول لها: «إذا جاءت «القسمة» فلن يقف شيء في وجهها، إنها تأتي لتقسم حياتنا، ليصبح لنا ما قبلها وما بعدها، هذا هو النصيب». وقطعاً، لم تتمن نوال أن يأتي لها ما يقسم حياتها بالطريقة التي قُسمت بها حياة أمها، بل هي حاولت كثيراً، كما أكدت لي، أن تعرف تفاصيل عن «قسمة أمها»، ولكن بلا جدوى... على أن هذه حكاية أخرى. شيء واحد فقط يجعلني أتذكرها، هو أني لم أرد لنوال أن تخفي «قسمتها» لتعذبها وتسم حياتها بذلك الانكسار الشنيع الذي رافق الجدة حتى أيامها الأخيرة. أردتها أن تحكي وتحكي، فالحكاية شلال يغسل الروح، ثم يحدد لها اتجاهات أخرى، نظيفة ومتأهبة. الحكاية توصلنا إلى نهاية نبدأ بعدها من جديد؛ أما السر فيشدنا إلى دوامات لا تعيد إلا إلى نقطة بدايات تلتف حول نفسها.

❊ ❊ ❊

جاءت «قسمة نوال» أخيراً، وأغرب ما فيها أنها جاءت عبر كميل أنغلوس. بل قسمتها جاءت عبر صديقه الحميم «غسان». كان غسان نقيضاً لكميل، هادئاً إلى درجة الصمت، وكان يصغره بسنوات كثيرة، طويلاً، أسمر، وسيماً. لم يكن يخطر لنوال أنه يمكن أن يصبح قريباً منها إلى ذلك الحد، بل كانت تنفر من كميل وشلته رغم اعترافها بأفضاله، ورغم دماثته وأدبه في تعامله معها ومع الجدة. لكن شيئاً ما غامضاً، كما قالت لي، كان يُبعدها عنهم. وكثيراً ما رافقتهم مرغمة إلى الأوبرج والأريزونا أو قصر النيل أو إلى مطعم ليأكل أفضل ملوخية بالأرانب يعدّها الطاهي خليل. كان غسان يعمل مع كميل، ويملك شركة صغيرة للاستيراد والتصدير خاصة به. وقبل

٢٦٤

الحرب، كان قد حقق أرباحاً من احتكاره استيراد نسبة ضخمة من المنسوجات القطنية عبر فرع شركته في بيروت، وكانت توزعها عبر قوانين تجارة الجملة إلى كبرى المتاجر في المدن اللبنانية. كذلك كان يعمل في تصدير التفاح والإجاص والكرز وبعض الحمضيات، إلى وكالة تابعة للقطاع العام في مصر عبر فرع شركته في القاهرة. كان نشيطاً من غير إعلان النشاط، وطموحاً من غير أن يتحدث عن طموحه. بعد زواجهما اعترف لنوال قائلاً إنه كان يعرف اللعبة جيداً، فمن يُحِط بالأثرياء وأصحاب النفوذ، ويعملْ معهم على نحو ما، أو يستفد منهم، فعليه أن يقبل دائرة الظل، ومنها يستطيع أن يحقق الكثير. لكنه إذا أصيب بحمى عدوى الأضواء ووهج الثراء وإغراء النفوذ فقد قضى على نفسه.

كان كميل أنغلوس يأتمن غسان تيدوس، ويعتبره مرافقاً ومستشاراً وأقرب الأصدقاء إلى قلبه. كان كاتم أسراره أيضاً. وفي سنوات تالية أخبرتني نوال أن أصولهما واحدة، فهما خلطة من أجداد يونانيين وجدات لبنانيات، تزاوجوا وأقاموا في منطقة رأس بيروت منذ أوائل القرن العشرين. أصبح لغسان أيضاً أب روحي مصري بعد وفاة والده، وزواج أمه ثانية بمهندس يعمل في مجال النقل البحري، وقد عاشت معه في الإسكندرية حيث عمل طويلاً في قسم مراقبة الملاحة في الميناء.

بدأت «قسمة نوال» تشق حياتها منذ اليوم الذي جاء فيه غسان إلى شقتهم في الزمالك، منتظراً كميل الذي تأخر عن الحضور في ذلك اليوم. كان بينهما موعد للذهاب معاً في لقاء عمل لكميل مع أحد المحامين في الجيزة. طلب منه أن يلتقيا عند سلمى الساعة الرابعة لينطلقا من هناك. وصل غسان الرابعة تماماً ولم يتصل كميل إلا عند الساعة الخامسة، ليخبره أنه مضطر للتأخير وأنه سيأتي مع

سلمى بعد ساعتين، ثم طلب «السيدة الوالدة»، وسألها بأدب إذا كان لا يزعجها بقاء غسان معهما لبعض الوقت. وبالطبع قالت الأم «يا خبر يا فندم؟ حضرتك بتقول إيه، البيت بيتك».

∗ ∗ ∗

لم يكن غسان منفتحاً بالأسلوب الذي كان عليه كميل. كان يفضل الحياة «البيتوتية» الهادئة، وهو ما التقى فيه مع نوال منذ ذلك اليوم. شعر بهدوء يلف البيت بينما كانت نوال تتحرك ببساطة وتلقائية، وقد تركت لهما الأم الطيبة فرصة الانفراد بشكل مصطنع ومفضوح، ما أربك نوال رغم فرحها الخفي كما اعترفت لي. أعدت الأم وجبة خفيفة «عصرونية» على الطريقة اللبنانية، وسار الوقت بشيء من البطء المفرح، ومع أحاديث كثيرة ليس بينها الفن أو الغناء أو التمثيل، وعد غسان باصطحابهما في عطلة الأسبوع المقبل إلى الإسكندرية، مسقط رأس الجدة كما قال، وقد سأل قليلاً عن المنطقة التي عاشت فيها طفولتها، فقالت بسرعة: «كرموز»، ودُهشت نوال لأنها كانت تسمع اسم هذه المنطقة لأول مرة، وظنت أن أمها تفبرك اسماً ما، لكن غسان قال ببساطة إنه سمع بهذا الاسم، لكنه لا يعرف الإسكندرية جيداً، وإن زوج أمه وعده باكتشافها في جولات مختلفة عند زيارته لهما في «العجمي».

كادت الأمور تسير بعد ذلك على أفضل ما يكون، فـ«القسمة» جاءت مثل نسمة، لكنها كانت تعرف اتجاهها جيداً فحطت بين الشابين ودفعتهما للاقتراب والانسجام عبر اتصالات هاتفية ورحلات إلى الاسكندرية ونزهات على النيل، ثم لقاءات وضعتهما في موكب العشاق الأبدي عند سفح جبل المقطم قرب الهرم.

اتفقا بهدوء ووضوح على الخطوبة، وفهمت نوال أن مسألة

٢٦٦

الغناء بعيدة تماماً عنه. أحست أن القدر يرسم لها طريقاً أفضل، وأن هذا الطريق سيكون الأصلح لها. ربما بدأت تفكر بالحجاب منذ تلك الأيام، ورغم أن أصول غسان تجعله مسيحياً أرثوذكسياً، غير أنه لم يتدخل في اختيارات نوال وتوجهها.

متى عرفت سلمى بحكاية نوال وغسان؟

كانت نوال كأنها تخافها، لذا طلبت في البداية من الجدة أن تخبرها. أحست بشيء خفي يجعل سلمى لا ترحب تماما بذلك المشروع. هل كانت التقطت نظرة شاردة من سلمى إلى غسان في إحدى السهرات؟ أو طلبها منه أن يراقصها ذات ليلة في الأريزونا بعد أن تجرعت كأساً من البيرة؟

أخبرتني نوال أنها ليست من أولئك النساء الغيورات بالغريزة، بل سلمى هي التي كانت من ذلك النوع، تشعر باحتياج خفي ورهيب لامتلاك كل شيء، كل الأشياء والناس والأيام. ربما أحست نوال أن سلمى تعتبر، على نحو ما، أن كل ما يحيط بكميل هو منطقتها، وربما توقعت أن تعتبر مشروع الزواج دخولاً إلى منطقتها قبل استئذانها. تطلَّبَ أمرُ إخبارها أسابيع كثيرة، ولم يكن غسان يفهم تردد نوال، كذلك لم يفهم أن تصرّ عليه ألا يبوح لكميل بأي اتفاق بينهما قبل أن تأذن له.

أخيراً، جاء اليوم المنتظر، وحدث فيه ما توقعته الأم وما توقعته نوال معاً، رغم اختلاف التوقعين. ما إن تلقت سلمى الخبر حتى هاجمت نوال بقبلات كثيرة وصياح ودوران في الصالة، وتذكر أغنية «يا دبلة الخطوبة»، و«دقوا المزاهر»، وأضافت إليها أغنية مها صبري «ما تزوّقيني يا ماما قوام يا ماما». ومزجت كل ذلك بدموع فرح وكلمات «مبروك وألف مبروك»، و«إنتو الاثنين تستاهلو بعض»، ما

جعل الأم تؤكد لنوال توقعها قائلة: «ألم أقل لك»؟ غير أن نوال شعرت بوخز خفيف في قلبها. وصلها صوت سلمى كما توقعته، بارتجاف وغصة، وقد صدق حدسها؛ إذ أصبحت سلمى في الأيام التالية تمتلك كل الوقت، لتتابع تفاصيل شؤون حفلة خطوبتها لغسان، ثم حفل عقد القران واستعدادات الزواج، بل راحت تتصل بها وبغسان وتدعوهما لحضور مشاهد تصوير أحد أفلامها. تقف بينهما في لقطات أمام المصورين، معلنة أنهما أعز إنسانيين لديها. تتصل بغسان وتحرّضه على توضيب مفاجأة سارة لنوال كشراء حلية، أو قالب كاتوه، وتشاركه إعداد المفاجأة، فتلتقي به ليذهبا معاً ويختارا الهدية لتكون مفاجأة سارة «بصحيح». ولم تقف نوال متفرجة أمام هذا الهجوم. كانت شعرت بخطر حقيقي، فسلمى لم تكن تفتعل تصرفاتها، نوال تعرف تماما متى تفتعل سلمى الاهتمام أو الدلال. أخذ كميل أيضاً يضيق بحضور غسان الدائم بينه وبين سلمى، وسعي سلمى ليصبح الجميع رباعياً لا يفترق أعضاؤه إلا عند النوم. بعد سنوات كثيرة صارحتني الجدة نفسها بتلك الحقائق، وأخبرتني حادثة لم تعرفها حتى نوال إلى الآن، قالتها لي من منطق توصيتها لي، ألا أجعل أي مخلوق في المستقبل يقترب مني ومن «قسمتي... ويقسمها»، ليس لأني يجب ألا أثق برفيق العمر، فالثقة مطلوبة وهي ركيزة أساسية، ولكن لأن الشيطان شاطر. هو الشيطان نفسه الذي تلبس قامة الجد، وهو يلاعب نوال في طفولتها، إلى أن تلبس قامة غسان عندما رأته الجدة وقد أوقفته سلمى في الممر بين المطبخ وغرفة الطعام في شقة الزمالك مندفعة إلى صدره، كأن كفها تقود أصابعه إلى فتحة ثوبها عند صدرها النافر. لم تؤكد الجدة ذلك المشهد، وحتى عندما حاصرتها بأسئلة دقيقة متواصلة، لم أستطع أن أكون غير لوحة ناقصة. هل كانت لحظة سلمى وغسان تلك قبلة

خاطفة؟ رغبة عاصفة؟ أم افتتاناً مجنوناً؟ الجدة لا تفهم مثل هذه التساؤلات، وهي لم تر المشهد كاملاً حتى بين نوال وأبيها. لكنها قالت لي: «أعرف المضبوط من المش مضبوط» من نظرة خاطفة، وما رأيته بين غسان وسلمى «لم يكن مضبوطاً»، وكان قلبي يقول لي «إن الراجل مظلوم».

لهذا، كانت الجدة وراء تشجيع الخطيبين على البحث عن مستقبل أفضل وأضمن، بعد الكساد الذي حام على المنطقة بعد الحرب وانفتاح بلدان الخليج العربي على تجارة حرة. وهكذا، قررا بعد فترة قصيرة من الزواج، السفر إلى بيروت ليبدأ غسان اتصالاته لعقد صفقات، تمهيداً لانتقاله إلى أحد بلدان الخليج. وقد عاشا سنوات قليلة في شقة غسان في منطقة رأس بيروت، ثم عندما كانا يسافران إلى مصر، كانا يذهبان إلى منزل أمه الرحب في الإسكندرية، ثم يزوران سلمى والجدة زيارات رسمية محددة في شقة الزمالك، وكان ذلك قبل أن يؤسس غسان فرعاً لشركته في قبرص خلال الحرب اللبنانية، ثم في الإمارات والكويت بعد ذلك.

في خريف عام ١٩٧٥ عندما حطت الطائرة بهما في مطار لارنكا، كانت نوال حاملاً في شهرها الثالث، وغسان يتمنى أن تنجب طفلة جميلة مثلها ليسميها «نوال الصغيرة»، ونوال تتمنى أن تكون أمها إلى جانبها عند الولادة، وقد حققت «القسمة» لكل منهما أمنيته!

اليوم التاسع

مساءً

From: Miss X!
Sent: 30 December 2004 09:30pm
To: Saad
Subject: Salma's Papers Lost !

عزيزي سعد . . .

بيتنا نائم وغير نائم. أمي في غرفتها بعينين مغمضتين، وقلب
صاح يدعو لي، ونَفْس قلقة. تتمنى ألا يؤثر لقائي بك غداً في
مشروع خطبة شقيقتي. وأنا أرتب حاجياتي الأخيرة في الحقيبة،
أؤكد لك رحلتي إليك غداً، وأرسل هذه الأوراق وهي أوراق سلمى
الأخيرة: أي آخر ما تلقيته منها قبل أن . . .

* * *

لم أكن أعلم أن لقائي بكميل أنغلوس ذلك اليوم، في شقته
بغاردن سيتي، سيكون بداية النهاية. كان اليوم نفسه الذي اتصل فيه
بأمي، يطلب منها أن تأذن لصديقه غسان أن ينتظره في بيتنا. أراد أن
يمنح علاقتنا فرصتها الأخيرة كما قال، كأن كلاً منا كان يريد أن
يدافع عن هذه العلاقة ويهاجمها في آن واحد. اتهمني بالكثير،

واتهمته بالأكثر. قال إني لم أعد سلمى، ولم تعد روحي تسطع فوق ذلك الرخام اللدن كما يصفه. أغيب عنه بروحي وأختلق الحجج للابتعاد. وأنا أرد له الاتهام وأضيف. أصبح يكثر من أسفاره ولا يصحبني. يؤكد موعداً لنا ثم يلغيه في اللحظة الأخيرة. يعرفني إلى غرباء لا علاقة لهم بالفن أو الأدب . . . صاح بي: كفى. كفى. هذا ما لا أريد أن أسمعه، هذا هو سبب ابتعادك وذبول روحك. لم تعد روحك هنا يا سلمى، في عالمنا، فوق صدر «كميلك»، أصبحت هناك بين هؤلاء الناس السخفاء. صرخت به يومها: لا تقل سخفاء. لا تقل سخفاء. أنت! . . . لكن نظرة نارية من عينيه أوقفتني! خفت منه، أصبح شخصاً آخر، غريباً، بعيداً، كريهاً. ومع ذلك عانقته. . . وبكيت. لا أدري على ماذا كنت أحاول أن أحافظ؟ هل على ذلك الكسل الذي يوفره لي أسلوب حياتي معه؟ لم أكن أفكر في قيمة الأموال، بل في إنفاقها، لكن أول دفعة لي من أجري في أول فيلم، أيقظتني، نبهتني. كان شعوراً مختلفاً يا سوسو. إحساس بالقوة أن بإمكاني العيش، والمواجهة، وتحمل المسؤولية. لم أستطع أن أبوح له بهذا. كنت أعلم أنه لا يرى في أجري أكثر من مصروف جيب، وكان بالنسبة له مثل نكتة. لكن الأمر بالنسبة لي كان مؤشراً. . . لا أدري أيضاً إذا كان شعوري بنبضات كرامتي هو الذي أخذ يقودني لأبذل جهداً أكبر للتواجد في ذلك العالم الذي فتحه لي عاطف سالم. كنت بدأت أملّ من لقائي بكميل وحيدين في الشقة، أو برفقة ضباط أحياناً، أو أشخاص أراهم لأول مرة على سطح باخرة في النيل، أو في شقة مليونير لبناني في بيروت، يكونون خليطاً من عرب وأجانب. ولا يؤنسني في بعض السهرات القليلة إلا رقصات نجوى فؤاد البديعة، أو زيزي مصطفى، رغم أنهما تؤديان وصلتيهما وتذهبان.

كنت بدأت أيضاً أخاف من سهرات أخرى ليس فيها رقص أو غناء. ففي إحدى تلك السهرات في بيروت، رأيت كميل يغادر الصالون الذي يغص بالناس، وحوله ثلاثة أشخاص. افتقدته بعد نصف ساعة، فرحت أبحث عنه بين الصالونات الكثيرة. كانت هناك غرف صغيرة على جوانب الصالونات. وجدت أخيراً كميل في إحداها واقفا وسط حلقة من أربعة أو خمسة رجال. لم أسمع ما كانوا يقولون، لكن وجه كميل كان قد أصبح مثل حبة البندورة. فجأة احتد شاب ضخم الكتفين والساعدين كان بينهم، وأخرج من جيبه مسدساً أشهره إلى صدر كميل. شهقت ولم أتنبه إلى أني أصدرت صوتاً، وإذ بكميل يتطلع إلي بتلك النظرة التي تخيفني، فأشحت بوجهي، وكنت أصبحت كتمثال لا أتقن إلا الجمود. بعدها خرجوا جميعاً، وجاء سائقه يوصلني إلى الشاليه في خلدة، ويقول لي إن كميل بيك سيأتي غداً. وفي الغد عندما سألته عما يحدث، قال لي بلهجته الحاسمة التي أعرفها: «je t'empries سلمى. لا تسأليني عن أي شيء، لا اليوم ولا بعد اليوم».

في ذلك اليوم، في شقة غاردن سيتي، كان قد مضى على هذا الحادث أسابيع، كما أصبح كميل يرغب أكثر فأكثر في عبّ كؤوس كثيرة من الويسكي، ورغم تماسكه إلا أني بدأت ألحظ أن خطواته تبطئ في نهاية السهرة، وجسده يميل قليلاً كما يصبح صوته مبحوحاً ومتراخياً. لهذا بدأت أحاول الاعتذار عن مرافقته أحياناً بحجة اللقاء بعاطف سالم، أو بمخرجين جدد، أو كتاب سيناريو يعرضون علي عملاً جديداً.

لا أدري يا سوسو ماذا حدث حقاً في تلك الليلة في الشقة. كان متوتراً إلى درجة لم أره عليها من قبل. وبعد أن اتهمني، واتهمته، تركني في غرفة النوم، ومشى إلى الصالة، وهو يلف حول

٢٧٢

خصره الشرشف، وأدار أغنية قديمة لأم كلثوم. كان كأنه يريد إغاظتي. يعلم أني لا أحب تلك الأغنيات. وكم قلت له إنها تشعرني بالنعاس، فكان يوقف الأسطوانة ويعانقني وهو يهمس: «كما تأمر مولاتي». اليوم يبدو أن لا وجود لأميرته ولا لمولاته. رأيت جانباً من جلسته على كرسيه الأسود الهزاز: كأس على الأرض، ودخان يتصاعد، فأعرف أنه أشعل غليونه، يلف ساقيه، ويلف الصمت الشقة، وأحسه، وقد وضع يديه خلف عنقه. ظللت في الغرفة. وصلني فجأة صوت أم كلثوم:

جاني الهوى من غير مواعيد

وكل ما دا حلاوته تزيد

ما احسبش يوم حا يخدني بعيد

يهني قلبي بالأفراح

وارجع وقلبي كله جراح

وازاي يا ترى... أهو ده اللي جرى

وانا وانا وانا ما عرفشِ

ما اعرفش انا...

فجأة، لأول مرة أبكي بقلبي وعيني وروحي، التي أحسستها كسيرة وجريحة. فجأة أذوب بالأغنية. هل أحبه؟ لا، لا أحبه. أدرك جيداً أني لا أحب كميل أنغلوس، لكني لا أعرف لماذا بكيت في تلك اللحظة على الحب، وعلى حالي. هل بدأت يقظة ما لمشاعر كانت نائمة تحت جلدي؟ متى بدأ ذلك؟ متى بدأت أحس بشي ما، خفيّ، كان يجعلني ألتصق أحياناً بكميل حين يغفو؟ أمسك بكفه، أضعها فوق صدري، أغمض عيني، تصبح كفه كف مسيو غابي؟ أصبح في سيارة والهواء يلاعب شعري، وأصابع توقظ داخلي. ما لا

أدركه أو لا أعرفه أو لا أستطيع الإمساك به، شيء أحبه وأكرهه معاً، لكني أريده، ليس دائماً، بل أحياناً، لا أعرف متى؟ وكيف؟

عندما كنت أذوب في تلك الأمسية بتلك الأغنية، كانت تختبئ في رأسي أكثر من عينين نظرتا إليّ قبل مدّة من بعيد، نظرات داعية، متقربة. كأني في تلك اللحظة تذكرت عيني مدحت، وتذكرت نظرة أفلتت من عيني غسان.

صعب، صعب جداً يا حبيبتي سوسو أن أكتب لك هذا، فأنت لم تعرفي غسان إلا لسنوات قليلة، وأنا لا أريد أن أخدش صورته في وجدانك، بل العكس، أريد أن أخدش نفسي، لأغسل روحي. شيء كان أقوى مني في تلك اللحظة التي تحدث فيها كميل مع «ماما»، وطلب أن يبقى غسان عندها، جعلني أتمنى ألا تتاح له الفرصة للجلوس طويلاً مع نوال. لا أدري كيف فكرت في ذلك، ولماذا؟

ما الذي كان يضع فجأة في قلبي ذلك الخوف، ويدفعني للانقضاض على كل ما هو ليس لي؟ فجأة، رأيت غسان من بعيد، وقد أصبح أقرب إليّ من كميل. كان أصغر وأجمل، وخجولاً. متى بدأت أفكر فيه؟ لا أدري تماماً، غير أني كنت أشعر بألق ما في وجوده. حتى عندما بدا التقارب جلياً بيني وبين مدحت، خاصة في حفل افتتاح فيلم «عودة الملاك»، وبعد الحفل عندما ذهبنا إلى بيته في ضاحية المعادي وعرفت أنه مطلق ولم ينجب، ثم همس لي رشدي، مدير التصوير، أنه كان متزوجاً من سيدة من خارج الوسط الفني.

لم يرافقني كميل إلى حفل افتتاح الفيلم كما كان وعدني، فقد سافر فجأة إلى باريس، كما أرسل يخبرني بواسطة غسان، وكان طلب منه أن ينوب عنه ويصطحبني إلى الحفل ويكون في خدمتي.

أحسست للحظة أنه سيراقبني من خلال غسان، يريد أن يعرف كل ما يدور بعيداً عنه. كنت أعرف ذلك منذ بدأت ألحظ كميل وهو يسأل حسنين، أو سائق سيارته الكاديلاك، تفاصيل كثيرة مما حدث مع أشخاص يعرفهم، وحفلات أقيمت. كان يدهشني اهتمامه، يسأل كم شرب فلان من الكؤوس، وماذا شرب؟ ومع من تحدث؟ وماذا قال علان؟ وما هي المأكولات التي قدموها؟ وهل حضر هذا أو ذاك؟ ثم كان يضحك عندما يلحظ دهشتي، ويفرك أصابعي بكفه ويقول: «حتى أعرف كيف أشاكسهم وأحيرهم».

في تلك السهرة بعد الافتتاح، ومع مدحت، وفي منزله، كانت حكاية قد بدأت بيننا، وفي نهاية السهرة نفسها عندما صعدت إلى جانب غسان في السيارة ليوصلني إلى البيت، وجدت نفسي أشكو إليه كميل، ثم أطلب منه أن نذهب إلى كازينو قصر النيل، لأني قلقة، ولن أستطيع النوم. لم أشعر بتردده، بل شجعتني ابتسامته، فأدرت الراديو على موسيقى خفيفة، وعدلت من خصلات شعري، وفي الكازينو رقصت معه عندما عزفت الفرقة الموسيقية Mon amour. كنت أحس بشبابي بين ذراعيه وأحس بوسامته.

❊ ❊ ❊

مضت مدة طويلة ولم نلتق، ولم أكتب لك أيضاً. صوتك على الهاتف أقلقني. لم أكن أدرك مدى ما أسببه لك من ارتباك. أعدك وأقسم لك بغلاوتك وغلاوة «مامتك» و«مامتي» أن نلتقي قريباً. نعم، سنجلس ونحكي. سأحكي لك الكثير، وستنجزين هذا الفيلم الوثائقي عني كما تقولين. «وعد شرف صدقيني يا سوسو». صدقيني أيضاً أني لا أتهرب منك، منك أنت بالذات، بل من آخرين. أما أخبار العلاج فأخبرك أنها جيدة، هكذا يقولون، آخر الفحوصات كما أخبروني أنهت كل مخاوفهم. ما زال البروفسور هنري يصر على

أن كل ما أعاني منه سببه نفسي كما يقول، وليس جسدياً. ما زال يكرر كلمات لا أفهمها ولا أحب أن أفكر فيها مثل كلمة psychosomatic.

وافقت أخيراً على أن أجلس مع تلك الاختصاصية النفسية، ولو أني كنت أفضل أن يكون رجلاً. ضحك البروفسور عندما أعلنت له رغبتي، وسألني لماذا؟ فقلت له إني أشعر براحة أكبر عندما أتحدث مع الرجال. سألني إذا كنت أغار من النساء فقلت له: هن يغرن مني. كنت أشعر بذلك يا سوسو. معظم الممثلات كن يغرن مني. أما مدحت فظل يقول لي: لا تبالغي.

ستقولين الآن أني أحكي لك حكايتي معه من نهايتها. أعرف ذلك، وللمزاح أقول لك: تخيلي أنك تكتبين سيناريو لفيلم، ألا يكون الأمر أجمل وأكثر تشويقاً عندما تضعين المتفرج في قلب الحدث، ثم تسترجعين الأحداث التي أدت إلى هذا المشهد عبر «فلاش باك»؟ كان مدحت يقول لي إن أقوى الأفلام هي التي يستخدم فيها كاتب السيناريو والمخرج «الفلاش باك» بذكاء. الخطر عندما يكون «الفلاش باك» «تحصيل حاصل»، أي أن المتفرج يعرف ما حدث فيكون «الفلاش باك» تكراراً مملاً. نبهني إلى كثير من الأفلام الأجنبية. وكان يقول لي الكلام الذي قالته فدوى في طفولتي ولم آبه له. الأفلام الأجنبية مدرسة كبرى، عظيمة. عرفت معه الفارق بين مدرسة هوليوود ومدرسة السينما الجديدة التي جاء بها الفرنسيون. دروسه نفعت معي، واستمر نفعها بعد سنوات طويلة. تصوري أني تحدثت أول أمس مع البروفسور هنري عن فيلم كلود ليلوش الشهير «رجل وامرأة»، وفيلم لوي بونويل عن La belle de jour؟ استرجعنا أيضا أحلى لقطات فيلم «الموت حباً»، عندما تعترف آني جيراردو أمام اللجنة التأديبية في المدرسة، بعشقها للطالب الذي

تدرّسه. حكينا عن ميشيل تروفو وفيلم كلود شابرول العنيف «الغزلان».

كنت أتذكر كل ملاحظات مدحت وأنا أحكي عن نهضة السينما الإيطالية مع فيتوريو دي سيكا في الستينيات، مع «وداعاً أيها السلاح»، ثم فلليني وبازوليني وفيسكونتي، إلى أن وصلنا إلى روسي. وعندما قال لي البروفسور هنري إني أملك ثقافة سينمائية عالية وذوقاً فنياً رفيعاً، كتمت ضحكة كانت تسخر مني. هو لم ير تلك الطفلة التي كانت تتأفف وتتدلل، وتنغص على مدحت، وتخدش جديته ووقاره كلما أراد أن يعلمها لتطور موهبتها، كما يقول. أفكر أحياناً، كيف تحمّلني طوال أكثر من عشر سنوات؟ ورغم كل ما فعلته جعلني أنا من ينطق الكلمة الأخيرة، ويعلن النهاية. هو قالها لي منذ لقائنا الأول، عندما جلسنا في الحديقة الخلفية من استوديو نحاس، أثناء انتظارنا إعداد «اللوكايشن» لفيلم «رصاصة»، الذي كتب له السيناريو. قال لي: أنت امرأة تنتظر الكلمةَ الأولى من الرجل، لكنها هي التي تقول الكلمة الأخيرة. وعندما سهرنا معاً، بعد ذلك، احتفالاً باليوم الأخير من التصوير، استطاع أن يجعلني «أزوغ» من حسنين ليوصلني في نهاية السهرة، ويقول لي: كلمتي الأولى لك يا ست الحسن والجمال هي: أحبك!

* * *

أنت لم ترَي مدحت. ربما رأيت بعض صوره في المجلات رغم أنه كان يتهرب من الأضواء والصحافة. هو أكبر سناً من غسان. كان في الثانية والأربعين عندما تزوجنا. أحببت به شعره الرمادي الغزير المنسدل بنعومة على جبينه، وعينيه الصغيرتين المشتعلتين دوماً بنظرة ذكية وطيبة معاً. قامته معتدلة، وكان يصر على أن يقول لي: هل يمكنك حقاً أن تحبي رجلًا قصير القامة؟ أصابني زواجنا بأول

حالة اكتئاب حقيقية مرضية. كنت أقرأ ما يكتب يومياً عنا، وأبكي بجنون.

وأقر بأني تزوجته لأحصل على إقامة دائمة في القاهرة، وأقر بأني «خطفته» من فنانة استعراضية كانت علاقته بها بمثابة خطوبة معلنة، رغم أنه نفى لي هذا الأمر تماماً، وأقرّ بأني ارتبطت به بعد أن تخلى عني «حبيب القلب المليونير»، ويصمت ويرفض أن أشرح له أي تفاصيل عن هذا الأمر.

لم يعرفوا أن تهربي من كميل هو الذي دفعه للسفر. صحيح أنه اختفى فجأة، واتصلت به أكثر من مرة عبر كل الأرقام التي لدي، في مكاتبه في القاهرة والإسكندرية وبيروت وباريس، وصحيح أن غسان أخبرني عن إحباطه بعد خسارة ضخمة في صفقة أسهم لإحدى شركات الآلات الدقيقة متعددة الجنسيات، إلا أن كميل لم يتخل عني. أعرف عنه الكثير، ما يجعلني أتأكد من أنه لم يتخل عني. نعم، صحيح أني لم أعد أراه، لكني ما زلت أعيش في شقته في الزمالك. أعني ماما ما زالت تعيش فيها، وما زال مفتاح شقة غاردن سيتي في حقيبتي لكني لا أذهب إليها. لا أحب أن أذهب إلى هناك وأكون وحيدة. هذا طبعاً قبل زواجي من مدحت. وفي بيروت، ظلت شقة الروشة مفتوحة لي، بل أنا التي امتنعت عن الذهاب إلى هناك منذ سلسلة التحقيقات معي حول العمارة التي يقطن فيها تمام الأشهل، الذي اتهم بالجاسوسية بعد حرب حزيران. ماذا أيضاً؟ كتبوا الكثير بأني أورط مؤلفاً وفناناً مرموقاً بزيجة غير متكافئة. لا يعلمون كم يحبني مدحت. كم أحبني وتعلق بي. ظل أمام كتاباتهم وتلميحاتهم مثل صخرة، يبتسم ويهمس لي: «كلام... المهم إحنا». كان ما يكتبه البعض يجنّنني. أحياناً لا يذكرون اسمي لكنهم يقولون: «لوليتا»، أو «صاحبة العينين الواسعتين أمضت سهرة صاحبة

جرّت اليها مؤلفاً محترماً!». ويكتب أحدهم في مجلة لبنانية «أثرياء عرب يلبون دعوة نجمة صاعدة يبدأ اسمها بحرف السين. . . ولكن على حسابهم، أما صديقها الجديد وهو شخصية فكرية معروفة فكان جمهور الحفل!».

كان مدحت يمزق المجلة ويقول لي «انسي». لكنني لا أنسى. أبكي وأخبط بيدي على ركبتي وأصيح: لا أحد يصدقني. . . لا أحد يصدق. . . أنا فنانة. . . فنانة. . . كيف أقنعهم؟ لا يعرفون أنهم عندما يكتبون عن السهرات الصاخبة، والعلاقات المشبوهة، ومصاحبة الأثرياء، أكون في بيت مدحت في المعادي، أسترخي في الصالة التي أعشق طابعها الريفي. أكون هادئة، أرتدي بنطلوني الجينز وبلوزة بيضاء قطنية أحببتها أكثر من كل ثيابي، لأنه أهداني إياها في عيد ميلادي، ويكون يقرأ لي مشاهد من فيلمه التسجيلي عن منطقة الحسين، أو يعطيني كتاب «أفلام غيرت تاريخ السينما»، ويقول لي بعد أن يقبلني من جبيني ويمسح خدي بكفيه: سأمتحنك في فيلم واحد فقط، ولكن بعد ساعتين، مفهوم؟ ثم يحذرني بإصبعه: «سكوت تام، ومن غير سؤال ولا مقاطعة كمان، مفهوم»؟ فأرد وأنا أشعر بصفاء غريب: «مفهوم يا فندم».

* * *

لم يدعني مدحت إلى بيته. كنا نلتقي كثيراً في تلك المقاهي المختبئة في أطراف القاهرة، أو أرافقه إلى عزبة أحد أصدقائه. زارني مرات قليلة في شقة الزمالك، وكان يُشعرني في كل مرة بأنه على عجل. حتى جلسته، تكون على حافة الكنبة، كأنه متأهب للهروب كل لحظة. لكن عينيه، يا سوسو، كانتا تحكيان. علمتني نظرات الرجال الكثير. صرت أعرف النظرة الجائعة، والمنقضة، والمتحمسة، والمغرورة. صرت أعرف ماذا يعني أن ينظر إلي أحد بلا مبالاة،

تخفي عطشاً لاغتصابي. أنا أيضاً درّبت نفسي على النظرة الكاذبة، لكن مدحت كان يقول لي إني أفشل تلميذة في هذا المجال.

كان تصرفه يصيبني بالجنون أحياناً. أحس بدفق الحنان في نبرته؛ في لمسة منه أسرع من الثانية؛ في كلمة تفلت بحنان «خدي بالك من نفسك». يأتي إلى الاستوديو. نذهب إلى المسرح. نتمشى على النيل في مساحة يحبها، يقول إن نجيب محفوظ يتمشى بها في الصباح الباكر، لكنه لا يدعوني إلى بيته. كانت تلك مرة يتيمة في أول يوم من تصوير فيلم «رصاصة»، وشعرت بأنه سجننا في صالة واحدة. كل الأبواب مغلقة ولا أحد من المدعوين يملك ذلك الجشع مثلي، لفتح كل تلك الأبواب، واكتشاف ما وراءها: اكتشاف عالم مدحت. وحتى بعد مصارحته لي بحبه يا سوسو، ظل بيته فترة طويلة مستعصياً. أعجب أنه لا يرد لي دعوة غداء أو عشاء بعد أن أكون دعوته وطبخت له بنفسي. يقول لي وهو يقهقه إنه سيطبخ لي ذات يوم وسأصعق، وسأندم على كل يوم مر ولم آكل به من «بدائع» أصابعه.

أفقت ذات صباح على اشتياق غريب إليه. كانت صورة تتكرر في رأسي بلقطات مختلفة، سريعة، وعنيفة، ثم بطيئة، منسابة كلحن حزين. كان يعانقني. يحضنني. يقبل كل مساحات وجهي، ثم ندخل باباً مغلقاً كنت رأيته في آخر صالة بيته من الجهة اليمنى، لأجد نفسي في غرفة ليس فيها إلا فراش. لا سرير ولا خزانة ولا شيء إطلاقاً، سوى فراش عريض، شاسع، غارق بـ«البمبي». لم أعرف ماذا حدث لي، كأني ممغنطة أو منومة. كانت سلمى أخرى تتصل وتؤجل موعدي مع الكوافير ومع طبيب الأسنان. أمضي بسيارتي الفيات الصغيرة وأطرق بابه. كانت الساعة تقترب من الحادية عشرة صباحاً، وكان يستعد لمغادرة الشقة.

أول مرة أزوره، يتركني وحيدة في شقته. قالها لي وهو يغادر: أنت مشتاقة للاكتشاف، وليس لي. لم أصدق أنه لم يفهمني. قلت إنه «يتعابط». لعله يريد تلويعي، فليكن. شيء ما يا سوسو كان يؤكد لي أنه صادق، بريء، لطيف، وجميل. ظللت أحملق به وهو يهبط درجات سلم العمارة بخفة ولا ينتظر المصعد. كان ضئيلاً، وقصيراً. أصابعه تتخلل غرة رمادية تنساب فوق جبينه. مؤكد أن كثيرات يتطلعن إليه بذلك الوله الذي يعربد في نظرتي. لكني كعادتي أزحت هذا الخاطر وتراجعت وأغلقت الباب. أخذت أدور في الصالة كمن امتلكت عيداً أو زوجاً وبيتاً وعائلة. أتأمل لوحاته، كتبه، منشفته النظيفة في الحمام، شعيرات خفيفة على طرف المغسلة، سريره المرتب بشكل مضحك، ألوانه الرصينة الغامقة، نيلي، رصاصي، أخضر غامق، فضي. أغراض قليلة وجو مريح. أسترخي على الكنبة العريضة، ولا أدري لماذا أتذكر أمي. عندما عاد، كان مثل رب بيت عاشق. صدره غائب وراء أكياس. روائح لحم وخضار رطبة تفوح حوله. يهرع إلى المطبخ واعداً ساندريللته بغداء فاخر سبع نجوم.

ماذا بعد الغداء. في الساعة السادسة مساءً والشاي الكشري الذي يحبه يا سوسو؟ لا شيء غير استرخائه. عجيب. ألا يحبني؟ ها أنا في بيته، بين يديه، أكاد أتأهب لنصف إشارة. ربع إشارة. نغمة في داخلي يحبها وأحبها وتهمس له «يا واد يا تقيل». لأول مرة أتمنى أن أكون صاحبة هذه الأغنية، وليس سعاد حسني. كانت الأغنية الوحيدة التي يحبها لها. يكفي أن يقول «معقولة» لأضعها في قائمة ما يحب.

كان «واد... وتقيل قوي»، يا سوسو في تلك اللحظة، بل في ذلك اليوم. هل أهاجمه؟ هل ألتصق به وأقبله، وليكن ما يكون؟ لماذا يتجاهلني إلى هذه الدرجة المريعة؟

عندما اقتربت منه كنت أنا من يعانقه ويقبله. كنت أنا مسيو غابي الذي يتلمس صدره وزنديه. كانت تلك الكنبة سريرنا الناقص، المكسور، الذي يعيدني إلى الخوف والحذر. عندما بدأت أغيب في حال أكره فيها نفسي من توقي إليه، رمى كلماته كسهم: ليس الآن يا سلمى. قالها جاداً كأنه أب يحسم أمراً أو يتخذ قراراً أو يؤنب. متى إذاً؟ سألته وأضفت قبل أن أنظر إليه: عندما تتأكد من حبي؟ قال بحسم أكثر وأبكاني: لا، عندما تكونين قد حسمت أمرك. «أي أمر يا مدحت؟ أي أمر؟». هل هناك أمرٌ أمرّ من هذا الذي يضعني فيه؟ لم يفهم ولم أفهم كما قال لي في الغد، لأني ما إن رأيته يقوم بهدوء وينصرف إلى ركنه العزيز في المطبخ ليعدّ الشاي، حتى خرجت وأنا أتمنى أن يعيدني صوته مع كل خطوة تبعدني عنه.

* * *

لم يرد مدحت يا سوسو أن يضع نفسه في امتحان الحب والشك. عناده أقوى من عواطفه. قبلاته في السيارة أو عند باب شقتي. حركة ساعده وهي تقربني من صدره، كانت نعيماً وعذاباً لي. لم أفهم أيضاً عواطفه واحتياجاته. لكني عرفت أنه يفضل أن يحلم، أو يغلم، على أن يقترب من امرأة بغير وعد وتواصل. لم أكن أنا أيضاً لاهبة في عواطفي، فأنت تعرفين هذا، وقد حكينا عن ذلك في تلك الليلة الليلاء التي أتحفتني فيها بسماع غرامياتك العجيبة. غير أني صرت أرى الأمر مسألة كرامة، إلى أن أفهمني معنى الكرامة على أصولها، عندما قالها لي صادحة وحارقة كالشمس: نعم، أريدك لي. لكني أريدك باختيار حر وكامل، وبمساحة بيضاء تغادرين فيها كل القصص الناقصة أو الغامضة. حتى مشاريع الحب العرجاء التي تحيط بك تحسمين أمرك بها. كأني يا سوسو أقف وسط حلقة من رجال، كل منهم يتقدم بطربوش أو طاقية أو يخشخش بنقوده. عندما

عاتبته قال لي إنه لم يقصد ذلك، بل يقصد ما يسمعه عن حكايات إعجاب، أو سهرات، أو سفرات، ولو بريئة، مع بطل أشاركه فيلماً، أو مخرج أو رجل أعمال. طبعاً كان قد قرأ وسمع الحكايات والمؤامرات عن كميل، ومع ذلك كان علي أن أكتفي بقبلاته المسروقة، وأضع له مئات الأعذار عندما لا يدعوني إلى بيته، أو عندما أفاجئه بزيارة يقول إنها ليست زيارة شوق بل بحث للتأكد من براءته. وهو في هذا يعذرني ويفتح أبواب قلبه وأبواب الشقة. يجعلني أمضي ساعات بعيدة عن توقي واحتياجي إليه كأنه يدربني على صبر لا طائل منه.

عندما كنت أرى مجلة مطوية عند صفحة تملأها صورة امرأة جميلة على الكنبة في الصالة، أو فوق الكومودينو الصغير قرب سريره، كنت أتساءل: هل يفضل التخيل والحلم، على أن أكون حقيقة في حضنه؟

لم أفهمه في تلك الفترة يا سوسو، لكني فهمت تحفظه عن عدم استضافتي في بيته لوقت طويل. أكاد أحسب المرات التي التقينا بها في شقة قبل زواجنا، فإذا بها لا تجاوز خمس مرات. هل تصدقين يا سوسو؟ أيوه... خمس... خمس بس بعيون الشيطان!

* * *

أيقظني مدحت يا سوسو. بدأت أعرف ماذا يعني أن أنام في الليل، وأصحو في النهار.

صحبني إلى مسرحيات المسرح التجريبي، ومسرح الدولة والمسرح الجامعي. عرفت معه باريس أخرى ولندن أخرى. مسرحيات، وأفلام، وعروض موسيقية، ومكتبات ضخمة: «موناليزا» أو «ماكس ليفر» في باريس، أو «بوردرز» في لندن، يجلس فيها

ساعات وأنتظره في ركن هادئ، بعد أن يضع أمامي على الطاولة الصغيرة ألبومات الرسامين، ويقول ضاحكا: «عارف مش حاتقري... المهم أن تتفرجي على الصور». أروح أتصفحها وأتعرف إلى لوحات فان كوغ ومونيه، وأحبها، وأكره بيكاسو ورساماً آخر مشهوراً بشاربيه الضخمين، عرفت أنه مجنون وانتحر... لكنني نسيت اسمه!

كنا نذهب أحيانا إلى مسرح الريحاني في القاهرة فيقول لي: هذا المسرح كان سابقاً دار سينما اسمها سينما راديون. وعندما نذهب إلى سينما المتروبول أمازحه قائلة: «هل كانت متحفاً أم حديقة حيوان»؟ فيقول: «بل كوليزيوم، هل تعرفين يا فصيحة ماذا تعني كلمة كوليزيوم»؟ كل مكان له تاريخ وحكاية. والغريب يا سوسو أني لم أعد أضيق بالأحداث والتواريخ. هل كبرت؟ كأني كنت نائمة بالفعل وأيقظني.

* * *

لكن مدحت كان يضيق ببعض الجلسات التي أحبها، خاصة عندما ننساق في أحاديث يراها سخيفة وتافهة، ويكون ذلك عندما نحكي عن أفلام المقاولات ونرى أنها رغم كل ما يقال عنها، تكسب أرباحاً طائلة. مدحت هو الذي أطلق هذا التعريف على هذه الأفلام، ومنعني بعد زواجنا من المشاركة بأي منها، رغم الأزمة المالية التي عصفت بنا. كنت أذكّره أحياناً بأفلام شاركت فيها بعد «عودة الملاك» مع عاطف سالم. أفلام كانت تحمل عناوين مضحكة. مثل «تعاليلي يا بطة»، الذي ورطني فيه مؤلفه بعد أن أراد أن يصبح مخرجاً، وكان يعمل صحافياً، أقنعني به، بعد أن أجرى معي حواراً طويلاً لمجلة لبنانية. كان مدحت يقول لي إني كنت ضعيفة أحياناً أمام الاعجاب، وإن هذا الصحافي لم يورطني إلا

لأني أُعجبت بقصة غرامه بي، ورحت ألهو بها مثل لعبة. كنت أؤكد له أني لا أقصد ذلك، فيقول «هنا الداهية الكبرى».

لم يكن يعبر لي عن غيرته، بعينيه أو نحنحته، كما كان يفعل كميل، أو بتلك النظرة الطفلة التي كانت تهرب من عيني عصام. كان يصمت ويغيب. يختفي أياماً ولا يرد على الهاتف. يعاقبني بالهروب والترفع. عندما واجهته ذات يوم، قال ببساطة إنه لا يهرب ولا يترفع، بل يعلمني كيف ينبغي أن أحترم الرجل الذي يحترمني. اعترف لي كم كان يضيق بنظراتي التائهة في المطاعم والكازينوهات. اتهمني بأني استجدي إعجاب الجميع، حتى أعضاء الفرقة الموسيقية و«الغارسونات».

هذه حكاية طويلة تتطلب سهرات. مؤكد عندما نلتقي سنسهر وسأحكي لك الكثير. علي الآن أن أكمل لك المهم، بل الأهم، أي تلك الخطوط العريضة. لماذا لا تكون رفيعة يا سوسو؟

جواباً عن سؤالك، أقول نعم، نعم، نعم. الظروف غيرتني وكذلك مدحت، فقد التقينا في الزمن الصعب كما كان يسميه، غير أن الصعب، بالنسبة إليّ، كان زواج نوال وسفرها ثم تنقل ماما بيني وبينها، وكان أيضاً علاقتي بمدحت التي بدأت تعني نوعية الأفلام التي أشترك فيها، والناس الذين ألتقي بهم. كذلك كان الزمن الصعب هو حيرتي حول غياب كميل الغامض والمفاجئ، رغم استمراره في تحويلات مبالغ ثابتة شهرية إلى حسابي. كانت تلك طريقته ليقول لي، لا تقلقي علي وما زلت معك. وطبعاً كان هذا الافتراض هو السذاجة بغينها كما وصفها مدحت بعد أن أخبرته. قال لي: «مش حاسألك اذا كنت عبيطة ولاّ بتستعبطي لأني مدرك تماماً إنك العباطة المصفاة»!

عندما يجلس معي كان يحكي لي عن زمن صعب آخر، عن آثار الحرب، واستقالة عبد الناصر ثم رحيله، وعن حرب الاستنزاف والخلافات بين الإخوان المسلمين والشيوعيين، ثم خلافات المثقفين مع أنور السادات. يروي الكثير عن مآسي حرب أكتوبر ويقول إنه لن يقف بين الهتّيفة ليكتفي بتصوير لقطة كبيرة ضخمة ليوم العبور في ٦ أكتوبر، ويتجاهل الضحايا والأشلاء والأوضاع الصعبة والمجحفة في الداخل. كنت أسافر إلى بيروت لتصوير فيلم وأعود، فيسألني عن الأوضاع، وأقول له تمام، وأحكي عن أماكن التصوير الرائعة، وأتحمس قائلة إن المناظر الطبيعية في جبال لبنان رائعة للتصوير، ولو كان هناك مثلها في مصر لما احتاج المنتجون إلى تكاليف إضافية للإنتاج. أحكي له عن كازينو لبنان الذي أصبح يعرض« شير» و«مولان روج»، وسلسلة كازينوهات عاليه وبحمدون، وحركة التصوير الدائبة بين استوديو بعلبك واستوديو هارون. وأحكي عن مسرح البيكاديللي وفرقة نضال الأشقر وروجيه عساف وفيروز والأخوين رحباني في «يعيش يعيش». أحاول إقناعه لنذهب ونعيش في لبنان مثلما تفعل نبيلة عبيد وسهير رمزي ومديحة كامل ومحرم فؤاد وغيرهم. فيقاطعني ليسألني عن البلد، عن الأوضاع، عن الخلافات الفلسطينية - اللبنانية والخلافات اللبنانية - السورية، والأحزاب الطائفية التي تتكاثر. يتعبني، لكني أتنبه. لم أعد أنعس أو أشعر بصداع. تجعلني أحاديثه أفكر، ومع ذلك يظل عالمي يناديني فأجلسه مثل تلميذ عليه أن يستمع إلى درسي الذي أتلوه عليه طوال الحصة، وكان ذلك اليوم عن الحركة التي جمعت فيها فريد الأطرش وعبد الحليم حافظ وصالحتهما.

صاح بي: أنت؟

قلت: نعم أنا.

فراح يشمر كمي قميصه، كما يفعل دائماً عندما تبدأ حماسته، ثم يضع إبريق الشاي على السخّان الصغير، وهو يقول: أتحفينا يا شهرزاد!

* * *

كانت أشهر قد مضت على آخر زيارة لي إلى منزل فريد الأطرش في بيروت. كنت زرته مع كميل مرة واحدة في شاليه العجمي. فريد يا سوسو كان يُشعِر كل من يزوره بأنه صديقه الحميم.

كان طيباً إلى درجة مذهلة، وعندما أخذت أتصل به للاطمئنان عليه، كلما وصلت إلى بيروت، كنت أقول له إني لا أطمع منه بلحن، بل بفيلم.

كان يعرف أني كنت «مستقتلة» لإقناعه بإعادة تمثيل فيلمه الذي كنت مجنونة به: «رسالة من امرأة مجهولة»، خاصة بعد اعتزال لبنى عبد العزيز.

وفي ذلك اليوم في لقائه مع الصحافيين الذي حضرته معه، سألوه كثيراً عن إشاعة خلافه مع عبد الحليم، فكان يضحك ويعلق ويتهرب بطريقة ذكية وطريفة.

المهم أن فكرة المصالحة بينه وبين عبد الحليم، لمعت في رأسي عندما سأله أحد الصحافيين في اللقاء «أستاذ فريد، العندليب الأسمر موجود الآن في بيروت، فلماذا لا تلتقيان إذا لم يكن هناك خلاف بينكما كما يقول كل منكما». فقال فريد: «أنا مستعد ويا ليته يلبي دعوتي، واحنا فيها حالاً، اكتب على لساني أني مستعد لإقامة حفلة على شرفه في البيت عندي ترحيباً به لوجوده في بيروت». في اليوم التالي شاءت الصدف أن ألتقي بعبد الحليم في صالون أوتيل «ستراند» حيث ينزل.

٢٨٧

كنت اتفقت مع صحافي شاب على أن ألتقي به هناك ليلتقط لي بعض الصور في شارع الحمراء. لم أكن أظن أن الصدف ستلعب مرة أخرى دوراً في حياتي، إذ سيصل عبد الحليم في تلك الأثناء وأدهش لذاكرته، فقد توقعت أن يحييني بإهمال أو برودة، فهو لا يعرفني مثلما يعرفني فريد، ولم ألتق به في القاهرة إلا مرتين، وكنت بصحبة مدحت في منزل أحد رؤساء التحرير. وكم كنت سعيدة عندما لاحظت درجة انسجامه في الحديث مع مدحت، فوجئت به يقول ببساطة ودهشة محببة: «الله... الحبايب كلهم هنا ولاّ إيه؟». وجدت نفسي أعانقه ببساطة تشبه بساطته، رغم أنه لم يتوقع هذه التحية. كان يحمل بعض الأكياس فقلت له: «اشتريت كل اللي عاوزه ولاّ لسه؟»، فقال بسرعة: «لسه طبعاً. أنت ناسية إحنا في بيروت؟»، فقلت: «إذا احتجت إلى دليل فمحسوبتك قدها وقدود... أصل أنا أصلي بيروتي أصيل». فرقَعَتْ ضحكته، وربت على كتفي يشكرني بحرارة، بينما كان المصور يتقافز إلى اليمين واليسار ثم فوق كرسي وفوق طاولة، ملتقطاً لنا عدة صور.

دبرت الصدفة مرة أخرى لقاءنا في الليلة نفسها من ذلك اليوم، إذ سهرت في منزل مسيو متري مع مجموعة من ضيوفه، وكان قد أصبح مخرجاً لمجموعة من البرامج التلفزيونية الناجحة، أهمها برنامج اللقاءات مع الكبار التي كان يعدها ويقدمها كاتب وإعلامي تلفزيوني شهير ومرموق، اسمه عادل مالك. وللتاريخ، أقول لك يا سوسو إن الكاتب عادل مالك، هو الذي جمع بين «فري» و«حليمو» على شاشة التلفزيون. أما أنا فلعبت دور «حمامة السلام»، كما أطلق علي الكاتب في نهاية السهرة التي انتهت بتأكيد موعد اللقاء.

قادتني حماستي في تلك السهرة لأتصل من بيت مسيو متري بـ«فري». كان عادل مالك سينسق مع عبد الحليم في هذه السهرة،

ثم ينتقل إلى الجبهة الأخرى عند فريد في محاولة كان بدأها منذ زمن لإقناع الطرفين بالمصالحة التاريخية العلنية بينهما.

تسللت إلى «الأنتريه» حيث التليفون، ورفعت السماعة وأدرت رقم «فري». قلت إن هناك شخصاً يحبه جداً جداً جداً وسيتحدث معه، وأبقيت السماعة، وأسرعت أشير بيدي إلى «حليمو» الذي كان يجلس في الصالة، كي يقترب. لم يكن يعرف مع من أتحدث، همست له كي يتحدث مع شخص يحبه جداً جداً جداً.

عندما أمسك «حليمو» السماعة وقال بصوته الدافئ: «ألو». كنت أتخيل «فري» جالساً في ركنه المفضل، فوق تلك الكنبة العريضة عند أسفل سريره الذي ينتصب فوق قاعدة كالمسرح، مبطنة بالموكيت المخملي، يصعد إليها عبر درجتين عريضتين. كتمت ضحكة حين رأيت عيني العندليب تلمعان بدهشة غير متوقعة. سمعت نتفاً من كلمات: «أيوه... حضرتك... معقول؟... والله يا فندم...»، ثم يضحك وهو يحك عنقه ويتلفت متطلعاً إلينا بدهشة لا تخلو من فرحة.

* * *

وفي آخر الليل، عندما أقلَّنا مسيو متري في سيارته ليوصل «حليمو» إلى أوتيل «ستراند»، ويوصلني إلى «البوريفاج»، ويوصل قريبين له كانا معنا في السهرة إلى رأس بيروت، تحدثنا عن أغنياته. فجأة رحت أدندن أغنية «بلاش عتاب» فقال بحماسة: «عارفة أنا بحب الأغنية دي قد إيه؟». ثم أسف أنها لم تنجح. قلت: معقول؟ فأكد لي: «والله... دي أغنية هايلة، لكن مش عارف ليه ما بتتذاع زي الأغنيات الثانية؟». قلت: أتمنى أن أغنيها. ثم سكت لحظة، وقلت: «زي ما سمحت لنجاة الصغيرة أن تغني «لا تكذبي»».

فضحك وقال «دي نجاة هي اللي سمحتلي». قلت: وانت دلوقت حاتعمل زيها. ضحك ثم قال: «عايزة تغنيها بصحيح؟». قلت بصدق فاجأني: «دي أمنية عمري. وهي أغنيه عمري». هز برأسه: «يا شيخة . . . مش للدرجة دي». سكتنا وأحسست أنهم يدعونني للغناء، أو أن شيئاً غامضاً أسكتهم لأطلق صوتي وأناجي نفسي، ومدحت، والدنيا:

بلاش عتاب يا حبيبي

ارحمني من العذاب يا حبيبي

طفّيت كل الشموع

والقلب العاصي تاب

ما صدقت إنه طاب

يا حبيبي

ياما . . . قلبي داب من عذاب الحب ياما

ياما خبيت الآلام

ياما شفت النور ظلام

ياما كنت أتمنى يوم . . . يوم

ابتسامة

بلاش عتاب

يا حبيبي .

❋ ❋ ❋

أنت تعلمين يا سوسو أني أعدت غناء أغنيات كثيرة، وهي التي أطلقت صوتي وأحبها الناس أكثر من أغنياتي الخاصة التي لم أوفق بها، ما عدا «أبو علي» رغم كرهي لها، ويمكن أغنية «يا جمل ابن الجمال»، وهي على كل حال من الفولكلور. لكني أقول لك،

٢٩٠

وللتاريخ أيضاً، إن أحبَّ أغنية إلى قلبي هي «بلاش عتاب».

لم يكن أحد يعرف، حتى مدحت، لماذا كانت غصتي في بعض المقاطع أقوى من صوتي. أنا نفسي لم أكن أدرك هذا الذي أنطوي عليه. ينساب اللحن، ثم تأتي كلمات تشق روحي:

ما تكلمنيش عالحب
ما تفكرنيش بالحب
لا حياتي هي حياتي
ولا قلبي أصبح قلب
حبيت الحب عشانك
وكرهت الحب عشانك.

كنت أغنيها يا سوسو والناس تحبني فيها، تطلبها مني، و«حليمو» يهنئني، ويأتي ليسمعها في إحدى حفلات الربيع («شم النسيم»)، بل يهديني فرصة العمر، حين سمح بأن أغنيها كافتتاحية في إحدى حفلاته. حتى فريد هنأني، واحتفظ بشريط كاسيت للأغنية وسجلت له بصوتي في بداية الكاسيت تحية للذكرى.

***

في اليوم نفسه الذي حكيت فيه لمدحت عما فعلته بمصالحة فريد وعبد الحليم، وبعد أن شرب شايه الذي يحبه فوق السخان الصغير، بمتعة، قلت له بلا مقدمات: متى سنتزوج؟

تطلع نحوي مبحلقاً، ثم قال بسخريته التي بدأت اعتادها: «دي آخر نكتة»؟ ثم قال «أظنها نكتة مستوردة من بيروت».

كنت أتوقع نظرة حنوّ أو تقرب كالتي يفاجئني بها في عز انشغاله عني، لكنه بطل المفاجآت، يسخر في الوقت الذي احتاج فيه إلى

٢٩١

عناقه، ويقترب في لحظة أخشى فيها أن يكون نسيني أو هجرني. سألني ما الذي ذكرني بحكاية الزواج، وقد ظن أني رميت بها خلف ظهري؟ فقلت: «مش مظبوط». عندما سكت أحسست بشيء خفي يخترقنا. كأننا لسنا نحن. كأني كنت أتحدث بشيء من البرود، وهو يجيب بسخرية تغيظني. آثرت الصمت وعدت إلى البيت لأجد نفسي وحيدة. تنبهت فجأة إلى أن ماما سافرت لتمكث بعض الوقت مع نوال في قبرص. فجأة، أحس بابتعاد مدحت وبرودته. فجأة تواجهني صوري التي علقتها في أنحاء شقة الزمالك كأنها تتفق مع مدحت على السخرية مني. فجأة لا يبقى لي إلا الحلم بغناء «بلاش عتاب». ماذا بعد يا سوسو؟ أين أنا من هذا العالم الذي بدأت أنتمي إليه؟ هل أنا نديمة كميل وبطلة «تعاليلي يا بطة»؟ أم أنا «عودة الملاك» ومشروع «بلاش عتاب»؟

هل أكون الفكرة الرائعة المجنونة التي أقنعني بها مدحت، وهي تعريب أغنية «ليو فيري» التي غنتها داليدا في إحدى حفلاتها، وأبكت العالم:

مع الوقت... كل شيء يذهب
الوجوه... الأصوات... مع الوقت.

وكذلك أغنية «لن تكون» التي وضعها فيتوريو روسي. هذه الأغنية يا سوسو هي التي كانت وراء أغرب مكالمة بيني وبين مدحت في ذلك اليوم. كان يحبها جداً وكانت تبكيني مثل «بلاش عتاب»، غير أنها كانت تأخذني إلى أفق أبعد. أدرتها وأنا أشعر ببرد غريب، رغم أننا كنا في الصيف. انساب صوت داليدا j'e me souvien.

«أذكر... أذكر
أذكر كل شيء

٢٩٢

البيوت... الشبابيك

الأنهار... السماء... الظلال

هذا ليس دمي الذي يجري في عروقي

بل نهر طفولتي

هذا ليس ألمي

بل صوت أبي الذي يرقص...

صوتها مجروح ويجرحني، مبحوح ويبح روحي. حارق ويلسعني. أفكر في الفن والأغنيات ومدحت البعيد القريب، يريد أن يأخذني إلى هذا الفضاء وأنا أشده إلى حفرة. أحتار وأرتعد. من يسمعنا هناك؟ كل الدنيا في الحفرة يا سوسو... كل الدنيا... تركتُ داليدا في الصالة ودخلت غرفة نومي. رفعت السماعة وأدرت رقمه. رفع السماعة ولم يقل شيئاً. كان يعرف أني أنا، وكنت أعرف أنه سيصمت. أعرف أن صوت داليدا لا يصله. لكن روحي وما يحيط بي يصله. وضعنا السماعة بعد لحظات، ورن جرس شقتي بعد ساعة. عندما فتحت الباب قال مبتسماً: «هل سبق لك الزواج، وهل لديك فستان فرح»؟

✳ ✳ ✳

كنا أصبحنا في الشاليه في «أبو قير». الساعة تقترب من الرابعة فجراً. غادرنا حفل الزفاف الذي أراده مدحت هادئاً مثله، ومنطلقاً مثلي. كنا ودعنا ضيوفي في صالون فندق «هيلتون النيل» بعد حفل استقبال أعجب مدحت في نهاية المطاف، خاصة أن الزفة اقتصرت على أربعة أشخاص، ولم تستغرق أكثر من سبع دقائق، ذهبنا بعدها إلى بيته في المعادي حيث ينتظرنا ضيوفه، عشت معهم ساعتين من فرح آخر. لم أكن النجمة. كنت لأول مرة سلمى التي أريد أن أعرف

٢٩٣

من خلالها نفسي وأكتشفها. لست قائدة ولا تابعة. عرّفني برؤساء تحرير وشعراء وكتاب ومخرجين لم أكن أعرفهم. التقيت لأول مرة بعلي عبد الخالق وسعيد مرزوق وحسين كمال. مرَّ عاطف الطيب وصلاح أبو سيف لتقديم تهنئة سريعة. حياني مفيد فوزي وعرفت أخيراً أنه هو نفسه نادية عابد التي أقرأ مقالاتها في مجلة «صباح الخير»، وتعجبني. أهدتني زميلات وصديقات لمدحت باقات الورد والخواتم والأقراط، ثم مضينا إلى «أبو قير».

مدحت هو رجلي. أصبح رجلي. كان رجلي وسيبقى رجلي. هو الذي اكتشف سلمى الأولى، «سلمى وان» الحقيقية. لم تكن علاقتنا قبل الزواج كاملة. تذكرين لوعتي وخيبتي اللتين حكيت لك عنهما؟ لا أدري كيف أشرح لك أكثر. كنت أشعر أحياناً بأنه يتهرب من خلوة بي. حتى عندما نمضي الساعات في بيته في المعادي، كان «يغطس» في أبحاثه وقراءاته. كان أحياناً يدهش أني أقف كالمذهولة بعد أن يقبلني، أو تحمر وجنتي، وأسرع إلى المطبخ. كأنها لعبة صامتة كانت بيننا. هكذا أراها الآن، بعد تلك السنوات. أما في تلك الفترة فكانت أيام لقائي بمدحت قبل زواجنا متخبطة... ناقصة. أكره يا سوسو أن أقارنها بأيام كميل. أكره أن أذكر أي إنسان عندما أذكر مدحت، فهو كان أبي وصديقي وحبيبي وأخي. هو من علمني توأمة الرغبة والحب، هو من التقط روحي وأبعدها عن اللهو أو الخضوع. «أنت طفلة، طفلة»، يقولها لي كلما اكتشف خصالاً يحبها فيَّ. كنت مستعدة لأن أحكي له عن كل التفاصيل مع كميل. لكنه كان فارساً لا يستطيع إلا أن يكون الفارس الذي لا يلتفت ولا يترجل.

بعض الرجال يفاجَأون يا سوسو ليلة الزفاف بعروس قد لا تكون عذراء. مدحت فوجئ على نحو آخر. كان يشهق بصمت.

تصلني روحه المتسائلة لحظة انصهارنا. ما زلت أذكر رفة جفنه. نظراته الطفلة المليئة بفرح الهدية. يقول لي بعدها إن هذا السؤال لم يكن يستوقفه، وإن مسألة عذريتي أو عدمها لا علاقة لها بقراره، بل كان يظن أن المسألة محسومة. كان ينتظر تحول اتجاهي، لا تصحيح أوضاع. خشيت للحظة أن يظن أني... أني... يعني أجريت عملية تمويه. بعد أيام عندما تصارحنا أسكتني بقبلة طويلة ما إن بدأت السؤال، وقبل أن أكمله.

* * *

لم أستطع يا سوسو أن أقول بعد زواجي «توته توته خلصت الحدوته»، ولم أستطع أن أحكي لك الحكاية الثانية عندما أتيت إلى باريس، وأثناء لقاءاتنا. هل تصدقين أني ما زلت أخاف من مدحت إلى اليوم؟ إنه معي، منذ أن أردته أن يكون معي «لحظة بلحظة، فيلماً بفيلم وأغنية بأغنية». غير أني كنت مخطئة يا سوسو، وهو أيضاً مخطئ. أرجوك أظهري هذا الجانب في فيلمك. نحن نتأثر كثيراً يا سوسو بمن يحيط بنا، خصوصاً في الحب. نريد للحبيب أن يصبح المرشد والملاذ و«كل حاجة»، وهذا خطأ. أنا من سحب مدحت إلى عالمي وكنت أظن أني أذهب إلى عالمه. بدأ الأمر بعد أن اقتنعت بأني فنانة عظيمة وأصيلة. هو ومن حوله أقنعوني. راحوا يا سوسو يسخرون من كل أفلامي السابقة. هذا يقول سطحية، والآخر يقول: لولاك يا سالومي لقلت إنها تافهة جداً. كان عليَّ أن أنزل إلى الشغل بعد شهر العسل. أولاً لإكمال تصوير الجزء الثاني من فيلم «رصاصة»، ثم للاتفاق النهائي على فيلم جديد وأغنية. الجزء الأول من «رصاصة» نجح نجاحاً عظيماً كما كان يؤكد أصدقاء مدحت، لكننا اكتشفنا دروباً أخرى للنجاح، لم تكن تعنيني ولم أكن أهتم بها. كانوا يخبروني أن الفيلم مطلوب لمهرجان كذا، وسوف يعرض

٢٩٥

في مهرجان كيت، وأن المهرجانات هي المقياس الحقيقي للنجاح. فهنا يكون حكم النقاد، حكم المختصين، حكم الزمن. ثم أكتشف يا سوسو أن الناس لم تحب الفيلم، وأنه لم يستمر في العرض أكثر من ثلاثة أسابيع، وعُرض في بعض دُور السينما في المدن الصغيرة لأسبوع واحد أو أسبوعين.

أنا أفلامي تُعرض أسبوعين؟! وهي التي كانت تستمر ثلاثة أو أربعة أشهر؟!

كنت أخاف أن أقول هذا لمدحت. شيء فيه كان يخيفني. الآن أقول لك إني أخاف من كل الرجال يا سوسو. أحبهم أن يحبوني ويهتموا بي، لا أن ينتقدوني أو يكرهوني. أريد أن أرضيهم «مش عارفة ليه».

فيلم «رصاصة» وقع. قالها لي رئيس تحرير صحيفة مهمة، وهو من أصدقاء مدحت. كنت زرته شاكيةً من إهمالهم للفيلم ومدافعةً: أنه عرض في مهرجان فرانكفورت وفالنسيا. قال لي بصراحة إن هذه المهرجانات ليست المقياس، وإنها منزلق في مسيرتي. يعني بصراحة لن يأتي المنتجون، والعقود الجديدة، إلا عبر نتائج شباك التذاكر. كان ينبهني لأنه حريص على نجاحي، كما قال. لكن مدحت كان يحتدّ عندما ألمح من بعيد لمثل هذا الكلام. يحكي لي عن غرامي، أن أكون سلعة و«فترينة»، يمسك بيدي ويهزها منفعلاً: الفن له رسالة، فما هي رسالة «تعاليلي يا بطة»؟ كأني يا سوسو لم أمثل إلا هذا الفيلم الذي يرفعه بوجهي مثل «قميص عثمان». يعني... أنا لا أقول إن أفلامي كثيرة و«مالية البلد»... إنما لدي أهم من هذا الفيلم.

أصبح علي أن أختار: إما جماعة مدحت أو جماعة «السيما»،

كما كان يسميها. هو لم يخيّرني طبعاً، لكن كل المؤشرات كانت توصلني إلى هذه النقطة. عملت «قاع المدينة» مع حسام الدين مصطفى، فقال إننا شوهنا رواية يوسف إدريس. بعدها اعتذرت عن «قمر الزمان»، بعد أن قال مدحت إن القصة ملطوشة عن فيلم «ليلي» لتشارلز لانج، فلعبت الدور نجلاء فتحي، وكسرت الدنيا. كنت «أفلّش» المجلات، وأسمع عن الموجة الجديدة... ثم أذهب إلى السينما. أشاهد أفلام الجهة الأخرى. أرى جبهة جديدة، مختلفة. طازجة وحلوة. لماذا ينكرها مدحت وأصحابه؟

أشاهد «زوجة رجل مهم» و«أحلام هند وكاميليا» لمحمد خان؛ «زمن حاتم زهران» لمحمد النجار. أشاهد أفلام علي عبد الخالق وسمير سيف وعاطف الطيب وحسين كمال وسعيد مرزوق، نور الشريف ويسرا وأحمد زكي، وأرقب انفجار ليلى علوي وإلهام شاهين ويحيى الفخراني.

«ما رأيك يا مدوحتي؟». كان يقول أحياناً «حلوة» كأنه مرغم، ثم لما كان يصمت طويلاً وأحثه على الكلام، يقول لي: «الحكاية ليست هنا. الحكاية في العمق. أكثر المعالجات سطحية للأسف». ثم أسمع «أوقات بتحلو» لوردة وسيد مكاوي، و«كيفك إنت» لفيروز وزياد الرحباني، و«كلمات» لماجدة الرومي وإحسان المنذر. «ما رأيك يا مدوحتي»؟ يصمت طويلاً ثم يقول إنها مفردات وليست موجات كموجات السنباطي والموجي وبليغ حمدي ومحمد فوزي ومنير مراد ووديع الصافي ونصري شمس الدين، ولا ينسى الأخوين الرحباني وفيلمون وهبي. «اسمعيهم جيداً» يقول لي.

كنت أصدق كل ما يقوله حتى اقتنعت بأن ثقافتي في السينما والموسيقى يلزمها الكثير الكثير. ثم صوّرنا الجزء الثاني من «رصاصة» ورفضنا الجميع. الصحافة والجمهور. غنيت أغنية داليدا

بكل جوارحي. نجحت كالشعلة في حفلات التلفزيون الرسمية. لكنهم لم يعيدوا إذاعتها. الجمهور لا يطلبها كما قيل لي عبر وسطاء «معناه إيه ده»؟ معناه ان «سلمى وان» خلاص، ماتت وهي حية. فشلت وعمرها لسة يعني «يعني قولي ثلاثين وشوية». «دي مدام فاتن يا سوسو لعبت امبراطورية ميم وكانت زي القمر وكان عمرها فوق الأربعين. تصوري أنها عملت «يوم حلو ويوم مر» بعد ست عشرة سنة من «امبراطورية ميم» وبقيت زي القمر»؟ كنت التقيتها في مهرجان قرطاج عام ٨٤ وصفقت لها، وقبلتها، وهنأتها على الجائزة. تصوري أنها هنأتني هي أيضاً؟ اتصلت بي بغرفتي في أوتيل كونتيننتال، لتقول لي: «ألف مبروك على فيلمك الجديد». كم وجدتها راقية يا سوسو. كنت رأيتها تصفق بحرارة لمخرجه يسري نصر الله بعد أن فاز بجائزة أفضل إخراج لأول فيلم. يسري يا سوسو، نبهني إلى أفلام «الجد بصحيح». عملت معه فيلماً قصيراً عن المقاومة، وأظهر أروع ما لدي في فيلمه «سرقات صيفية»... مدحت لم يأت معي إلى هذا المهرجان. كنت سألته: هل لأنه لم يكتب هذا الفيلم بعد أن كنت طلبت منه أن يكتب كل أفلامي رغم مشاغله؟ فقال: «لا»، لكنه مشغول في إعداد فيلم وثائقي عن تاريخ السينما المصرية. يريد أن ينتقم من تحولاتها السخيفة. كان يعتقد أن محمد كريم حقق قبل خمس وخمسين سنة، بأدوات هزيلة، ما لم يستطع أن يحققه من يسمون أنفسهم اليوم «عمالقة». «حاقولك إيه بس يا سوسو». السنوات كانت تمشي بنا ولا أحس بها. خمس سنوات مضت على زواجنا تنبهت فيها إلى أن فيلمين كتبهما لي مدحت فشلا فشلاً ذريعاً، وأغنية أعدها وأشرف عليها صديقه الحميم رمزي، الناقد الموسيقي ومراسل مجلة Music في باريس، نسيها الناس قبل أن يسمعوها. في المقابل، واجهني في ذكرى زواجنا الخامسة، بأني فضلت أحد

أفلامي الجماهيرية على «فلذة كبدي». كان إجهاضي حادثاً يا سوسو. صدقيني، حادث يقع لأي ست. ولو أني لم أكن أريد الإنجاب كما كنت أقول له في بداية الزواج: «لأتمتع به وحدي»، لما فعلتها. من كان يستطيع أن يجبرني؟ كنت أستطيع أن أغافله وأتناول حبوب منع الحمل. هل كان سيعرف؟ تصوري، بدلاً من أن يحترم وفائي وصراحتي، قال لي هازئاً: «وحدك قادرة على كل شيء».

* * *

عندما عدت إلى البيت في ذلك اليوم، وجدت حقائبه في الصالون. ما الحكاية؟ كنت تركته في الصباح بعد قبلة طويلة وضحكة، وقال إنه سيمر على «الجورنال» ليعطيهم المقال بنفسه وليؤكد عليهم عدم حذف أي مقطع. كنت نزلت إلى البلد، ثم مررت على استوديو هاني مهنا، ومررت على شقة الزمالك لأحضر بعض الهدوم القديمة، التي سأحتاج إليها في المسلسل الذي بدأنا المفاوضات النهائية حوله. جن جنونه لأني مررت على شقة الزمالك. أخذ يدور حولي كأنه يشتمّني مثل ثعلب. هل يظن أني ألتقي أحداً هناك؟ لا يعقل أن يكون مدحت قد انقلب هكذا إلى إنسان آخر. لا يمكن للحظة شك أن تجعله يضع حقائبه في الصالون و«يحرن» كالأطفال. كأنه وضعها لاستقبالي واختفى في ركنه المفضل في زاوية المطبخ أمام براد الشاي. «إيه الحكاية يا حبيبي»؟ هل تصدقين يا سوسو أن مدحت، حبيب القلب والروح، كان يخفي عني أنه يعد نفسه للسفر إلى باريس منذ فترة؟ حصل على تفرغ من الجامعة، وسيتابع بحثاً عن تاريخ الأفلام القصيرة في باريس. وماذا حدث بمشروع محمد كريم الذي كان يُمضي السهرات الطويلة، يحكي لي عنه ويجمع المزيد من مذكراته؟ هل كانت حكاية محمد كريم تمويهاً؟ لا... لا... يقول منفعلاً وهو يقسم. هذا مشروعه

الشخصي، لكن باريس مشروع مهني بحت. يعني مشروع عمل وراتب و . . .

يقول ساخراً، عندما أعاتبه بأنه يعاملني كالغريبة، «بل أنا الغريب القريب يا سيدتي». فجأة يا سوسو أكتشف كم كان يخبئ انفعالاته وأوهامه. أكتشف من كلامه أنه كان يحسب عليَّ أنفاسي. يقول عن تأخري في اليوم الفلاني، واعتذاري عن مرافقته في اليوم الفلاني. تهافتي في الحفلة الفلانية لأتقرب من مخرج عُرض له أخيراً فيلم ناجح. عودتي للذهاب إلى شقة الزمالك. اتصالاتي الهاتفية. كأنه يفتح الستار عن مسرحية جديدة أرى فيها أبطالاً جدداً. لم أعد أنا سلمى، ولم يعد هو مدحت. من يقف بيننا؟ من وقف بيننا؟

❊ ❊ ❊

لم أصدقه، وتركته يسافر. ولم ألتحق به إلا بعد فترة. كنت أعرف أن كل ما قاله كان «سيناريو» يُخفي الحقيقة التي تعتمل داخله ولم يتحملها. حقيقة الاتصالات التي تكاثرت تطلبني للتحقيق كلما سافرت إلى بيروت، أو إلى أي مكان للتصوير. حقيقة مجيء محضر أكثر من مرة، وفي أوقات مشبوهة كما يصفها (الساعة الثالثة صباحاً)، يحمل طلب استدعاء عاجل، يذهب معي لنفاجأ بحكاية كميل وتمام الأشهل نفسها تتكرر، بصور وأشكال مختلفة. ماذا قال لي؟ أين يذهب؟ ألم ألاحظ أنه التقى بتمام الأشهل في إحدى الحفلات؟ من كان بين الحضور في حفل الاستقبال الذي أقامه لنا أحد الموزعين العرب.

ذات يوم، لم يذهب معي وعدت منهارة. كان يحميني يا سوسو. يحميني من النظرات والكلام والاعتداءات الصغيرة . . . وحتى الكبيرة.

«أنت ما زلت صغيرة. ربما لن تفهمي معنى هذا، كما أنك من

٣٠٠

جيل مختلف، وفي زمن مختلف، ربما لن تواجهك هذه المزالق».

في بيروت تكررت الحكاية نفسها، أثناء فترات الهدنة، وكلما قالوا إن الحرب انتهت، كانوا يفتحون أحياناً غرفتي في الفندق، يسألونني عن كميل وجماعته. حتى عندما ذهبت للغناء في أحد المخيمات دعماً للمقاومة، تكررت الحكاية وتعرضت لحادث خطف استمر ليلة كاملة، وهذا كان قبل حادث الخطف المريع الذي هز كياني و...

ماذا أقول لك أكثر عن مسلسل مدحت؟ عندما سافر إلى باريس عاد يصبح طفلاً ويتصل بي كل يوم. يتصل ويحكي ساعات لكنه لا يقول: تعالي. يحوم كما عرفته أول مرة. يؤكد أن الكلمة الأخيرة هي لي. أي كلمة أخيرة ونحن زوجان يعض كل منا أصابع الآخر؟

* * *

قبل أن نتزوج، كان عندما يزعل يختفي. أما بعد ذلك، فصار صمته جداراً أقسى وأصلب من جدران البيت، كأنه يهبط من السقف ويُطْبق على أنفاسي. لا يقطعه سوى صوت خافت لأغنياته التي يحبها. «كل ده كان ليه»، ومقطع «وصفولي الصبر لقيته خيال»، و«أهواك»، و«ولو». كنت أسمعها من غرفتي وأبكي. أتمنى أن أهرع وأرتمي في حضنه، وأنسى كل هذا الذي أعيشه ويبعدني عنه.

لكنه كان سداً منيعاً في تلك الأحوال يا سوسو. وقد ازداد صلابة وصمتاً بعد مرضه. كأنه يعاقبني. يمنع حناني، ويرفضه. لا يفهم أن ما من شيء أستطيع بعد اليوم أن أتقبله بعيداً عنه. تركت كل شيء، ولحقت به إلى باريس. ثم تخاصمنا بعد أن اتهمني بأني أتهافت على بعض معارفه وأصدقائه ليكتبوا عني في الصحافة، وقاطعني بصمته، فعدت إلى القاهرة.

أصبحت أعيش في أرجوحة من الود والصد. أهرب منه إلى

الفن فيعيدني الفن إليه. بدأت أقرأ بأن زواجي أسرني في دائرة ضيقة، ثم أقرأ أن مدحت راشد كاتب ومخرج أفلام تسجيلية، وليس كاتب سيناريو لفيلم جماهيري. ثم أقرأ أنه يتدخل في أعمالي، أو يفرضني في أعمال. أصبح هو نفسه يضيق بما يقرأ ويشعر بأن احترامه خُدِش. أصبح يترفع عن صحبتي أو يتجاهلني تماماً عندما نسهر مع أصدقاء. أعادني إلى أحلامي، أصبحت أحلم بأننا متصالحان. أستبدل خصامه بوهم. يقول لي إنه منشغل فأهتم به أكثر، وأتعلق به أكثر. وكلما زدت من اقترابي، صاح بي: «لست طفلاً لتضحكي عليه وتدلليه». أصبح يغار ممن يشاركني بطولة أي فيلم. كنا اتفقنا من دون أن نتفق حول مسألة العري والقبلات. لكنني بدأت أخسر. بدأت أسمع عن استبدالي بفلانة وفلانة قبل أن أرفض. قال لي المخرج رؤوف، إنهم أصبحوا يعرفون ممنوعاتي وهي لا تطاق. عندما بدأت أفكر في الاعتزال، كنت أريد ارضاءه لكنه أمعن في اتهامي. تحداني يا سوسو... تحداني بأني سبب فشلي، وأن دافعي للاعتزال هو الفشل. هكذا وجدت نفسي مرة أخرى بلا أمل، بلا هدف، بلا عائلة، وبلا بيت. أعيش مع رجل يلفظني. أمثل فيلماً لا أحبه. أغني أغنية لا يسمعها أحد.

عندما اتصل كميل ذات مساء، وكنت في شقة الزمالك، قال إنه أدار الرقم كمن يلعب لعبة حظ يعرف أنها خاسرة. ما إن سمعت صوته حتى انفجرت باكية. كأنه كان أبي يا سوسو. نعم... كأنه كان أبي الذي لم يكن أباً أبداً. لا أريد أن أكذب. أريد أباً أشكو إليه زوجي ليؤدبه.

***

لا يفهم مدحت إلا الحب الذي يريد أن يفهمه. لا يفهمني. لا يقبلني إلا بالصورة التي يريدني بها. صورة أي إنسانة إلا أن تكون

سلمى. مع ذلك فقد كان ما بيننا أكبر منا، يطوقنا، فيتمنى أن ينام ولا يفيق كما يقول لي، وأتمنى أن أُغمض عيني وأموت كما أقول له.

عندما حكيت لكميل عن حالنا صمت طويلاً، وراح يتطلع نحوي. قال كأنه لم يسمع كلمة من شكواي: كبرت يا سالومتي. جلسنا كصديقين ودودين في شقة الزمالك. أتأمله، ما زال يحاول أن يخفي سنواته بالشال الفاقع وصبغة الشعر. كثرت تجاعيد «عمو عزيز» وهو يقترب من الثمانين، ويصر على التشبت بالتماسك. كان كأنه ضيفي ولست ضيفته الدائمة. هذه شقتي وليست شقته. جاء دمثاً، مؤدباً، «جنتلمان»، يحمل باقة ورد وزجاجة شمبانيا. صب كأسين وجلسنا نرشف الذكرى وعذابي. جبل. رأيته جبلاً رغم كل ما يعيشه. لم أشعر بأنه ورطني. بل ربما شعرت بأن ورطتي بسببه كانت جزءاً من دَين أفيه له. لا يفهم مدحت هذا، ولن يفهمه كما فكرت في ذلك الوقت. كنت تمنيت لو أستطيع أن أحكي له كل ما يحدث لي، ولكن حتى مزاحي مع أبطال الفيلم كان يعتبره ميوعة وإغواءً. وعندما أعانق زملائي يشيح بوجهه ثم ينتهز أي فرصة خصام ليسخر بمن يدعي المدنية والتطور.

«لكنه مريض»، أقول لكميل، ولا يمكنني تركه وهو مريض. لا يعرف كميل أني تركت تصوير الفيلم واختفيت ثلاثة أيام طرت فيها إلى باريس لأطمئن عليه، بعد أن أخبرني صابر أنه نقل إلى المستشفى بسبب نوبة ألم حادة ثم اكتشفوا أن كليته معطوبة.

أكره تلك السنوات يا سوسو.

أيامها شوك ودبابيس تنخز قلبي، وتجعلني الآن وأنا أحكيها لك تذهلني. علمتني كيف يمكن أن يحبني أقرب إنسان إلى قلبي ويكرهني في الوقت نفسه. كيف أضيق به وأدمن هذا الضيق. كيف

لا يمكنني أن أنفض عني الماضي، وكميل، وقد أصبح كتلة لدنة من شيخوخة تقف على شفير هاوية، وتحتاج إلى لحظة اطمئنان حتى لو كانت كلمة او نظرة أو ربتة كتف.

لكن الفن «زي الفريك»، ينبهني مدحت ذات يوم، وهو بين الأنابيب في المستشفى. يهمس لي : «اتركي كل شيء. أنا وباريس والدنيا، وعودي إلى نفسك. عودي إلى سلمى. أنت سمكة».

لم أفهم حينها عليه. الآن بعد غيابه أفهم. بعد زيارتنا لـ«حليمو» وبعد أن حاولت المستحيل ليتلقى أفضل وأحدث علاج في مستشفى سانت جيمس. كأني كنت أقوده للمصير نفسه الذي سبقه إليه «حليمو». بدأت أخفي عنه رسائل التهديد فيظنها رسائل غرام. يعذب نفسه بالشك وأتعذب لعذابه، ولا أستطيع أن أحكي له. كنت أظن أن شك الغرام سيكون أرأف به من شك هذا السيل من الشتائم والتهديد.

لا تخافي يا سوسو. هم أعداء غير خطرين. يعني... ضرورات مهنة، وألعاب منافسة ولعب عيال. لكني أعرف... سامحيني... سأحاول أن أكتب لك غداً.

❋ ❋ ❋

سوسو الحبيبة،

أكتب لك الساعة الثالثة فجراً. حاولت أن أصلي... المهم أني وجدت نفسي أردد الكلمات التالية، اقرئيها، فربما تشرح لك ما أريد أن أقوله :

شبح في الظلمة

ظل في الضوء

هي الدعوة تقتحم مسام المسافات
تاريخ أئده فينبت تراثاً
كتاب أغلقه فيصدح صراخاً في الحناجر
الطيف يقطن أيامي
الطيف يقذف الأحجية
يفتتها فوق السحب
تمطر أحجيات ولا من مظلة
هلع خاص وهلع عام
هي الحرب تطرق أبعاد العقل المنتظر .

※ ※ ※

استيقظت الدعوة في صحو
والصحو ألم وندم وسحابة
عذوبة توقفت
طفولة رحلت
أغنية استبدلت
آه آهتي وشهقتي
صيحتي وصرختي ودهشتي المتأهبة
آه الطيف يأتي والطيف يمضي
والطيف يصمت والطيف يغرق
والطيف يشتهي الأحلام
والطيف ينهض في خفر
والطيف ينحت في صخر .

※ ※ ※

آه الصحوة لهب والدعوة شهب
والفرحة متسربة إلى الماضي
ملتحفة صمت الخوف
منكفئة، يائسة
صوت هادر، صوت صاعق
صوت ماحق، صوت مارق
صوت ساحق، وصوت أسري اليه
في جزيرة وليس من بحر
وليس من شاطئ وليس من عبور.

اليوم العاشر

الحلقة الأخيرة من برنامج «آخر كلام»

الثامنة والنصف صباحاً

جانب من قبعة بيضاء كان يبدو ثم يختفي بين الرؤوس والوجوه. كانت دفعات من المسافرين تتقدم في اتجاه حاجز حديدي، يفصلها عن أفواج تقف في انتظارها.

وقف سعد بين المستقبلين مواجهاً تدفق القادمين. جموع كالأمواج تندفع ثم تتبعثر بعد كل إعلان عن هبوط أي طائرة، وبعد أن تضاء المعلومات عنها على اللوحة الالكترونية الضخمة الممتدة فوق أحد جدران باحات الاستقبال في مطار هيثرو.

تتحرك أطراف القبعة، بين الجموع. شيء غامض كان يحوم حولها. يكون دليله، يذكّره بآخر رسالة هاتفية منها على شاشة موبايله: «ستعرفني بسهولة قد تفاجئك».

راحت عيناه تتابعان حركة القبعة وهي تظهر وتختفي بين رؤوس ووجوه أنهى أصحابها معاملات مراقبة جوازاتهم. بعضهم مثقل بحقائب يدوية، وأكياس نايلون تمتلئ ببضائع السوق الحرة؛ وبعضهم يدفع حقائب بعجلات أمامه أو يجرها خلفه. مضت دقائق أحس ببطئها وثقلها إلى أن ظهرت صاحبة القبعة البيضاء من بين الوجوه

المتقدمة لتعبر الحاجز الحديدي. كانت ترتدي سترة من الفرو الصناعي الأبيض والموشح بالأسود. تنورتها سوداء طويلة. بوطها أبيض، ضئيلة، رقيقة، بيضاء، مبتسمة.

تكاد تكون طفلة تجر عربة دميتها وهي تدفع عربة حقيبتها الرصاصية أمامها بخفة. حين غادرت الحاجز الحديدي، وقبل أن تتلفت باحثة عنه، صاح: «معقول؟! سلمى حسن؟».

التاسعة صباحاً

غادرا التاكسي الأسود بينما السائق يساعدها على إخراج حقيبتها وسعد يهم بدفع أربعين جنيهاً له. عاد يتطلع اليها متأملاً وجهها وقامتها. يردد كأنه يحادث نفسه: سبحان الله، الخالق الناطق سلمى حسن. لو أن برنامجنا تلفزيوني لصاح الجمهور: سلمى حسن ما زالت على قيد الحياة. ضحكت مرددة: معهم حق ولا تنسَ أن اسمي أيضاً. . .

قال بسرعة. صار لدينا ثلاث سلمات. كيف؟ سألته. فقال: لا تنسي ضيفتي «سلمى تو»، والآن «سلمى إكس»، بالإضافة إلى سلمى، فأكملت بسرعة: «الأصلية»، «سلمى نمبر وان» بحق وحقيق. سألها إن كانت تفضل أن ترتاح قليلاً في الفندق ثم يمر عليها بعد ذلك، فالأمر سهل بالنسبة إليه، فهي ستكون جارتهم بعد أن حجز لها غرفة في فندق «وولدوف استوريا» الذي يقع في مواجهة مبنى «بوش هاوس»، مقر إذاعة «البي بي سي» الدولية، ومنها القسم العربي، فقالت إنها تفضل أن يبقيا معاً. هل تزور لندن للمرة الأولى؟ أخبرته أنها تزورها للمرة الثالثة. المرتان السابقتان كانتا لمتابعة قضية وفاتها.

انتبه إلى أنها قالت «وفاتها». لم تقل سلمى، أو تلفظ لقباً يؤكد قرابتها لها أو علاقتها بها. تساءل بينه وبين نفسه: هل تكون ابنتها؟ الشبه بينهما غريب، ولو استطاع أن يكتشف أنها ابنتها ويكشف الأمر أمام مستمعي البرنامج في الحلقة الأخيرة هذا اليوم، فيحقق سبقاً يسجل في سجله الإعلامي. لكنه سخر من نفسه وهو يجد نفسه غارقاً في عالم من الأفلام العربية وأساطيرها. كان يسترخي على مقعد جلدي أسود في بهو الفندق، فيما Miss X اختفت في غرفتها لتستعد للقائه من جديد بعد حوالي عشرين دقيقة. طلبت منه أن ينتظرها بعد أن اعترفت له: أحس أني سألتقي بسالومي وجهاً لوجه بعد كل هذه العاصفة ولا أستطيع التماسك. رددت بصوت يتماهى مع صوت سلمى الذي سمعه في تسجيلات ضياء: «ساعدني، أرجوك».

التاسعة والنصف صباحاً

لا أصدق! غير معقول!

تمتمت ضياء راشد وهي تبحلق في Miss X ثم قالت بحماسة: «قبل ثلاث سنوات بالتحديد جلست إلى مكتبي هنا، على هذا الكرسي نفسه الذي تجلسين عليه. ذات يوم كانت ترتدي هذه الملابس نفسها»... ثم هزت برأسها متداركة: «طبعاً، طبعاً، لا أريد أن أكبّرك، فأنت ما شاء الله ما زلت شابة، إلا أني أتحدث عن الفترة الأخيرة أو الأيام الأخيرة من التسجيلات، خصوصاً بعد أن استعادت سلمى عافيتها، وأنقصت وزنها، وواظبت على الذهاب إلى معهد «ويسبر» للتجميل».

ابتسمت الضيفة وظلت صامتة. أحست ضياء بارتباكها. لم تقل لها إن سلمى حكت لها الكثير عن مدحت خارج التسجيل بعد أن

علمت أنها تمت إليه بصلة قرابة بعيدة، بل أسرعت تقول: هل أنتم مستعدون تماماً لحلقة اليوم؟ أشار سعد بإبهامه مؤكداً أن كل شيء على ما يرام.

عندما مرّ بعض الموظفين والموظفات في أقسام مختلفة إلى مكتب ضياء، تطلعوا إلى Miss X بشيء من الدهشة. أما الآخرون الذين لم يذكّرهم وجه سلمى الحاضرة بسلمى الغائبة، فقد كانوا من جيل آخر.

العاشرة صباحاً

- هل تريدين معرفة لائحة الاتصالات؟
- أي اتصالات؟

أشار سعد إلى أوراق أمامها، بينما كانا يجلسان إلى مكتبه الصغير ويرتشفان كأسين من الشاي جاء بهما من آلة المشروبات الساخنة. وكانت مساعدة المخرجة أعدّت، كالمعتاد، لائحة بأسماء المستمعين الذي سيتصلون، وإشارات إلى الموضوعات التي سيناقشونها. قالت بسرعة:

- لا، أفضل حقاً ألا أفكر في أي كلمة. أريد أن أكون تلقائية تماماً كما كانت سلمى.

ذكّرها ببعض الأسماء التي كانت أرسلتها له في رسائلها الأخيرة، وأكد أنهم رحبوا بالأمر وهم ينتظرون اتصالاتنا خلال البث المباشر.

قالت له فجأة: ماذا سنفعل الآن؟

نظر إلى ساعته:

٣١٠

- أمامنا أربع ساعات قبل بدء البث. . . أو على الأصح ثلاث ساعات وأربعون دقيقة فقط.

- إذاً، هيا بنا.

- إلى أين؟

- تعال بس. . .

وصله صوتها ممتزجاً ببحّة سلمى، ورقّة نبرة نوال. ضحك وقد وجد نفسه يلحق بها بعد أن لوحت بحقيبتها الصغيرة، وعلقتها بخفة حول كتفها، وغادرت المكتب بخطوات سريعة ورشيقة. أدرك أنها ستكون دليلته بعد أن ظن أنه سيكون الدليل.

الحادية عشرة صباحاً

«هل تعرف أن النائب العام يذهب أكثر من مرة إلى الأماكن التي وقعت فيها الجريمة ليبحث في كل مرة عن خيط يصله بالحقيقة، أو عن دليل يؤكد ظنونه أو ينفيها؟ العاشق أيضاً يحوم حول أماكن ذكرياته ليؤكد لنفسه ربما أنه عاش ذلك الحب، أو يكتشف وهماً قضى على عمره. أعرف يا أستاذ سعد أنك ستقول إني أتفلسف ربما، كما فعلت في رسائلي لك، لكني أرجوك ألا تعلق أو تسأل. دعني أَقُدْكَ فقط خلال هذه الساعات، وأنا سأتبعك خلال البث المباشر. عليك فقط أن تذكر للسائق اسم المكان الذي تقرأه على الورقة ثم. . . تدفع له بالطبع بعد إيصالنا».

قالت Miss X هذا، بينما كانا يقفان إلى يمين مبنى «بوش هاوس» ينتظران مرور سيارة تاكسي بالصدفة.

الحادية عشرة وعشرون دقيقة صباحاً

«لندن جميلة، خاصة في هذا الوقت من العام. أخبرتني أنها أمضت فيها ليلة رأس السنة مع مدحت عام ١٩٧٦. كانت المرة الأخيرة التي ترى فيها «حليمو»، وكانت كأنها تدل مدحت إلى المستشفى نفسه الذي سيلتحق به بعد أعوام، ثم يواظب على زيارته بين وقت وآخر ليسلّم فيه الروح. أرجو أن تعذرني يا أستاذ سعد. هذه لعبة تبدو مزعجة أو سمجة. أنقلك من بهجة شوارع لندن ومن شجرات عيد الميلاد التي تتألق حولنا، إلى كآبة هذا المستشفى، ولكن لا بأس. سأشكر لك دائماً هذه الصحبة. هل تعرف أني لا أستطيع زيارة لندن من غير أن آتي كل مرة إلى هنا؟ إلى مستشفى سانت جيمس؟ وداع سالومي لـ«حليمو» كان هنا، ووداعها لمدحت كان هنا أيضاً. كانت تهرب من هلعها من الرسائل التي كانت بدأت تهطل عليها بين باريس وشقة القاهرة وبيروت، أما حكاية خطفها، فجعلتها مثل طفلة مذعورة طوال الوقت. كنت كأني أراها حين كانت تتحدث معي على الهاتف، أو ترسل لي رسائل مبتورة تصف بها نفسها، تقول لي «سلمى لم تعد سلمى. صارت شبحاً. عيناي كأنهما لا تريدان وجهي، تدخلان في تجويفين، يذكرانني بعيني «حليمو» اللتين رأيتهما آخر مرة في مستشفى سانت جيمس».

أريد يا أستاذ سعد أن نتمشى الآن حول هذا المستشفى. سيكون الأمر محجاً بالنسبة إليّ. فهل يكون اكتشافاً بالنسبة إليك؟ لماذا أفعل ذلك؟ هي قوة تطغى علي، تسحبني ولا أستطيع إلا اللحاق بها. صدقني، لا أقصد أن أجعلك تصدق مشاعرها، بل أحاول أن أفهم لماذا أكون على هذه الحال؟ لماذا أتعلق بما تعلقت به، وأقتفي آثارها لأطبعها بأيامي؟

٣١٢

أرجوك، اطلب منهم الآن أن يسمحوا لنا بالمرور إلى غرفة رقم ٤٧١. في أوقات الزيارة هم لا يسألون عن علاقتك بالمريض، لكنني في زيارتي الأولى لم أصل إلى الغرفة إلا بعد أن سمحت لي مديرة الطابق. كان هناك من يتذكر عبد الحليم. ممرضات الجيل القديم وممرضوه يتذكرونه جيداً. كانوا يعرفون أنه نجم عربي شهير. عندما زارته سلمى برفقة مدحت أول مرة، لم يستطع أن يبارك زواجهما، كان في غرفة العناية الفائقة. بعد أربعة أيام، وكان في مثل هذا اليوم، ليلة رأس السنة، جاءت وغنت له «بلاش عتاب»، وأغنيته التي تعرف كم كانت قريبة من قلبه «في يوم، في شهر، في سنة». قالت لي إنها لم تغن له إلا المقطع الأول وأنهتها غصباً عنه بأغنية «ضحك ولعب وجد وحب». كانت آخر كلمة سمعتها منه: «خدي بالك من نفسك ومن مدحت. ده جدع وطيب قوي». وبعد ثلاثة أشهر أطلق النَّفَس الأخير. ما زلت أريد أن أفهم. سلمى لم تأت بعد ذلك إلى هذا المستشفى إلا لتمكث قرب مدحت بعد أن أصيب بالتهاب الكلى المزمن، ثم اكتشفوا أن له كلية معطلة واضطروا لاستئصالها. طيب، كانت آخر زيارة لها إلى هذا المستشفى يوم وفاة مدحت، في الثامن والعشرين من آذار عام ١٩٩٠. فكيف وجدوا اسمها في سجل الزيارات قبل وفاتها بأسبوع؟ من هو الشخص الذي زارته في مستشفى سانت جيمس، بعد وفاة «حليمو» ومدحت بسنوات، ولم تخبرني عنه؟

غريب يا أستاذ سعد. كانت تكتب لي كل شيء تقريباً، وما لم تكن تكتبه كانت تحكيه بعد أن حاصرتها بمشروعي، واكتشفت مدى تعلق إحدانا بالأخرى. أقول لك بصراحة: هذا الأمر، أي وجود اسمها في سجل الزيارات في ذلك اليوم من عام ١٩٩٩، من غير أن نعرف اسم المريض الذي زارته، وهو أحد الأسباب الذي دفعني

لأطالب بإعادة فتح ملف التحقيق بملابسات وفاتها. . . أو على الأصح، باختفائها.

الثانية عشرة ظهراً

لن تحتاج إلى أن تقودني في هذا المكان يا أستاذ سعد، فأنا أعرفه جيداً. سنعبر هذه الباحة، وسنتجه إلى باحة أخرى إلى اليسار. هذا هو الممر الطويل. في نهايته قاعة المكتبة الضخمة، الفخمة، المظلمة. كأن سلمى تسبقنا الآن، وكأن مدحت يسبقها إليها. حصل مدحت على كرسي أستاذ زائر في هذه الجامعة لمدة عامين، عاشا فيها في منطقة «ويست إيلينغ». كانت تقول له إنه مدرّس في مدرسة وليس في جامعة، لأن الكلية التي يدرّس فيها والتابعة لجامعة لندن اسمها S.O.A.S، أي مدرسة الدراسات الشرقية والأفريقية، حسب ترجمتها الحرفية لها.

عندما جئت أول مرة إلى هنا كانت روح مدحت ترافقني أكثر من روح سلمى، فهي نقلت إليّ الكثير عن الساعات التي كان يُمضيها في الجامعة. عرّفها إلى زملائه وزميلاته من المستشرقين والأساتذة المبعوثين. كان يحاضر في مادة التاريخ المصري القديم، ويُمضي ساعات طويلة ومتواصلة باحثا عن مراجع يحتاج إليها لفيلم وثائقي كان يعده عن «المسلاّت المصرية». أراها إحداها التي تنتصب في مواجهة مركب «ساوث بنك» على ضفة نهر التايمز. كانت متحمسة لحماسته، خاصة بعد أن اقتنع بفكرة مبتكرة جداً أوحت إليه بها، وهي تصوير فيلم تسجيلي ووثائقي يصور رحلة بحث مضنية لباحث يفتش بين أكداس الآثار والمراجع المزيفة والحقيقية.

الغريب أيضاً يا أستاذ سعد، أن التحقيق حول ملابسات وفاتها

ذكر زيارة لها إلى هذه المكتبة بعد وفاة مدحت وفي تاريخ أكدت لي بنفسها أنها كانت فيه في باريس. أتذكر جيداً ذلك اليوم، لأنه كان يصادف يوم عيد ميلاد مدحت، وهو الثاني من نيسان. حدثتني بالهاتف وقالت إنها تشعر بإحساس غريب، وبوحدة لا تستطيع تحملها. ظلت تتحدث معي ساعات في تلك الليلة من شقتها في باريس، بل حادثتني ذلك اليوم أكثر من مرة. فكيف يمكن أن تتحدث معي من باريس ثم تكون في الوقت نفسه تزور مكتبة مدرسة الدراسات الشرقية والأفريقية في جامعة لندن، كما جاء في ملف التحقيق؟

الثانية بعد الظهر

أعزائي المستمعين. . .

ماذا أقول؟ إنه اليوم الأخير. أعرف أن كلنا يشعر بأسى، وبشجن ما، فقد عشنا تسعة أيام من الحلم. واليوم ستكون محطتنا الأخيرة مع هذه الحلقات التي كانت بطلتها الفنانة الراحلة «سلمى وان»، وأيضاً أنتم الذين شاركتم في إضاءة الكثير عن حياتها والاحتفاء بالفن الذي ينشر السعادة والأمل.

كما وعدتكم. ها هي Miss X أخيراً تجلس في مواجهتي في الاستوديو. تكشف لنا عن اسمها وعلاقتها بالفنانة الراحلة وتستعد لترد على أي تساؤل منكم، وتتقبل أي تعليق أو ملاحظة.

- مرحبا Miss X.

- مرحباً أستاذ سعد، وشكرا لك.

- بل أنا أشكرك لتلبية هذه الدعوة. أعتقد أنك تتوقعين سؤالي الأول، أو بالأحرى سؤال المستمعين الأول. فمن أنت Miss X؟

- أنا كما قلت لك في رسائلي، التوأم الروحي لسلمى، واسمح لي بأن اقترح عليك أن تسألني هذا السؤال في نهاية اللقاء، فربما لن تحتاج إلى طرحه.

- طيب. إذاً، سأسألك كما سألت ضيوفي في الحلقات السابقة، ومنهم الضيفة التي تشاركنا هذه الحلقة: متى التقيت «سلمى وان» لأول مرة؟

- الحقيقة، أني لم ألتق بها إلا بعد سنوات من معرفتي بها. كنت أراها في بعض الأفلام التي يعرضها التلفزيون، وفي برنامج استعراضي قدمته للتلفزيون وكانوا يعرضونه كثيراً. كنت أحبها كثيراً، وكل من يراني يقول إني أشبهها. طبعاً كنت صغيرة إلى درجة لم أتوقف فيها عند اسمها، يقولون «سلمى وان» فأقول «سلمى وان» وبس. إلى هنا كان الأمر عادياً أو معقولاً. يخلق من الشبه أربعين... كنت أعيش مع أمي وأبي وأختي الكبرى في قبرص.

- متى كان ذلك Miss X؟

- تزوجت أمي عام ١٩٧٠ وأنجبت أختي الكبرى نوال عام ١٩٧٥، أما أنا فولدت عام ١٩٨٠. وفي طفولتي في قبرص لم نكن نشاهد التلفزيون أو الأفلام العربية إلا نادراً، لكن الفضائيات العربية بدأت بعد ذلك، وكنت أصبحت في العاشرة من عمري. المهم أن المرة الأولى التي رأيت فيها «سلمى» كانت في إحدى الصور. لم أتذكر للوهلة الأولى أين رأيتها، ثم تذكرت وأسرعت إلى أمي أتساءل ما الذي يربطها بهذه الممثلة؟

في البداية قالت لي إنها صديقة قديمة، ثم قالت إنها ابنة الجيران. لكن الصورة جعلتني أتنبه إلى ذلك الشبه الغريب، فلماذا أشبه صديقتها أكثر مما أشبهها؟ هنا يجب أن أقول إني أشبه أمي

أيضاً، فلون شعري ونعومته من لون شعرها، وكذلك الحاجبان والجبين.

– عفواً، Miss X، اسمحي لي بأن أسألك حالاً، هل تقصدين أن تُدخلي المستمعين في لعبة الأحاجي لنكتشف من أنت؟

قبل أن تجيب كان اسمان يضاءان على شاشة الكمبيوتر أمام سعد في الاستوديو، وكانت المخرجة في القاعة الزجاجية المواجهة تشير إليه بضرورة تلقي مكالمتيهما.

قال بسرعة:

– عفـواً، يبـدو أن الاتصـالات بـدأت. سـآخذ المكـالمـة الأولى... مرحباً سيدة إيمان من القاهرة. تفضلي.

– مرحباً، أحب أن أشكركم على هذه الحلقات الرائعة التي حبست أنفاسنا. وأتمنى على الضيفة الكريمة أن تقول لنا من هي، فإذا كانت تخجل من ارتباطها بفنانة كالفنانة «سلمى وان»، فإن عليها ألا تشارك في البرنامج. وإذا كانت تعتز بعلاقتها بها، فلماذا لا تخبرنا بقرابتها لها؟

– هل يمكنك تخمين هويتها سيدة إيمان؟ قال سعد مثيراً جواً من الحماسة.

– أعتقد، والله أعلم، أنها ابنة الفنانة «سلمى وان»، فأنتم ذكرتم أنها من أقرب الناس إليها. كما تابعنا ما نقلته لنا أستاذ سعد بنفسك عن رسائلها، وكل هذا يؤكد أنها ابنتها. وهنا أحب أن أقول لها إن هذا بالنسبة إلينا أمر عادي، فكثير من الفنانين يحيروننا... فمؤخراً بدأنا نسمع عن أن أبناء شقيقة أم كلثوم هم أبناؤها. ويقال إن هناك أدلة كثيرة تثبت ذلك. كما ما زلت أذكر حكاية المطرب عماد عبد الحليم الذي كان الخالق الناطق عبد الحليم حافظ، وقيل

إنه ابنه، وهو أنكر ذلك، وظلت الحكاية غامضة مع أنه مات مبكراً مثل أبيه .

- أشكرك سيدة إيمان على هذا التعليق المهم. وقبل أن آخذ المكالمة التالية، أسأل ضيفتي Miss X، إذا كانت ترغب في التعليق .

- أقول فقط إني لست ابنة الفنانة «سلمى وان» .

- السيد عصام معنا الآن على الخط. مرحباً، سيد عصام أنت تتحدث من ميونيخ في ألمانيا، أليس كذلك؟

- نعم... أنا كما وعدتكم سأكتفي بشهادة بسيطة تؤكد أن الفنانة سلمى كانت من أخلص الفنانات إلى فنها، ولا أستبعد إصابتها بالاكتئاب المَرَضي في سنواتها الأخيرة، فهي رغم نجاحها وتألقها في أفلام ومسرحيات، خاصة في الفترة الثانية من حياتها بعد أن نضجت وطورت تجربتها، ظلت على المستوى الشخصي تعيش حياة متخبطة. عواطفها ظلت مزعزعة ولا تحس بأمان. أيضاً طُوردت من جهات مختلفة بسبب علاقاتها التي ورطتها مع أشخاص مشبوهين، بينما هي كانت تتصرف بتلقائية مثل الأطفال... و... .

- عفواً سيد عصام، يبدو من كلامك كأنك تعرف الفنانة الراحلة معرفة وثيقة .

- نعم، كنت أعرفها، كما كنت من الساعين لإطلاق سراحها بعد أن خُطفت في بيروت خلال الحرب اللبنانية .

- لحظة من فضلك سيد عصام، ابق معنا على الخط.

التفت سعد إلى Miss X متسائلاً إذا كانت على علم بما يقوله، فأشارت برأسها نافية، ثم تداركت بعد لحظة، فسألت فجأة:

- هل من يتحدث معنا هو الأستاذ عصام جريدي؟

٣١٨

قال عصام من بعيد:

– نعم، هو بنفسه.

الثانية والنصف بعد الظهر

شعر سعد بأن نبرةً ما تهيمن على صوت عصام جريدي. نبرة زجاجية تحاول أن تخفي صخباً نفسياً متلاطماً. هو خبير في الأصوات، وهو يعرفه جيداً. إنه يفهمه أيضاً ويتعاطف مع خذلانه بسلمى وخساراته. شعر بأن عليه أن يتيح له فرصة البوح فربما. . .

– أستاذ عصام، لقد اطلعنا على الكثير من مذكرات الفنانة الراحلة سلمى حسن في الحلقات الماضية من برنامجنا، هل استمعت اليها؟

– للأسف. . . سمعت بعض الحلقات وليس كلها.

– هل تخبرنا، من وجهة نظرك، عن علاقتك بها؟

– هذه حكاية طويلة و. . .

– هل تحرجك؟

– أبداً. زوجتي تجلس أمامي الآن ولدي طفلتان. الماضي ماض كما نعلم جميعاً، وأنا عرفت سلمى أيام الصبا والحماسة والطموح. الغريب أن لقائي بها كان يحدث دوماً في محطات مهمة وغريبة من حياتها.

– شوَّقتنا سيد عصام للاطلاع على تلك المحطات

– أول محطة كنت فيها بينها وبين أحد رجال الأعمال الذي راهنَتْ عليه لتحقيق طموحها بينما كنت أرى طريقها في اتجاه آخر معي ومع المخرج الراحل غابي كاردوسيان. المهم أن هذا الموقف تكرر بعد عشر سنوات.

- كيف؟

- هذا الرجل... أعني رجل الأعمال، كان متورطاً بعلاقات متشابكة. وخلال الحرب اللبنانية تورط في توريد سلاح لإحدى الميليشيات. المهم أن سلمى كانت على علاقة به، رغم أنه لم يُنتج لها أي فيلم كما وعدها. والغريب أنها كانت كبش فداء عندما خطفها أفراد من هذه الميليشيا في بيروت، معتقدين أنهم يضغطون على هذا الوسيط الذي اختفى قبل أن يفي بالتزامه نحوهم.

- وهل كانت سلمى تعلم كل هذه الخفايا؟

- الحقيقة، أن هذه المرحلة من حياتها لا أعرفها تماماً، لكني من خلال معايشتي لها لا أعتقد أنها كانت تعرف كل هذه التفاصيل.

- لحظة من فضلك سيد عصام، فمعي في الاستوديو Miss X، وهي على صلة وثيقة بالفنانة سلمى، خاصة في سنواتها الأخيرة، ولديها تعليق.

- مرحباً بها.

- مرحباً أستاذ عصام. أنا ما زلت أتابع حلقة مفقودة في قضية غياب الفنانة سلمى، خاصة حادثة خطفها في بيروت والتهديدات التي كانت تعرضت لها.

- يمكنني أن أفيدك بحادثة الخطف. أما التهديدات فلا أعرف عنها الكثير. المهم أني كنت من الذين تورطوا أيضاً، بل على الأصح أُرغموا أن يشتغلوا بعض الأعمال مع الميليشيات تحت التهديد...

سأل سعد بسرعة:

- هل كنت مهدَّداً أنت أيضا سيد عصام؟

- ليس بالشكل الذي كان عليه فلان...

قالت Miss X:

٣٢٠

- هل تقصد السيد كميل أنغلوس؟

- أنا لا يحق لي أن أذكر اسمه.

علق سعد:

- على كل حال، هذه الأحداث ذكرتها الصحف، وقرأنا الكثير من التفاصيل عنها في تلك الفترة...

قال عصام من بعيد:

- المهم أن ورطتنا أنا وبعض زملائي كانت من النوع الخفيف، فقد كان علينا أن نصور بعض الاجتماعات أو بعض المخطوفين لعرضها على التلفزيون ونشرها في الصحف، ونقل تسجيل بيان الخاطفين، إذاعياً أو تلفزيونياً.

- وهل كنتم تتقاضون أجراً؟ عفواً للسؤال، بالطبع.

- لا داعي للاعتذار... سأقول لك بصراحة، خلال فترة من الحرب كنا نعيش على هذا العمل. يعني أصبح العمل الفني في خدمة المعركة... أو المعارك... ها ها...

- ومتى التقيت بالفنانة سلمى في تلك الفترة؟

- كانت مفاجأة لا أنساها عندما طُلب مني أن أصورها بعد أن خُطفت في بيروت.

- والى أين خطفت؟

- هذا ما لم أعرفه قطُّ طوال حياتي، وإلى الآن. حتى بعد انتهاء الحرب وعودة السلام والوفاق... هذا ما نأمله على أي حال... المهم أنهم كانوا يعصبون عيوننا وننقل في سيارة ولا نرى أنفسنا إلا في قبو أو غرفة مقفلة لنقوم بالعمل.

- وماذا كان عملك بالضبط في قضية خطف الفنانة سلمى؟

- كان عليّ أن أصورها، ثم يقف أحد أعضاء الميليشيا أمامها

لتظهر في الخلف وهو يتلو بيانه، أو يطالب بمطالب معينة، ثم أحمّض الصور وأطبعها،وكذلك الفيلم وأقدمه لهم وأتقاضى أجري .

- وكيف كانوا يطمئنون إلى أنك لن تفشي أسرارهم؟

- يعرفون أن حياتي أغلى من إفشاء أي سر .

- وكيف كان لقاؤك بسلمى بعد كل تلك السنوات؟

- لم أصدق أنها في هذه الحال وهذا الوضع، بالرغم من أنها لم تتغير، فما زالت صغيرة وضئيلة وتدخل القلب بدون استئذان . أشفقت عليها كثيراً، واغتظت منها كذلك، لأنها ما زالت تورط نفسها . كانت كأنها لوحة لطفلة تبكي . دموعها تحكي بلا صوت وهي تتكوم في جلستها على الأرض، في غرفة حقيرة أسوأ من كوخهم القديم .

- هل قالت لك شيئاً؟

- تطلعت إليّ وكانت خائفة إلى درجة فظيعة .

- وأنت، هل قلت لها شيئاً؟

- ربما قلت لها ما أريده بتنهيدة صدرت من قلبي، لكني في الحقيقة، كنت متألماً كثيراً . وهنا أريد أن أقول شيئاً: كأنها سخرية القدر... تجعلني أصورها بعد عشر سنوات... وأين؟ في قبو، في حالة خطف، وأنا من كنت أحلم بأن أصورها تغني وسط الورود وتمثل في الأفلام...

- كيف كان شعورك وأنت تصورها؟

- كانت يدي ترتجف ... وقلبي يبكي .

- وهي...

- يا إلهي يا أستاذ سعد... هذه إنسانة غريبة . عندما رفعت

عينيها بعد أن قال لها الحارس أن تتطلع إلى الكاميرا أصبحت... لا أعرف كيف أصفها. إنها تصبح في حالة حب، وكل من يصورها يتمنى أن يظل يصورها ويصورها و... سمعت هذا الكلام من كثيرين. على كل حال، سلمى لها مكانة في قلبي. زوجتي تعلم هذا، ولكن هذا لا يعني أني أسهر الليل أفكر فيها... المهم أني بعد أن صورتها طلبتُ أن أقابل المسؤول.

– لماذا؟

– أردت أن أخبره أن هذه الإنسانة لا يمكن بأي حال أن تكون تعرف شيئاً عن قضية اختفاء كميل، أو أنها تعرف مخابئ الأسلحة أو بيعها لميليشيا أخرى.

– وهل صدقك؟

– تعهدت له أن أساعدها للحصول على أي عنوان لمن يبحثون عنه، وبالطبع لم يقتنع بسهولة، لكنه خاف أن تموت أثناء خطفها ويتورطوا بها، خاصة بعد أن قلت له إنها مريضة بالقلب.

– وماذا حدث بعد أن أطلقوا سراحها؟

– أخبرتني عن الأمكنة التي كان كميل أنغلوس يذهب إليها، فأعطيتهم مجموعة من العناوين. ومن حسن الحظ أنهم وجدوا بعض الأسلحة في قبو الشاليه الذي يملكه في منطقة خلدة.

– وسلمى؟

– هربت مني من جديد... لكني هذه المرة كنت موافقاً على أن تهرب.

– وماذا تذكر عنها سيد عصام كفنانة؟

– أصالتها. هذه إنسانة لا تستطيع إلا أن تكون فنانة بمعنى

الكلمة. تتجلى إنسانيتها كلها في التمثيل والغناء، وخارج هذا هي طفلة تكاد تكون بسيطة جداً أو بلهاء.

– وكإنسانة؟

– الحياة علمتني يا أستاذ سعد أن ليس هناك إنسان طيب تماماً وإنسان شرير تماماً. وسلمى حسن هي خلطة من تركيبة الخير والشر... ولكن على الخفيف.

– سؤال شخصي أخير سيد عصام. هل تسمح لنا به؟

– تفضل.

– ماذا تفعل الآن؟ وهل حققت طموحك في الإخراج السينمائي؟

– أنا يا عزيزي موظف في أحد الاستوديوهات الألمانية. أشرف على تصوير أفلام كارتون، ولن أحكي عن الطموح لأني أرى أين وصل الفن العربي اليوم.

الثالثة بعد الظهر

أعزائي المستمعين...

لن ندّعي في هذه الحلقة الأخيرة من برنامج «آخر كلام» أننا نضع أيدينا على الحقيقة. سنستمع بالطبع إلى نتيجة الاستفتاء حول ملابسات موت الفنانة سلمى حسن أو اختفائها، لكن المهم أننا سنكشف في هذه الحلقة، الكثير من المعلومات والتفاصيل التي لم يعرفها أحد عن هذه الفنانة التي استحوذت على محبة جمهور كبير وإعجابه، كما أثارت حياتها عاصفة من الملابسات الغامضة. سأعطي الكلمة الآن لضيفتي الثانية في الاستوديو، وهي «سلمى تو» التي رافقت الفنانة الراحلة في سنوات إقامتها في باريس.

- سيدة سلمى، أنت أكدت أكثر من مرة خلال حلقات عديدة من برنامجنا، أن الفنانة سلمى قُتلت. إلامَ استندت في هذا الاستنتاج؟

- إلى أشياء كثيرة، أهمها أن حبيبتي سلمى كانت خائفة جداً في السنوات الأخيرة قبل أن . . .

- كم سنة رافقتها سيدة سلمى؟

- يعني حوالى سبع سنوات.

- وهل كانت تقيم في باريس طوال الوقت؟

- هي بقيت في الشقة بعد وفاة زوجها سي مدحت، رحمه الله.

- يعني أنت رافقتها بعد فقدانها زوجها؟

- أنا عرفتها قبل ذلك، وكنت أزورها كثيراً وأساعدها في بعض الأمور، وكان سي مدحت مريضاً ويتابع علاج غسل الكلى في مستشفى بونجور في باريس. وعندما أخبر أحدهم سلمى عن مستشفى سانت جيمس في لندن وتذكرت أن عبد الحليم، رحمه الله، كان يشكر كثيراً في الأطباء هناك، فرضت على مدحت أن يراجع هذا المستشفى فبدأت تأتي إلى لندن بين وقت وآخر.

- هذا كله قبل أن تتلقى تلك التهديدات.

- يعني. . . لا أعلم تماماً. أنا علمت عن تلك الفترة منها، أقصد تفاصيل تلك الفترة. فعندما عاشت حياتها مع مدحت كان يفضل ألا تختلط بأحد، كما أخبرتني بعد وفاته.

- من كان يهددها في اعتقادك؟

- والله لا أدري. . . كنا نتلقى مكالمات صامتة، وأحياناً

٣٢٥

نسمع صوتا يقول «حاتدفعي الثمن غالي». . . أو نسمع كلام شتائم.
كما كنت عندما أعطيها الرسائل التي تصلها وترى بعضها تقول:
«تاني؟ إنتو مش حاتشيلوني من دماغكم»؟

- هل كان ذلك في السنوات الأخيرة قبل وفاتها؟
- طبعاً.

- من كان يزورها في باريس؟
- هناك أشخاص أعرفهم وأشخاص لا أعرفهم. . . يعني من
الفنانين زارها عمر الشريف وسمير صبري ومخرجون شبان لا أعرف
أسماءهم، وبعض أقارب سي مدحت، وأيضاً زارتها بعض الفنانات
المحجبات. . . وسامحني فأنا لا أعرف أسماءهن.

- وهل أعلنت اعتزالها في تلك الفترة؟
- كانت تحكي أحياناً عن هذا الموضوع.

- هل تذكرين اليوم الأخير الذي رأيتها فيه قبل اختفائها، أو
سمعت عن. . .

- عن مقتلها. . . نعم. . . نعم. . . أذكر ذلك تماماً. كانت
أفاقت في الصباح نشيطة وقالت إنها لن تذهب إلى المصحة كما
وعدت الدكتور. . .

- أي مصحة؟
- هي كانت خضعت في السنوات الثلاث الأخيرة لعلاج
مكثف بسبب آلام غريبة كانت تحس بها، وبدأت تزيد.

- هل عايشتها أثناء إصابتها بتلك الآلام؟
- بالطبع، أنا الوحيدة التي كنت معها عندما كانت تصاب
بكريزة الألم. كانت كأنها تحدس بما سيحدث لها. تقول لي: «بصي
يا سلمى دلوقت عيني ستصغر»، وبالفعل كانت عينها اليسرى تصغر

وتضيق ثم تزرقّ المنطقة حول شفتيها ويبدأ الألم بصداع يشتد بسرعة، يعني خلال أقل من عشر دقائق. في البداية كانت تظن أنها نوبات «الميغرين».

أوضح سعد:

- الصداع النصفي.

- «أيوه هو ده». لكن الألم كان ينزل إلى جهتها اليسرى كلها، ثم ينتشر حول البطن والظهر ويصل إلى القدمين خلال نصف ساعة.

- وماذا يحدث لها في هذه الحالة؟

- كانت لا تعود تقوى على الوقوف ولا على النوم، فتتأوه، وتحني جذعها، وتحاول أن تقف وتجلس أو تنحني في الوقت نفسه. منظرها يا أستاذ سعد كان... كان... عفواً، لا أستطيع أن أصف أكثر من هذا.

عندما أجهشت الضيفة بالبكاء، كانت Miss X تبحلق في فضاء الاستوديو. نظراتها تتساءل: أَأَنا هنا أم هناك؟

الثالثة والربع بعد الظهر

بعد موجز نشرة الأخبار، حاول سعد أن يعيد ضيفتيه إلى حالة من الهدوء بعد أن انتهت نوبة بكاء سلمى. وجد نظرات Miss X قد ذهبت إلى أبعد مما كان يتوقع. عاد يسأل ضيفته الأولى:

- في ذلك اليوم لم تذهب الفنانة سلمى إلى العيادة أو المصحة كما أخبرتك، فإلى أين ذهبت؟

- قالت إنها ستتجول قليلاً في الشانزيليزيه، وإذا أحست بنشاط فستذهب إلى سان جرمان لتشتري بعض اللوحات. قالت لي إنها ما زالت تبحث عن لوحة أحب مدحت أن يشتريها ذات يوم، لكنه لم

يستطع بسبب الضائقة المالية، وما زالت تتمنى أن تلقاها وتشتريها وتعلقها في البيت وتهديها إلى روحه.

– ألم يخطر لها أن اللوحة قد تكون بيعت؟

– قلت لها هذا الكلام مليون مرة. . . ولكن «حاقول إيه» سلمى يا أستاذ سعد كانت تعيش ثلاثة أرباع يومها في الأحلام.

– هل كانت تتوهم؟

– لا، هي عاقلة. لكنها تحلم. عندما تخسر شيئاً أو لا تستطيع أن تحصل عليه تحلم به.

– ولكن هذا وهم. . .

– لا، هي تعرف أنها لن تحصل على هذا الشيء، لكنها تحلم به. . . يعني، كما تخبرني، تفترض أنها حصلت عليه. هي لعبة تلعبها كالأطفال

– هذا غريب. أليس كذلك Miss X؟

– ربما هو أمر غريب في نظر الآخرين، أما بالنسبة إليّ فأفهمها تماماً لأني ألعب اللعبة نفسها.

– أنت أيضاً Miss X تحلمين، عفواً، تحت اللحاف كما. . . قاطعته:

– نعم، ألم أخبرك أنها كتبت لي أنه تربطنا الجينات والجنيّات؟

الثالثة والنصف بعد الظهر

كان سعد يستعد لتقديم Miss X وكشف هويتها، عندما آثر أن يلتقط المكالمة التالية، بينما كانت غرفة الاخراج متأهبة لسماع ما سيحدث خلال هذه المواجهة:

– مرحباً بك سيدتي.

– أشكرك يا أستاذ سعد.

صاحت Miss X فجأة.

– «مش معقول». ثم تنبهت إلى أنها في بث مباشر على الهواء فهمست لسعد: ماما؟

هز سعد رأسه، وتابع كعادة المذيع:

– مرحباً بك مرة ثانية سيدة نوال حسن... هل لديك كلمة معينة توجهينها لضيفتنا في الاستوديو؟

– سوسو هي ابنتي... والله ابنتي، وأنا ما دفعني إلى هذا الاتصال إلا ما سمعته من المستمعة المحترمة.

– السيدة إيمان...

– نعم السيدة إيمان التي شككت بأن سوسو هي ابنة... ابنة حبيبتي سوسو.

– عفواً سيدة نوال. دعيني أوضح لمستمعينا أنك السيدة نوال حسن، شقيقة الفنانة الراحلة سلمى حسن، وأن ضيفتي في الاستوديو Miss X التي سنكشف عن هويتها للمرة الأولى، هي أيضاً سلمى غسان حسن، أو الاسم الأصلي السابق لها: سلمى غسان تيدوس، والذي حمل اسم حسن بعد أن أشهر إسلامه. الطريف الغريب أيضاً أعزائي، أن ضيفتي الثالثة صديقة الفنانة الراحلة ورفيقتها في سنواتها الأخيرة، اسمها أيضاً سلمى مقبل أو «سلمى تو»...

تنهد سعد مردفا:

– ماذا بعد هذه المقدمة الطويلة؟

– ماذا تريد أستاذ سعد؟ قالت Miss X، أن أعترف بأني «مش بنت ماما» حتى يرضى الجمهور؟

٣٢٩

- لا، ولكني أطمع بجرأتك. ألم يساورك الشك أنك. . .
يعني للشبه الكبير بينك وبين الفنانة الراحلة. . .

- الشك بداية اليقين كما يقول الفيلسوف كانت. نعم، ساورني
الشك، وحاسبت ماما الحساب العسير، وأنا أتمنى أن أقول لها الآن
أمام العالم أجمع: سامحيني يا أمي.

- ماذا فعلت آنسة سلمى؟

- الكثير، مما لا يخطر على بالك. حاكمت أمي في جلسات
تحقيق استمرت سنوات. قربت فمها من المايكروفون المنتصب وسط
الطاولة في الاستوديو وقالت: «مش كده يا ماما»؟

جاء صوت الأم دافئاً:

- أنا كنت عارفة أنك حاتعرفي الحقيقة. . .

- لكني لم أعرفها إلا بطلوع الروح. يعني قصدي كدت «أطلع
روحك».

- أنا أيضا كنت غلطانة.

- كيف سيدة نوال؟ وبماذا كنت مخطئة؟ سأل سعد:

- كنت أظن أن بإمكاننا العيش بعيداً عن الحياة الصعبة التي
كانت تعيشها سوسو. يعني لم أرد أن أحكي للبنتين أشياء كثيرة عن
خالتهما الممثلة.

- هل كنت قطعت علاقتك بها؟

- العلاقة انقطعت لوحدها. . . أنا سافرت وعشت في قبرص
قبل أن ننتقل إلى الإمارات، وهي كانت تتنقّل بين القاهرة وبيروت
لتصوير أفلام وتسجيل أغنيات. . . يعني كانت مشغولة جداً.

- وما كان موقف الوالدة، رحمها الله؟

- ماما، الله يرحمها، جاءت لتعيش معايا لأنها كانت تبقى

أياماً كثيرة وحدها في الشقة مع سوسو، وكان قرارها هذا هو السبب الذي جعل سوسو تزعل منها ومني وتقاطعنا.

- ألم تحاولا الاتصال بها ومصالحتها؟
- حاولت، لكنها دائماً كانت مشغولة.

الرابعة إلا ربعاً

- سيدة نوال، لنتحدث بصراحة: هل كنت خائفة. وهل ما زلت خائفة أن تحذو ابنتك سلمى حذو خالتها الفنانة الراحلة سلمى حسن؟

فوجئت قاعة الإخراج بهذا السؤال الصريح غير المعتاد من سعد، غير أن نظرة متواطئة بين ضيفته وبينه جعلت المخرجة تدرك ما وراء سؤاله، فأشارت إلى مساعدتها أن تتوقف عن الاتصال بمركز الاتصالات وبالمستمعين المنتظرين لتستمعا معا إلى رد الأم المعتزلة:

- سأكذب لو قلت لا، أي أني لست خائفة. أنا خايفة يا أستاذ سعد، رغم أن سوسو تريد أن تصبح مخرجة وليس ممثلة.
- وما الفرق؟
- أهو... كتير طبعاً، مع أني متأكدة من أن هذا العالم مليء بالمطبات والمتفجرات كمان.
- مِمَّ تخافين عليها سيدة نوال؟
- من الطمع. الطمع بالأضواء... بالنجاح... بالشهرة... بالفلوس... بكل شيء.
- هل وقعت سلمى في هذا المطب؟
- أرجو ألا تقع!

٣٣١

- أقصد سلمى حسن . . .

- آه، آه طبعاً . المشكلة أنهم يصبحون في دوامة .

- لنتحدث عن سلمى حسن بالتحديد، وليس بشكل عام .

- آه، سوسو حبيبتي وجدت نفسها في دوامة مستمرة . يعني لما تنجح عايزة تنجح . ولما تفشل عاوزة تعوض الخسارة وترجع توقف على رجليها

- لكن هذا يُتعبها هي . فلماذا يعتبر الأهل أنهم يدفعون ثمن الفشل أو الخسارة؟

- لأن اللي بيوقع عليها . . . بيوقع علينا .

- هذا ليس دقيقاً سيدة نوال .

- يمكن معاك حق، ولكن . . .

قالت Miss X:

- أعتقد يا أستاذ سعد أن هناك مسألة مهمة تتحرج ماما من ذكرها .

- أنا؟ صاحت الأم من بعيد مدافعة .

- ما هي؟ سأل سعد .

- الناحية الاجتماعية . يعني مثلاً، أنا كنت ألاحظ أن ماما تبتعد عن أي حديث يمكن أن يشير من قريب أو بعيد إلى أنها عملت في الفن ذات يوم، أو أن خالتي هي ممثلة . كانت تخاف من كلام الناس، وما زالت، لأن هناك للأسف نظرة فوقية للفنانة، خصوصاً الفنانة، ومن كل الطبقات الاجتماعية . . . وهذا ليس له علاقة بحبهم لأهل الفن أو إعجابهم بهم .

- يمكن معاك حق يا بنتي .

- هل أقول شيئاً أكثر صراحة؟

- تفضلي آنسة سلمى.

- أنا لدي شقيقة كبرى الآن، اسمها نوال. ولا أدري إذا كانت تسمعنا الآن...

- هي سامعاكي يا سوسو، دي قاعدة قصادي.

- طيب... ومع ذلك أنا لا أعرف موقف خطيبها بعد هذا الحديث. هل يقبل الارتباط بفتاة غنت أمها ذات يوم أغنية وكانت خالتها ممثلة؟ نعم، فحتى أبي، رغم أنه عرف أمي وهي ما زالت في بداية مشوارها، ودخل بيت جدتي الذي كان يجتمع فيه الكثير من أهل الفن، كان شرطه للزواج من أمي الابتعاد تماماً عن كل هذا العالم...

- بس باباكي يا سوسو كان...

قاطعتها Miss X:

- أنا لم أعرف أبي. أنا عرفته من خلالك، أنت من أخبرني عن شرطه، وأنت من ابتعدت عن الفن لتدخلي جنة الزواج وإنجاب الأطفال.

- ولكن يا ابنتي، قالت الأم من بعيد، ما علاقة أختك «نونو» بهذا الموضوع، ولماذا؟

- لأنه يا ماما ولأنه... ولأنه... لأنك تعلمين تماماً أن موقفك أو موقفنا لن يكون هو نفسه، أعني من وجهة نظر أهله، وأنت لن ترضي أن تكوني في موقف الضعيف. لهذا أردتِ إلغاء كل ما قد تظنين أنه سيؤثر في علاقة «نونو» بخطيبها. تريدين مسح الماضي، إلغاءه، نكرانه...

- يا ابنتي...

انتبه سعد إلى ان الحديث بدأ ينحو منحىً شخصياً ليس في صالح البرنامج، فحمل أدوات كياسته الإذاعية، وأعلن فاصل التوقف عن الكلام المباح . . . وغير المباح .

الرابعة بعد الظهر

دقائق وتنتهي هذه الحلقة من دون أن تنتهي حكاية الفنانة الراحلة سلمى حسن، بل لعلها بدأت . الآن أنقل لكم نتيجة استفتاء الاتصالات التي أعلنها البرنامج الخاص في الكمبيوتر، وهي ستظهر حالاً أمامي على الشاشة .

٥٠ بالمئة من المستمعين يعتبرون غياب الفنانة سلمى حسن اختفاءً . أعني عملية خطف ما زالت متواصلة وربما يُعرف مصيرها في المستقبل .

٣٥ بالمئة يعتقدون أنها توفيت نتيجة المرض، بسبب الضغوط والظروف الصعبة التي عاشتها .

١٥ بالمئة يرون أنها انتحرت .

وفي الاستفتاء الثاني حول التحقيق في معرفة سبب وفاتها : ٥٥ بالمئة يوافقون Miss X أو سلمى الصغيرة، كما أطلق عليها هذا البرنامج، بإعادة فتح التحقيق عن ملابسات موت أو اختفاء خالتها الفنانة سلمى حسن .

٢٥ بالمئة يفضلون عدم متابعة هذه الأمور كي لا يُخدَش تاريخ فنانة معروفة .

٢٠ بالمئة يلومون الفنانة الراحلة لأنها ساهمت بنفسها للوصول إلى هذا المصير المؤلم .

أخيراً، شكراً لمن تابع حلقات هذا البرنامج طوال عشرة أيام، وشكرا لمن انضم إلى سماعنا في هذه الحلقة. هذا سعد أسعد وفريق برنامج «آخر كلام» يحييكم والى لقاء جديد مع ملف جديد.

الفصل الخامس

رسالة MISS X الأخيرة
إلى سعد

From: Sousou (ex Miss X)!
Sent: 01-01-2005
To: Saad
Subject: Last Episode!

فجأة عندما رحت أتأمل صورة سلمى برفقة أمي، بدأت أتذكر. كان ذلك مثل الضربة القاضية. لكنها ضربة مستمرة، لا تقضي عليك، في المرة الأولى، بل تستمر بإيقاع منضبط، يقوى بدلاً من أن يخفت، لكنه يضرب فوق الرأس حتى تدمنه. لقد أدمنت تلك الضربة وانتهى الأمر. وها هي مستمرة الآن في الإيقاع نفسه، وأنا بين صورتها في حقيبة أمي القديمة وغيابها، حقيقة ساطعة تريد أن تعرف الحقيقة الغائبة. كنت في الرابعة عشرة عندما رأيت ضحكتها، ضحكتي... نظرتها، نظرتي... يد أمي تلتف حول كتفها تحاول حمايتها، كأنها لحظة اكتشافي الصور، كانت تحاول حمايتي منها لولا قراري الذي عاهدت نفسي به: يجب أن أعرف سلمى. يجب أن ألتقي بها. أتحدث اليها. أكتشفها. كان ضِيق جدتي مريباً. كأنها تتحدث عن الجَرَب كلما أذكرها. «هي اختارت طريقها وابتعدت عنا» كانت تقول لي ثم تؤكد محذرة: «اهتمي بدراستك». لقد أصبحت هي دراستي من غير أن أعلن ذلك لها أو لأمي. أسمعهما أحياناً تتتهامسان: «من خلَّف ما مات».

* * *

السفر للبحث عنها يتطلب المال، وفي قبرص لم يكن لدينا ذلك الوضع المرفه الذي كانت تحكي عنه أمي قبل وفاة أبي. كانت تجعله

مليونيراً، لكنه خسر أمواله لأنه لم يسمع كلامها. شركاؤه أيضاً سرقوه. كل الناس يرددون مثل هذا الكلام ليغطوا جوعهم إلى الجاه، أو يخفوا أيامهم العادية بالأساطير ليستمتعوا ويجذبوا الإصغاء. لا أحد يصغي إليك إذا قلت له إنك عشت حياة كريمة لا بأس بها. لكن العيون تبحلق والأنفاس تشهق عندما تحكي عن القصر الشاهق، والأثاث الفاخر، والأب المليونير الذي خطف منه الأشرار ثروته!

لم أسأل أمي متى كان هذا المكتب الصغير في قبرص شركة ضخمة؟ ومتى كان تصدير أقلام ودفاتر المدارس يُربح الملايين؟ أفهم أن تجارة أبي بين بيروت ومصر توقفت بعد اندلاع الحرب الأهلية في لبنان كما يحكون، وكما بدأت أقرأ عن الحرب، لكني لا أصدق أننا عائلة تنعَّمت بكل تلك الرفاهية الغائبة التي تحكي عنها أمي. تلقمني إياها لتعلمني ربما أن الشبع في الماضي يمكنه أن يكون تعويضاً عن حاجة اليوم. وقد كنت في ذلك اليوم بحاجة إلى إكمال دراستي، وبحاجة إلى البحث عن خالتي، واللقاء مع نفسي.

كنت أتطلع إلى أختي نوال لأكتشفها. تكبرني بخمس سنوات وتقترب من أمي. تصبح صورة مصغرة لها. تشبهها حتى في مشيتها وتنفسها. ادرسي يا نوال السكرتارية، فتدرس نوال السكرتارية. تسلمي يا نوال معي إدارة شركة البابا، فتلحق نوال بأمي وتتسلمان إدارة تلك الشركة. ساعدي يا نوال جدتك لتغتسل في الحمام... امسكيها جيداً حتى لا تتزحلق في البانيو، فتدخل نوال إلى الحمام ويعلو صوت جدتي.

لكن هذه الحياة لا تُرضيني. كنت كأني أبحث عن الصورة قبل أن أجدها فجأة. هي ما كنت أنتظره لتفجر بيتنا وتفجر أيامي بالترقب والقلق، أي بالحياة، كأنها الثروة التي تتمنى أمي أن تعود.

٣٤٠

خطر لي فجأة: لماذا لا أطلب مساعدة خالتي؟ نعم، هي فنانة معروفة و... «كانت فنانة معروفة»، نبهتني أختي نوال. اصحي. هل تعرفين في أي زمن نحن؟

* * *

يوم الصورة كان في عام ١٩٩٤، وفي ذلك العام كان مضى على غياب سلمى عن الأضواء حوالى خمس سنوات. لم أعرف من نُتَف الأخبار عنها في الصحف، والرسائل المملة القليلة بينها وبين والدتي، إلا أنها في باريس وأن زوجها كاتب، وأستاذ جامعي، ومخرج. كان علي أن أنتظر ثلاثة أعوام حتى أحصل على الشهادة الثانوية وأقرر الدراسة خارج تلك الجزيرة التي كانت تزيدنا عزلة. كانت أيامنا تمضي بين البيت والشاطئ وبعض المقاهي. لارنكا جميلة لكنها ساكنة. نكوّم فيها لغتنا العربية بين المدرسة الصغيرة الخاصة التي أدرس بها، والمجلات والكتب التي نحصل عليها من مكاتب وكالات صحافية، ودُور نشر انتقلت إلى هنا للعمل أثناء الحرب، وبدأت مثلنا تفكر في الرحيل. عملت سكرتيرة في مجلة عربية شهرية كانت تصدر من لارنكا، ولم أكن أكملت السادسة عشرة من عمري. رئيسة التحرير قالت إني موهوبة، ودُهشَتْ عندما علمتْ أني وُلدت هنا وأعيش هنا وأدرس هنا. «أنت فنانة. ستكونين كاتبة ممتازة. اجتهدي»، تقول لي. أصبحت أحبها أكثر من أمي التي كانت تتحدث كل يوم عن الزواج والسترة. تفكر في الذهاب مرة أخرى إلى الحج، وتبدأ بالابتعاد شيئاً فشيئاً عن المقاهي وكل الناس الذين كنا نذهب معهم إلى الشاطئ. نسبح ونلهو ونلعب الكرة. أصبحت أرى في بيتنا نساء أخريات. لا أعرف لون شعرهن، ويُشعرنني بأنني أتحرك أمامهن عارية. بعد ثلاث سنوات كنا انتقلنا إلى الإمارات، بتوصية من أحد شركاء أبي القدامى. هناك وجدت

نبع الماضي يتدفق. عدت إلى أفلام سلمى القديمة. أقرأ في الصحف والمجلات عن مرضها، عزلتها، توقع عودتها. لا أحد يستطيع أن يكسر طوق تلك العزلة ليُجري لقاءً معها. ينشرون صورها، يتذكرونها بنجاحاتها وعيوبها. يكتب ناقد: «الغريب أنها على عكس الكثير من الفنانات، كان الخط البياني لنجاحها في علو وهبوط مثيرين، ففي الوقت الذي تتحفنا فيه بشخصية «زينب»، في فيلمها الرائع «الروح»، سرعان ما تهبط بنا إلى حفرة من الركاكة مع شخصية «وردة» في فيلم «تعاليلي يا بطة»...». ثم يقول «نأمل في عودتها أن تكون قد تعلمت الدرس وأهملت نصائح المستشارين الأشرار الذين يحيطون بها».

***

في الثامنة عشرة من عمري قررت أن أكون مستشارتها، ولكن ما إن حصلت على الشهادة الثانوية حتى انهارت الشركة الصغيرة التي أسستها أمي بعد انتقالها من قبرص إلى الإمارات. كان هذا متوقعاً بالنسبة إليّ. لا تعرف أمي ألعاب المواجهة والمساومة، والسوق أصبحت تتطلب اختصاصات وتجمعات وعقوداً وشهرة. أصبحت مع نوال صاحبتي الشركة والموظفين والعمال والمنظفين فيه. المكتب ذو الغرفتين الذي كان منحة من صديق أبي وشريكه، أصبح مكتباً بغرفة واحدة، وتم تأجير الغرفة الأخرى لمكتب استقدام الخدم، وأصبحنا نعيش من بدل إيجار تلك الغرفة لتتمكن أمي من إيفاء بعض الديون المتراكمة بسبب خسارات شركتها المتلاحقة.

صاحت بي ذات يوم مكررة بلا وعي منها: «كأني أعيد الأسطوانة نفسها... أسطوانة أختي سلمى». ثم قالت: «ما تفعلينه جنون. أين نحن؟ في أي همّ؟ ألا نلتفت لأمورنا أولاً، وبعد ذلك ابحثي عنها كما يحلو لك»؟.

يا إلهي، كم تجهلني أمي! لا تعرف أن سلمى هي الهمّ، وهي الوعد. بتُّ أحلم بها وأراها أمامي. تخرج من أفلامها وتأتي الي قبيل إغفاءتي لتقول لي: «أنا خالتك». لا أدري ما الذي سيحدث لي إذا التقيتها. كأني سأتسرب إلى روحها وسأختفي هناك وأرتاح.

أصبحت أكره هذا الوضع الذي تشدني إليه أمي. ما لي أنا وللمستقبل الموعود؟ أي مستقبل وأي وعد؟ ما الذي سأدرسه، وأين؟ ليس لي وطن لأدخل جامعاته المجانية. ليس لدي المال لأحقق أحلامي بالدراسة في الخارج. أين؟ باريس أو لندن. أحلامي كبيرة. أفكر في الدراسة كبحر، ولا أعرف بأي سفينة أستطيع العبور. كأن لقائي بسلمى سيحل لي كل هذه الألغاز، ويرشدني.

* * *

جنت أمي عندما قلت لها: سأسافر إلى بيروت. كانت فكرة مجنونة قد سيطرت علي. أريد أن أعود إلى البداية. أريد اكتشافي... اكتشافنا. من أنا؟ من نحن؟ من هي هذه العائلة؟ أريد اكتشاف جدي الذي كان اسماً بلا ملامح وبلا تاريخ. يغيب عن اللسان أكثر مما تغيب خالتي. يغيب كوباء لا أحد يريد أن يتذكره. أريد أن أكتشف خالي الذي لم أعرفه بعد ذلك إلا من خلال أوراق سلمى. هل تمنع أمي عني كل هذه الثروة التي يمكن أن أعثر عليها، وتريدني أن أكتفي بوظيفة سكرتيرة، أو معلمة في روضة أطفال؟

قالت لي: لماذا لا تقدمين على وظيفة مذيعة في التلفزيون؟ التلفزيونات أصبحت مثل زخ المطر، والمذيعات لسن أجمل منك. قلت لها وأنا أعرف ما أريد: ربما هنَّ أذكى!

* * *

هذه هي بيروت. أصل إليها بقرار غريب أصدرَتْه روحي. هي

خالتي الغائبة التي سألقاها هنا . إنه البريق . أراه فوق الزجاج الضخم العريض الذي يقسم باحات المطار وأقسامه . أراه فوق البلاط . أراه في العيون التي تريد أن تغسل نفسها من آثار الحرب التي عاشتها ولم أعشها، وعرفتها ولم أعرفها، وتقتل إحساسها بها وأحسها . هذا هو نصف وطني الذي يعود إلى أبي، وربع وطني الذي يعود إلى أمي . جزء من روحي يظل ينبض بجدتي، بالإسكندرية، بالقاهرة . بمصر «أم الدنيا» التي أطلقت خالتي إلى فضاء، وأسكنتها جنتي . في جيبي خمسمئة دولار، وأبحث عن جد وخال، وعن خالة ومستقبل!

* * *

كان يجب أن أعبر هذه المفازة قبل أن أصل إلى العامين اللذين صالحاني مع نفسي وأمي وخالتي وجدتي والدنيا كلها . لا شك في أني مررت بحالة فظيعة . يجب أن أعترف لك بذلك الآن بعيداً عن أي مايكروفون أو متنصت أو دخيل . ربما وحدها سلمى هي من يسمعني، ولهذا ما زالت تناديني . لهذا سيكون علي أن أجول الدنيا بحثاً عنها . لا أصدق هذه التي تسمي نفسها «سلمى تو». تقول إنها قُتلت وتظن أنها تعرف أكثر مني . ماذا يربطها بها غير تلك الأيام وبعض الأحاديث ويدها التي كانت تعطيها حبة الدواء؟ ماذا يربطها بها أكثر من هذه الذكريات التي تتاجر بها بين الإذاعات والتلفزيونات والصحافة؟ أنا الأصل، أنا من يجري دمُها في عروقي، ومن طبعتني بلا ارادة منها بصورتها وصوتها . طبعاً «سلمى تو» أحست أني تجاهلتها أثناء بث برنامجك . هي أيضاً تجاهلت أننا التقينا عند سالومي، وأن سالومي في الزيارتين اللتين التقيتها بهما في باريس، كانت تحرص ألا تكون سلمى الثانية حاضرة . كنت أحسها غريمتي .

أين كانت هي، عندما جلست الساعات الطويلة مع سلمى في مقهى جاك، ثم رحنا نجوب رصيفي الشانزليزيه حتى أنهكها، ولم

٣٤٤

ينته الكلام؟ أين كانت عندما وقفت سلمى تنتظرني في مطار أورلي، وما إن خرجت إلى قاعة الاستقبال حتى وجدتني أقف أمام مرآة؟ لا يفصل وجهي عن وجهها غير شيء من الغبش: خطوط الزمن الخفيفة التي تحوم حول صدغيها وشفتيها. لا شيء أكثر. قامتها قامتي، نظرتها نظرتي، شعرها شعري، وقبعتها قبعتي، ذوقنا المشترك، ضحكتنا المنطلقة في وقتها، في اللحظة نفسها. كأني عشت ثمانية عشر عاماً في أحضانها، أو كأني أعيدها إلى زمنها.

التقيته في بيروت في الليلة الأولى من وصولي، وفي دعوة العشاء التي أقامها رئيس تحرير مجلة «الغد». لم أتوقع اهتمام رئيس التحرير برسالتي التي كنت بعثتها له من الإمارات، بعد أن قرأت مقالاً له عن سلمى ومساعدته التي سأظل مَدينة له بها. قال لي ضاحكاً، إنه بدلاً من أن يحقق سبقاً صحافياً، جعلته يصبح رئيس جمعية خيرية. هكذا سيعطيني عنوان سلمى ولن يكتب عن الموضوع.

سألني بفضول كيف اعتبرت رسالته المقتضبة الواعدة بمساعدتي أملاً كبيراً جعلني أُقْدِم على هذه المغامرة؟ قلت: هل تعتبر قدومي من الإمارات إلى بيروت مغامرة؟ قال بذكاء: بل هي مقدمة لمغامرة كبيرة. كان محقاً، فالمغامرة بدأت بعد لحظات قليلة من هذا الحوار، حين دخل «جانو»، القريب البعيد لأبي الغائب، الذي لا أعرفه: غسان تيدوس، لأعرف أنه متعهد حفلات كبار الفنانين والفنانات إلى أوروبا وأميركا...

رأيت بيروت محتشدةً بكبار الفنانين والفنانات. التلفزيونات تتبارى في تقديمهم. سهرات في كل مكان. أصغر المقاهي مسارح للغناء والرقص، وأكبر المطاعم تتنافس على ليلة كاملة للصباح مع أحد نجوم «السوبر ستار». كم بدت سالومي صغيرة وفقيرة وضعيفة،

عندما عرضوا في اليوم التالي من وصولي إلى بيروت، فقرة قصيرة من مسلسلها الذي صورته للتلفزيون. شعرت بأني أريد أن أنتشلها من الرماد، لكني كنت مخطئة. قال لي «جانو»، الذي راح يراقبها على شاشة التلفزيون ويراقبني وأنا أجلس قربه في صالون فندقي الصغير البسيط في شارع الحمراء، إن مسلسل سالومي من الأعمال القليلة التي لم تستطع التلفزيونات شراءها كالبصل والبطاطا. كذلك بعض أفلام وأغنيات عبد الحليم وفاتن حمامة، ما زالت خارج سوق البيع بالكيلو أو المتر.

جاء «جانو»، لا ليُطمئنني على «قيمة» سلمى، بل ليدعوني إلى رحلة عجيبة. «هل تريدين لقاءها؟ أنا آخذك اليها». كأنه ساحر سيخرجها من جيبه. هو لم يعرفها تماماً، فهو من جيل أصغر. أتطلع إليه. لكنه يكبرني بثلاثين عاماً على الأقل. فكيف لا يعرف سلمى؟ ينبهني إلى الحرب، إلى الزمن الذي يأتي ويذهب كالموج المتلاطم، يمسح الأجيال والذكريات. أصدقه قبل أن أعرفه لأني أريد أن أصدق أني سألتقي بسلمى.

عندما سهرت معه تلك الليلة، كنت أعرف أن حكايةً بدأت، وأن كل ما حكيناه عن دوره في إنتاج فيلم عن سلمى، ليس إلا تلك المقدمة المثيرة التي أشار إليها رئيس التحرير.

* * *

عشت عامين في باريس أتابع دراستي في إخراج الأفلام القصيرة بمعهد لويس بونويل. كان حصولي على منحة للدراسة في ذلك المعهد، أول هدية من «جانو» التي تمتد علاقاته إلى ما لا نهاية. لم أعش في باريس تماماً، كما كانت سلمى في منطقة ١٥، بل على الأطراف. في شقة صغيرة في ضاحية بيريفيريك. كانت

النسمة المنعشة الأولى التي مرت لحظة لقائنا الأول في مطار أورلي قد مضت. في البداية حل بيننا نوع من الألق أسميه ألق الاكتشاف. لكن كلاً منا بعد ذلك كانت تتقن فن المواربة وضبط إيقاع الأسرار واللعب بها في إشعال وقود العلاقات، في الحب، أو الصداقات، أو حتى القرابة. شيء غريب حدث بيننا، كأني تربيت في حضنها، وكأنها تعرفني قبل أن أولد. هل الخالة هي أم ثانية أحياناً؟ لا أعرف ان أحدد مشاعري نحوها لأنها تفجرت قبل لقائنا. وعندما التقينا حدث ذلك بلا مقدمات. جمعنا ما هو أكبر وأقوى وأهم من التفاصيل التي تجمع بين الأقارب. كنت أعرف كم كانت الغربة تحوم حول أمي وخالتي عندما بدأتا تتحدثان عبر الهاتف، بعد إلحاحي على مصالحتهما. لكن ما بين سلمى وبيني كان عروقاً متصلة وحركة شهيق مني لا يكملها إلا زفيرُها. اكتشفنا بسرعة تخترق الصوت حبنا للأفلام نفسها، للأغنيات نفسها، للألوان نفسها. كان مزاجنا متقارباً إلى درجة اللعنة. تقول لي «لا مزاج عندي لنحكي اليوم»، فأقول لها: سبقتني، عمرك أطول من عمري. أقول لها ذات يوم: سأجن لأرقص وأغني، فترد كأنها تنطق بلساني وصوتي: «ومن سمعك». ثم نذهب لنجنَّ معاً في سان جرمان أو نملأ صالتها بعبد الحليم وشادية، ثم نقلد ملكات الرقص الشرقي من تحية كاريوكا إلى فيفي عبده، لأصل بها إلى دينا وسمارة.

عندها كنت أتنبه إلى شرخ الزمن، وهذا يصيب النفوس أيضاً، لا أدري إذا كانت سلمى تدركه أو أدركته مع الأيام وتصالحت معه. فما وصلني مؤشرات لا توحي بهذا. كأنها كانت تضيق مني أحياناً حين تتذكر أنها من زمن آخر. حين تتنبه إلى أن خطواتي تسبق خطواتها، وأنه يكفيني ذرة بودرة أنثرها فوق وجنتي على عجل، حين يكون عليها أن تتنبه إلى شعرة بيضاء أبرزها الضوء في منبت

حاجبيها، فتهرع للمرآة الصغيرة تحاربها عبر دقائق طويلة كي تقتلها من غير أن تصيب بأذى شعرة سوداء ما زالت سالمة. كنت أحاول أن أذكّرها بنضرة ما زالت تحوم حول عينيها وقامتها، وفي صوتها وانطلاقة روحها. لم أكن أقول لها هذا، لكني كنت أعلن أمنياتي الصارخة بأن أكون مثلها. هكذا تماماً. كما كانت وكما هي الآن، لكنها تخذلني حين تسحب العبارة الأخيرة مثلما تسحب الشعرة البيضاء من حاجبها، وتقول: «يعني أنا تغيرت قوي؟». ثم تهز كتفيها وتقول بصوت لا يقنعها ولا يقنعني: «ياالله... هو احنا حاناخد زمنّا وزمن غيرنا»؟

* * *

في العام الثاني من دراستي، بدأت أفكر في الفيلم عنها. كانت قد عادت إلى مصحة بونجور بعد نوبات الألم الغريب الحاد التي كانت تفاجئها، وأصبحت شبه يومية. وفي ذلك العام بدأت أشجعها على كتابة أوراقها. في البداية أقنعتها بأن تكون مذكرات تنشرها للزمن وللتاريخ، فتحمست، لكنها بعد أسابيع قالت لي بأسىً: «هو مين بيقرا الأيام دي يا سوسو؟» نقلت إليّ نوبات اليأس الفظيعة التي عاشها مدحت قبل وفاته وتأثرت بها. أصبح في أشد حالات اليأس كما أخبرتني. كان يصر على قراءة معظم الجرائد العربية والأجنبية، ويتنقل بين محطات التلفزيون والإذاعات لسماع نشرات الأخبار والتعليقات، كأنه يغذي ذلك اليأس. يقرأ عن حرب لبنان، وصدام الفلسطينيين، وحرب الخليج، والمذابح، والمفاوضات، والخلافات. يقول لها: «لن تقوم لنا قائمة»... كان يعالج على حساب الدولة، ومع ذلك يحدثها عن الفساد والرشى. تقول لي: «الرجال ناكرو الجميل». حتى مدحت ينكر فضل البلد عليه. يعالجونه ويسألون عنه ويتصلون، وهو ينتقدهم. كان يقول لها إن أي

مواطن بسيط في أي دولة محترمة، يُعالَج على نفقة الدولة، أو عبر النقابات، لأنه يقوم بواجبه، ولأن الدولة تقوم بواجبها، ولا فضل لأحد على أحد. هو ترتيب يُتَّفَق عليه بين المواطن والسلطة، وواجب كل منهما نحو الآخر من أجل الصالح العام. أخبرتني أنه في أيامه الأخيرة كان يكثر من مثل هذا الكلام، فكانت تضيق به وتدير أشرطة عبد الحليم وتسمعها، أو تذهب إلى السينما مع «سلمى تو» التي أصبحت رفيقتها وسكرتيرتها. على كل حال، كانت تدفع لها راتباً عن هذه الرفقة، أما أنا فكان ما يربطني بها أغلى من المال، رغم أنها عرضت علي مساعدتها أكثر من مرة.

لم تعرف أن لي «كميل» اسمه «جانو» يهتم بشؤوني ويساعدني بتكليفي بتصوير إعلانات قصيرة لحفلاته، ويلتقي بي في شقته التي أطلق عليها اسم «سفينة الفضاء» في الطابق الحادي عشر من عمارة تطل على باريس وبرج إيفل. كنت أجد نفسي أحيانا وسط نجوم يعرفهم كل العالم، كما يقول «جانو» ولا أعرفهم. أظن أن السبب هو طفولتي وفترة من حياتي عشتها في قبرص، وانقطاعنا عموماً عن متابعة الأخبار الفنية. لكني أكتشف أن كثيرين هم نجوم من نوع آخر: عارضات أزياء، وفتيات إعلانات العطور، والصابون، والشامبو، والشوكولاته، وراقصات في النوادي الليلية، يطلق عليهن جانو اسم استعراضيات، ومغنيات «فيديو كليب» لم ينطلقن بعد على الفضائيات أو الحفلات العامة، لكنهن مطلوبات في حفلات الجاليات العربية في أوروبا وأميركا. الغريب أن أحداً لم يكن لديه فضول ليسألني عن علاقتي بـ«جانو»، أو لماذا أنا في هذه الشقة ووسط أشخاص لا أعرفهم ولا يهمهم أن يعرفوني. ثم ألاحظ أن كل فتاة منشغلة بنفسها أو تعتبر نفسها نجمة، وعلى الآخرين أن يتقربوا منها ويطلبوا ودها. ربما ظنت بعضهن أني أخت «جانو»، فهو

مربوع القامة، مثلي، أبيض وعيناه واسعتان، لكنهما خضراوان، لأنه كان يتصرف معي كأني صاحبة البيت، فيسألني عن غرض أو ورقة، أو يطلب مني أن أتصل بالأهل أطمئنهم عن وصوله، وأخبرهم أنه مشغول وسيتحدث معهم في ما بعد. هكذا اكتشفت أني ألعب دور السكرتيرة، وهو دور أعجبني أكثر من دور العشيقة السرية، فقد كان مغلفاً بكذبة يتفق الجميع على التعامل معها، حتى أهله، أي زوجته وولداه الشابان. هذا الوضع كان أيضاً يريحني، فما يتبقى لي بعد التزاماته ليس أكثر من لقاءات خاطفة تُرضيه وتزيده شوقاً، وتطمئني بتأمين بعض مصاريفي. «جانو» أوصلني إلى سلمى، هو الذي عثر على عنوانها وأعطاني رقم هاتفها، وتابع أول اتصالاتي بها قبل أن أصل إلى مطار أورلي. لكنه ظل خلف الستار. عندما سألته ذات يوم عن سبب تخفيه ورفضه أن أقدمه لسلمى، توقعت أن يقول إنه لم يرد أن يحرجني، لكنه فاجأني قائلا: «بصراحة، خفت أن تحرجني فتطلب مني أن أرتب لها حفلاً تعود به إلى الأضواء، لأني أسمع أخباراً عن هذا الموضوع». يومها انكسر شيء ما في نفسي، وثارت جيناتي، وتمنيت أن أصفعه!

❋ ❋ ❋

عندما أخبرتها أني أفكر في إعداد فيلم عنها، أصبحت أكثر حماسة في كتابة الأوراق. بدت أيضاً أكثر عافية كلما كنت أعرض عليها مخططاً أولياً لبعض المشاهد في السيناريو. كنت أرى في عينيها ولعاً بكاميرا خفية تناديها وتناجيها. كنت أريد أن أقول هذا لعصام جريدي في برنامجك، لكن الوقت لم يسمح. كل الوقت لا يسمح لنقول ما نريد قوله في الفن. كل الزمن لا يكفي. كأن أحدنا يأتي ثم يذهب من غير أن يكتمل، ليأتي آخر ويحاول أن يكمله فلا يستطيع، وهكذا . . .

من سيُكملني في الزمن الآخر؟ هل تأتي سلمى الثالثة من نوال الثانية؟ من يدري؟! من يدري؟!

* * *

ضغطت على أرقام الرمز السري فوق لوحة صغيرة في مدخل العمارة، ففتح الباب، ثم عبرت المدخل الفسيح واتجهت إلى جهته الخلفية، حيث المصعدان. وقبل أن أصل شعرت بقوة خفية تجذبني لأعود إلى لوحة علب البريد. فتحت العلبة رقم ٣٣، رقم شقة سلمى، وأخرجت كدسة من الرسائل. كانت بدأت تترك علبة بريدها مفتوحة منذ أن أخذت تضيع المفتاح، ومنذ أن بدأ مدحت يتهمها بأنها عادت إلى عادتها القديمة في المواربة والأسرار. كانت تعلم أني قادمة إليها في هذا الوقت، وكنا اتفقنا على جلسة تقلب بها في الصور لنختار منها المراحل التي سنبرزها في الفيلم. لكني عندما صعدت لم أجدها. وجدت «سلمى ٢»، وكانت شاحبة وعلى أهبة أن تغادر الشقة. سألتها أين سالومي؟ فقالت إنها ما زالت تنتظرها، فقد خرجت من الصباح ولم تعد حتى الآن. كانت الساعة تشير إلى الرابعة والنصف. سألتها أين ذهبت؟ فقالت إنها لا تدري، وأسرعَتْ تغادر الشقة كأنها تهرب مني. ربما نسيت هذا اللقاء، لأنها في برنامج «آخر كلام» عندما تواجهنا، أخبرتك يا أستاذ سعد أن سلمى ذهبت إلى سان جيرمان. لا بأس. إني أشك بها إذاً، وسأضع اسمها في لائحة مطالبتي بإعادة التحقيق.

عندما غادرت «سلمى ٢» الشقة أحسست براحة. رحت أتجول في أنحاء الشقة كأني صاحبتها. الصالة الرحبة بكنباتها الزرقاء «موديل لولو»، ومفارش «أرتيزانا» المطرزة الملقاة فوقها بإهمال أنيق. البار الصغير طراز بدايات القرن الذي يلتف في حدوة عند زاوية الصالة قرب واجهة الشرفة الزجاجية. غرفة نوم سلمى الوردية. ما زالت

٣٥١

تحب الوردي. غرفة نوم مدحت القاتمة بجدرانها التي تخفيها الكتب. باحة الطعام المفتوحة على الصالة والمفضية إلى المطبخ. أدخل إلى المطبخ فأرى صحن الزعتر الذي تدمنه، وصحن الزيتون الذي تحب وجوده. شرفة المطبخ الضيقة، وحبل الغسيل الواطئ عليه ثلاث سوتيانات بالدانتيل الملون وسروالان سوداوان موديل الشريط الرفيع عند الخصر. أفكر في تناول فنجان من القهوة، فأعود إلى المطبخ وأتذكر كدسة الرسائل التي ما زلت أحملها. أضعها على الكرسي الصغير قرب المائدة الخشبية المربعة في زاوية المطبخ. وقبل أن ألتفت باتجاه سخّان الماء ألحظ كلمة على غلاف إحدى الرسائل «عكروت»، وقد كُتبت بالعربية والفرنسية. أسحب المغلف لأقرأ العبارة كاملة: «الست سلمة عكروت»، وأرى ثلاث علامات تعجب.

لم أكن سمعت بهذه الكلمة قبل أن تبدأ سلمى بكتابة أوراقها لي. لكنني في ذلك اليوم كنت أمام مفاجأة غريبة جعلتني أقلب بقية الرسائل. كان بعضها يبدو بيانات أو فواتير بنكية. رسالة من مجلة فنية. رسائل لمدحت ما زالت تصل بعد وفاته كما لاحظت وكما أخبرتني. لكن هذه الرسالة كانت تقول لي: افتحيني.

لم أستطع الصمود. برّرت لنفسي في الساعة السابعة، عندما لم تعد، أن علي أن أفتحها لأفهم وضعاً غامضاً بدأ يساورني. وما إن فتحتها حتى واجهتني كلمات ركيكة وداعرة. تهديد بأنها ابنة «العكروت»، وأنها ما زالت على اتصال بـ«العكروت» الهارب. تهديد بأن تدفع خمسين ألف يورو وإلا . . . من هم هؤلاء الذين يكرهون سلمى؟ كيف يظنون انها تملك خمسين ألف يورو؟ هل ما زال كميل أنغلوس يحوّل لها تلك الآلاف حتى تجد نفسها في هذا المأزق؟ هل كان هؤلاء وراء سأم مدحت ومغادرته حياتها، ثم انعزاله ومرضه؟

كنت بدأت أخاف وجودي في الشقة، والوقت يمضي ولا أعرف أحداً ممن يعرفها إلا «سلمى ٢» التي فرت، و«جانو» الذي لن يصل إلى باريس إلا بعد غد.

عند الساعة الثامنة كنت أفتح الرسائل الباقية. أرتشف قهوتي وأقرأ رسالة من تائبة مجهولة تؤكد فيها: «... ومثلما أخبرتك في لقائنا السابق يا حبيبتي، فإن الله غفار الذنوب... وهؤلاء أحبابنا سيأخذون بيدك ويهدونك كما أهدوني إلى حسن السبيل. ستسافرين على حسابهم، يعني حسابنا، وستكونين بين يدي الواحد القهار. غادري وسخ الدنيا يا سلمى. اغسلي أموالك القذرة. سيكون لك حساب آخر، نظيف وشريف. لا تنامي قبل أن تقرئي رسالتي تسعاً وتسعين مرة، ثم استخيري المصحف الشريف ونامي هانئة. التوقيع أختك رابعة».

كانت يدي ترتجف، وأنا أفتح ما بقي من الرسائل المغلقة: تحويل من كميل بمبلغ خمسة آلاف يورو. يا إلهي. هل ما زالت على علاقة به من دون أن تخبرني؟ هل تستغفلني؟ هل تظهر أمامي بوجه الخالة البريئة المظلومة؟ كيف خطر لي أني أعرفها وأحسها وأذوب بجيناتها؟ هذه رسائل لامرأة بعيدة غريبة، لا أشاركها غرفة نومها وصحن الزعتر التي تغمس اللقمة بزيته لتعود طفلة شرهة تتذكر وتمرح. كيف تضع نفسها وسط خيوط هذه العناكب؟ متى وضعت نفسها؟ هل قتلت زوجها غماً وراحت الآن تندبه وتندم؟

* * *

كل ما بررته لنفسي لا يغفر لي. لقد غادرت شقة سلمى في ذلك اليوم، أو بالأحرى في تلك الليلة وأنا أحمل الرسائل. لم أفكر إلا في إخفائها. لا أعرف لماذا. ربما لخاطر خبيث طرأ علي أن

أواجهها بها في جلساتنا المقبلة لأشجعها على الحديث. بررت لنفسي الكثير. غيابها ربطته بالسوتيانات والسراويل المعلقة على الحبل. افترضت أنها ما زالت على علاقة عاطفية سرية. تجاهلت كل أحاديثها وبوحها عن تلك العلاقة الخاصة بمرآتها. عن سلمى تواجه سلمى، وحيدتين بصفاء التوق إلى الجمال والرضا. لا علاقة هنا لعيون أخرى ترى، أو نظرة إعجاب تبدو. تجاهلت كل هذا الكلام الذي كان يتسلل من روحها ويضبط إيقاع صوتها بنبرات الصدق الحزينة. أتهمها في سري بالإغواء والغواية، لأنقضّ مثل خفّاش على رسائلها والتصق بأسرارها كي أوظفها لصالح فيلمي، أو ضد ولعي بها.

عدت إلى شقتي في بيريفريك. وبعد يومين حكيت لـ«جانو» من غير أن أخبره بتفاصيل الرسائل، لكنه فهم وقدم نصيحة عملية، كحياته: انسي الموضوع. سافري إلى بيت أهلك. استمري معها في الاتصالات الهاتفية والرسائل. لا تعودي قطُّ إلى تلك الشقة. لا تورطي نفسك واسمك وسمعتك منذ البداية. تكتمي وابتعدي تنجحي.

وصفة جاهزة ابتلعتها في أقل من أسبوع، فلم أعد إلى الشقة. اتصلت وتركت رسالة صوتية. غادرت مطار أورلي إلى مطار الإمارات، ولم أكن أعلم أن اختفاء سلمى بدأ منذ ذلك اليوم.

MISS X এবং অন্যান্য

চৈতালি

- نسخ من رسائل سلمى الأصلية إلى «سوسو».

نسخ من رسائل سلمى المصححة بقلم أحمر وأخضر.

تقارير أطباء عن الفحوصات التي أجريت لسلمى.

- نسخ من رسائل «سوسو» إلى سالومي.
- نسخة من صفحة في سجل الزيارات لمستشفى سانت جيمس في لندن.
- نسخة من توقيع سلمى في سجل مكتبة جامعة S.O.A.S.
- نسخ من رسائل التهديد الموجهة إلى سلمى.
- رسالة من مركز ترميم وتركيب الأعضاء الاصطناعية لضحايا الحرب في باريس عن حالة إحدى الضحايا، واسمه كميل أنغلوس مؤرخة بتاريخ ٢٩/ ٣/ ١٩٨٩.
- رسائل اعتذار من شركات إنتاج إلى «سوسو» حول فيلم «سلمى وان».
- قصاصة لرقم هاتف شركة إنتاج وكلمات من «جانو»: «يجب أن يكون الفيلم عنها طويلاً ومثيراً وجماهيرياً».
- نسخ من رسائل مصالحة بين نوال وسلمى.

- خواطر ومقالات بقلم مدحت راشد.
- أسماء أغنيات تحبها سلمى بخط يدها: «شفت القمر» لشادية، «نبتدي منين الحكاية» لعبد الحليم، «لولا الملامة» لوردة، «أنا بستناك» لنجاة، «من غير ليه» لمحمد عبد الوهاب.
- أسماء أغنيات يحبها مدحت بخط سلمى: «أهواك» لعبد الحليم No je me regrette rien لاديث بياف، «شريط جاك بريل» «معزوفات على البيانو» لليست
- أسماء بخط يد مدحت عن أفلام عربية «ملطوشة» عن روايات أو أفلام أجنبية (ذهب مع الريح، إنجيل – رواية لسيتفان زفايج، مارسيل بانيول...).
- رموز في لغة الاخراج لأفلام قصيرة وطويلة (بخط مدحت).
- نسخة من رسالة المحامي عادل أمير متري إلى المحقق العام في «اسكوتلانديارد» يلتمس باسم موكلته سلمى غسان حسن إعادة فتح ملف التحقيق حول ملابسات وفاة الفنانة سلمى حسن بين لندن وباريس.
- نسخ من رسائل التهديد الموجهة إلى سلمى.
- صفحات من سيناريو فيلم «سوسو» عن «سلمى».
- صورة لشيك من BBC العربية باسم سلمى غسان حسن، ونسخة عن وصل مرفق مع الشيك يشير إلى مشاركتها كضيفة في برنامج آخر كلام يوم ٣١/ ١٢/ ٢٠٠٤.
- بصفتها «ARTIST».

تمـــت